優婆塞戒經講記

——第八輯

——平實導師　述著

ISBN　978-986-82992-8-3

目錄

自序

宣講菩薩戒的經典，有《梵網經、地持經、菩薩瓔珞本業經、優婆塞戒經》以及《瑜伽師地論》，此書所宣講之經典是其中一部經典，全名爲《菩薩優婆塞戒經》。

此經專爲在家菩薩宣示菩薩戒的精神，詳細的說明：在家菩薩修學佛法以布施爲第一要務。佛陀如是開示之目的，實因佛菩提道之修證，必須先修集見道、修道、入地、成佛所必須具備之福德；若福德不具足者，即無可能進入大乘見道位中；欲求修道實證及成佛者，即無可能；是故菩薩以修施爲首，次及持戒、安忍、精進、禪定，然後始能證悟而發起般若智慧，進入大乘見道位中。

非唯見道必須有福德爲助，乃至見道後修學相見道位觀行所得之智慧，亦須具備福德作爲進修之資糧；如是次第進修諸地，莫不如是；乃至即將成佛之前的等覺位中，尚須百劫專修布施，頭、目、腦、髓、舍宅、妻、子，無一不可布施，都無貪著；以如是百劫難施能施所得福德，方能成就佛地三十二大人相及無量隨形好，具足如是廣大福德之後始能成佛。由是緣故，佛說菩薩六度乃至諸地所修十度波羅蜜，都以行施爲首要。

然而布施與成就佛道之因果與關聯，屬於因果之了知，其中原理並非等覺菩薩所能全部了知，故說因果之深細廣大，唯佛與佛方能究竟了知。而菩薩盡未來際之修行，恆以施爲上首，若不先行了知施因與未來受果之關聯者，即不能了知布施與異熟果報間之關係；若不知者，欲求諸菩薩盡未來際行施而成就佛果，殆無可能；由是緣故，佛爲菩薩弟子四眾宣演此經，令得知悉行施與果報間之因果關係。於此部戒經中，佛爲菩薩四眾細說「布施與菩薩世世不斷之可愛異熟果間之因果關係」，解說極爲深入；若能了知其義者，即可不退於菩薩六度，是故選取此經而爲菩薩四眾詳解之，欲助當代、後代菩薩四眾。

復次，此經亦詳說第一義諦之眞義，故於業行之說明中，宣示異作異受即是自作自受之眞義；如是正義，於一般經典中難得一見。若能確實了知其義，則於行施之際，既可不執著於未來世必將獲得之菩薩可愛異熟果報，亦可繼續行施，修集廣大福德，亦不致因此而壞世間法，導致家屬及世人之側目，令菩薩修施易得成功，道業因此而得助益；緣是，故選此經而為眾人宣講，冀能助益菩薩四眾，同得見道而證菩提。

此外，初機學人樂種福田，然而大多不知福田與毒田差別所在；往往正當種福田時，所種卻是破壞正法之毒田。如是求福反成助惡之因由，端在不知三乘菩提差異所致，是故聞說深不可測之如來藏妙法時，即因名師誤導之故，即等視如來藏妙法同於外道神我，由是而極力護持否定如來藏之邪師，產生了力助破法者之愚行，以冀如來藏妙法消失不傳。由是緣故，欲藉此經中　佛所宣演三乘菩提異同所在之正法智慧力，令諸學人悉得了知眞實福田與假名福田——毒田——之差異所在，由是而令修學菩薩行者所作布施，悉皆正得廣大福德。今此戒經之中，對於三乘菩提之差異所在，有極為詳盡之剖析；學人讀已，即能深入了知同異所在，以後修學佛道之時，庶幾有眼能判、功不唐捐。

又：戒爲修行之基本，未有不持清淨戒而能證得見道、修道功德者。此經中對於菩薩戒戒相施設之精神，以及戒之犯重與犯輕、性罪與戒罪，都有極爲詳盡之開示；了知戒相及　佛設戒之精神者，即可把握持戒之精神，以戒法之智慧來持戒，不被戒相所繫縛而得身心自在、自不犯戒；如是生起戒體而自然不犯，庶能進道，是故選取此經而說之。

又如十善業道與十惡業道，其中之因緣果報正理，亦有詳細說明。並且特別說明：有人行於少施而得解脫分，有人行於大施而不得解脫分，悉皆各有其原因。若人能細讀此經，並且深解其義趣者，則求二乘解脫之道，輕易可得；然後進求大乘菩提，易得入道，未來成佛之道歷然於心，終無疑惑。如是眾理，於此戒經悉有開示。今將講記發行於世，願我佛門四眾弟子證解　佛旨，悉蒙法益。即以爲序。

菩薩戒子　平實　敬識

於公元二〇〇五年中秋

【「若有疑心、若無疑心，若見若聞若覺若知、若問不問，異本說者，是名妄語；若言不本見聞覺知，亦是妄語，不名具足。若破相說，無覆藏相，是非妄語。若異音說，前人不解，亦是妄語，不名具足。若顛倒語，若發大聲，不了了語；若有所說，前人不解，亦是妄語，不名具足。兩舌、惡口：若壞前人、不壞前人、作已得罪；無義語，亦復如是。」】

講記　前面講的是殺、盜、淫身業，接著說口業有四種。不妄語的原則就是如實而說，如果說話不如實、不確定而說，都是妄語。對於所見、所聞、所覺、所知，要說給別人聽以前，一定要先瞭解來龍去脈以後才能說，不然就是妄語。「若有疑心、若無疑心」，是對某一句話、或某一件事情沒有確定完全了知而先為人說明了，那也是妄語。「若有疑心」，譬如有人以暗示的方法，使人猜疑他已經開悟了，但是他自己並沒有明講，你沒有清楚的問明白，只是疑心他已經開悟了，就對別人說他已經開悟了，你的話就成爲「若有疑心，異本說者」，這是妄語的輕垢罪。譬如以前有人這麼說：「開悟的人從來都不會說他已經開悟了。」三十分鐘以後又說：「師父我從來都沒有說我有開悟。」你聽起來的意思是說：他有開悟、他宣示他開悟了。但是這裡面有個陷阱，他的目的是要利用你去向別人宣揚說他已經開悟了；你不可以因此就對別人說：「某某大師有開悟了。」你只能把他的話轉述，不可以用自己的意思說他有開悟，否則就成爲妄語的輕垢罪。假使你懷疑他的說法是虛狡之詞，你得要先求證於他，先問清楚：「您的意思是不是說您已經開悟了？或是方便假說示現開悟而實質上還沒有悟？」這樣問的目的是要避免「若問、不問」的過失；若沒有先問清楚，或提問時他仍含糊不清而不明講，你就只能一句一句的轉述而不可用自己見解去說，否則你就成爲「若有疑心、若見若聞，若問不問，異本說者，是名妄語」，結果你的好意變成在幫他宣說虛妄之語了。

所以我們呼籲所有的大師們：有悟就說有悟，沒悟就說沒悟，不要假藉名言方便而陷害徒弟們犯妄語戒。你聽了他的說詞以後也許沒有疑心，他們的目的正是要讓你沒有疑心的認爲他眞的開悟了，又希望可以避過大妄語的戒罪。但是如果他這麼說，我們可以這樣說他：「若無疑心、若覺若知，異本說者，是名妄語。」因爲他的說法與他心中所知的確實未悟，或疑心自己悟錯了的意思有所不同，所以也是妄語。也就是說，他覺察自己修證的境界、所了知的開悟境界，異於 佛所說的正理，而方便示人以悟，都是妄語。如果是轉述別人的話，後來講出去時沒有如實講，有所增或有所減，都是「不本見聞覺知」：沒有本於自己所見所聞所覺所知的話來說，這也是妄語。但是這個妄語不是具足妄語，因爲所說沒有顚倒，只是講一半而成爲「不本見聞覺知」：不是本於自己所見聞覺知的內容而說的。乃至把自己所證的境界爲別人說明時故意保留，怕別人聽了以後都會了，也是「若言，不本見聞覺知」，這也是妄語。由這裡來看，我蕭平實不是妄語者，因爲你們問一個法，我往往會告訴你兩、三個法，不但不是講一半，而且還講許多；所以有時你提出一個問題，我講出五、六種內容來。這就是說，有什麼就說什麼，不需要像武術界，每一代都要留一招，留到後來統統都失傳了，這樣子，佛教還有未來嗎？只除了佛所告誡的、不應該明說的部分，以及一般眾生不適合聽的部分才不演說；所以有些深妙法，因緣不到時絕對不說。什麼是因緣？因緣有兩種：一種是聽法者的程度容許了，而且那個場合是適合說深細法時，我們就會說；另一個因緣是在有人故意否定正法時，我們才會提出來說，但也會注意到保護密意。因爲那種深細的法爲眾生說了，眾生聽不懂；寫出來了，他們也讀不懂。但是，在有人故意謗法時，那可就很好用了；所以說法應當觀機逗教，不應無所觀察。這就是說：「**若言，必本見聞覺知。**」這樣就是如法說。

如果是「破相」而說，沒有覆藏相，就不是妄語。譬如去年年初有人退轉後罵我綺語，這事兒諸位都還沒聽過，現在剛好講到綺語，就順便講吧：他們因爲在法上沒辦法罵我了，所以就從事相上來罵，先是說我貪污同修會的錢，但是事實證明不是這樣，就又罵我《狂密與眞密》寫得很色情。但這其實正是「破相而說」，你如果不把雙身法的內涵清清楚楚的顯示出來，他們會繼續狡辯：「**我們的樂空雙運不是講那個事情啦！**」那我們寫《狂密與眞密》就將會沒有辦正雙身法錯誤的效果了，所以他們罵我寫的《狂密與眞密》太色情，只是台灣諺語說的「無話討家老」的託辭而已。實際上連號稱最清淨的黃教宗喀巴寫的《密宗道次第廣論》中，都明明白白寫著雙身修法，還要求密宗行者每天八個時辰（十六個鐘頭）精進合修雙身法，說要每天長時間合修才是不毀破金剛戒的密宗弟子。如果舉出來說以後，不把雙身法的密意都詳細寫出來，他們更會繼續狡辯說雙身法不是淫樂初喜到第四喜的淫觸境界。如果要把它作更詳細的描寫，我們還可以寫上一倍的分量；甚至寫出來以後，電影界可以拿去拍攝黃色電影。但是，我們認爲不必寫到那麼細，寫到這個地步，大家都有智慧，讀了就懂了！這叫作破相而說。

破相，是因爲佛弟子本來不應該針對淫事作詳細的描寫，但是藏密的法義本來就是專在淫樂境界上用功修習的，我們不能只顧佛弟子的表相而遮遮掩掩的說，只有破相而說，才能把雙身法的隱密謊言全部披露出來。如果不破相而寫，爲了顧及佛弟子的清淨表相而用隱晦的方式來辨正，大家不能確實瞭解密宗雙身法的全部內容與細節，那麼密宗還會繼續狡辯說那才是最究竟佛法，那你想要把外道邪法逐出佛教界就不可能成功了，所以必須要破相而說，那就不可能顧及清淨表相了。又譬如戒律的經典中，你們如果破參了，可以閱讀四分律、五分律。如果《狂密與眞密》那樣寫，可以罵作「好色」等等名詞，那麼閱讀四分律、五分律以後也可以這麼罵：「佛這麼好色！把淫事講那麼白、那麼露骨。」其實不然！這都是破相而說。如果要說明怎麼樣叫作犯邪淫戒、犯淫戒，當然要把內容說清楚。就像我們破斥左道密宗（西藏密宗），必須把它的雙身法內容詳細顯示出來，讓大家很清楚知道，讓他們完全無法再狡言辯解，這樣才能達到救護眾生的目的。

同理，四分律、五分律說明邪淫時，當然也要詳細說明，但你不能因此就說：「律典怎麼講得那麼黃色？」因此破相而說時不可以有覆藏相，必須要說得很清楚、很明白，這樣人家讀了戒律以後，就知道要如何受持戒律，才不會不小心違犯。我們破除左道密宗的雙身法也是一樣，必須無覆藏相、要破相而說，這與綺語完全無關，並且是護持正法。若是有所覆藏而不全說出來，就是有覆藏相，反而是犯了妄語的輕垢罪。所以那些退轉的人眞是無話可講了，就只能說一些託辭、飾詞了！

這就好像台灣俗諺說「無話討家老」：兩個人相遇了其實沒話可談，只好談談你家裡的堂上老人怎麼樣啦！我家堂上老人又怎麼樣啦！所以妄語的本質，大家必須要很詳細的瞭解：如果是破相而說，就不是妄語，也不是綺語，但前提必須是「無所覆藏」，要清清楚楚的全部顯示出來。

如果是「異音而說，前人不解，亦是妄語」，但不是具足妄語。譬如有人想要讓人家覺得他是個開悟的聖者，但是又怕人家聽得很清楚而拿來作證據，所以他就故意異音而說。比如對方不太懂台語，他就用台語跟他講：「我開悟了，我是聖人。」對方聽不懂，懵懵懂懂而猜測他講的是什麼意思。或者用一種含糊而不清晰的語調讓人猜測，我學一句給你們聽聽：「我已經開悟了，我是聖人。」（導師模仿模糊不清的語音而說。大眾聽了大笑）這樣諸位聽懂了嗎？好像懂！但是又不可以引來作證據，這也叫作異音而說。所以有人常常裝神弄鬼，只是爲了讓人家恭敬供養他。有的人不想裝神弄鬼，他就從言語上搞怪，讓徒弟覺得他好像有開悟。徒弟們一個一個傳聞出去，就有許多徒弟一個一個來禮拜了！來禮拜師父時總不能空手兩串蕉，得要有財物送來呈供，這就是異音而說。也許面前的人聽了不能理解他的意思，那就沒有妄語的成已之罪，所以不具足妄語。

如果是說顛倒語，那也是妄語。把別人說的話顛倒過來講述，也是妄語。如果是發大聲，但是故意讓人聽不清楚，如同我剛剛模仿的含糊說話，就是不了了語，讓人家聽得不太清楚，也是妄語。「若有所說，前人不解」：本來是要他把一句話傳出去，但他故意把它講得不清不楚，讓人家聽了還是不清楚，他就去回報說：「某甲！我有把你的話帶到了。」某甲誤以為他眞的把話帶到了，可是某乙去傳話時是含糊其詞的傳，故意讓某丙誤會某甲的意思，這也叫作妄語，但不具足妄語，是輕垢罪。

兩舌與惡口，佛說：如果毀壞了面前聽話者，或不毀壞面前聽話者，都一樣是作已得罪。也許有人覺得奇怪：兩舌而毀壞面前這人的名聲，作已得罪，這講得通；但兩舌以後，沒有毀壞面前這人的名聲，竟然也是作已得罪，這是什麼道理？這是因為：兩舌有時候會毀壞一方，而不會毀壞另一方，所以只要使雙方不能和合，這個事情已經做了，事實也成就目的了，那就是得罪了！也就是前面佛開示的：「若言和合則有不可。」那麼兩舌之罪就成立了。惡口也一樣，「若壞前人，不壞前人」，也有差異。惡口，比如大聲罵詈或小聲音而說話都很尖銳、很傷人，他惡口以後就會傷害面前聽話的人；但也不一定能傷害，譬如對阿羅漢、對諸地菩薩、對諸佛惡口，都傷害不了祂們，祂們都會一笑置之，最多只是關心的說：「**你是不是腦袋出問題了？**」或者：「**你是不是今天吃錯藥了？**」祂們不以爲意就走了，所以不壞前人；但雖然不壞前人，他的惡口或兩舌已經作了，所以還是得罪，只是有輕重的差別而已。所以惡口與兩舌作了，不論有沒有成就目的，都算得罪，作了就算成已。

兩舌，一般人往往有時犯了都還不知道自己已經犯了，所以有時大家也要體諒一下誤犯者；但是我們要注意自己，不要誤犯。因爲有很多人是東家長、西家短的說慣了，不是有意挑撥，只是順口就講出來，但是卻具有兩舌的效果，這是無心之過，我們大家都要提防自己出現這種無心之過。所以對自己要很小心要求，別誤犯兩舌的過失。但是對別人無妨從寬看待，不要輕易認定別人是故意兩舌。惡口，是當老師、長官者最容易犯的，有時一件事情看得不順眼，有時對別人做的事情不滿意，出口就罵：「叫你做一件事情，做了三個月還沒做好！」我們以前有一位同修很喜歡做事，但是事情接到他手裡，起頭做一下就擺著不做了，這一擺就是半年，我從來沒有講過一句話。可是有的人忍不住：「你怎麼到現在還沒有辦好！」音調大了，就變成惡口了。所以身爲領導者、或爲人師者，假使心中有慢，都很容易犯惡口，但我們千萬不要犯。

口業的最後一個是無義語。無義語，就像古人講的風花雪月等事，都是無義語，講的是天氣、賞月、種花等等事情。但現在風花雪月四字的語意卻變成綺語了，已經變成講這個邪淫的事情。古人講風花雪月都是文人雅事，都是名人軼事，都是騷人墨客的文雅事；可是現在風花雪月與風騷等字，都變成意義不好的名詞了。總而言之，無義語就是所說和解脫道無關、和弘法無關、和佛菩提道無關的，都是無義語。所以你們女眾們相聚時假使談的是我家兒子、你家女兒，那就少談幾句；如果是爲了子女婚嫁，當然可以談；若只是閑聊，就少談幾句。因爲同修之間所談應該有其意義，不要跟解脫道、三乘菩提無關。

【「如是七事，亦道亦業；其餘三事，是業非道。何以故？自不行故！妨於自他，得大罪故。或有說言：『一切微塵，次第而住，亦念念滅，滅已無住。若無住者，尚無有作，況有無作？』是義不然！何以故？世間之法有因有果，無因無果。如面、水鏡則有像現，離面無像；作亦如是從身有作，從是作法則出無作，如面、水鏡則有像現。譬如有人發惡心故則惡色現，發善心故則善色現，作以無作亦復如是。若因善業得善妙色，若因惡業得粗惡色，作以無作亦復如是。若以念念常滅，無有作無作者，如先所說燈河等喻，雖念念滅，以二諦故說作、無作；微塵雖復次第不住，亦復不破世諦法也。正以微塵次第，得名父母羅漢，其有殺者得無量罪；父母羅漢及以他人陰界入等，等無差別；所以得重，以是福田、報恩田故。如說二字不得一時，然此二字終不和合，義不可說；雖念念滅，亦名妄語，不破世諦。猶如射箭雖念念滅，因於身業微塵力故，到不到處；作以無作，亦復如是。如舞獨樂，雖念念滅，因於身業微塵力故而能動轉；作以無作，亦復如是。如旋火輪雖念念滅，因於身業微塵力故，火得圓匝。初發心異，方便心異，作時心異，說時心異，衆緣和合故得名作；以作因緣生於無作，如威儀異，其心亦異，不可得壞，故名無作。從此作法，得無作已，心雖在善、不善、無記，所作諸業無有漏失，故名無作。若身作善，口作不善，當知是人獲得雜果。若身善業，有作無作；口不善業唯有有作，無有無作，當知是人唯得善果，不得惡果。是故經中說七種業有『作、無作』。如人重病，要須衆藥和合治之，若少一種則不能治，何以故？其病重故。一切衆生亦復如是，具諸惡故，要須衆戒然後治之，若少一戒則不能治。」】

講記 接下來說道與業之間的差別，也說作和無作的戒罪差別。前面沒有說到貪瞋癡，只說殺盜淫以及口四業，意業還沒有說到，因此這裡說明：身三業和口四業既是道也是業，因爲身業殺盜淫，口業妄語等四個，已經動口說了或身體作了以後，一定會改變下一世的異熟果報：改變來世的正報。如果只在意業上面有貪瞋癡，但是沒有落實到口業和身業上面，那就只有業而無道。換句話說：只有意業而沒有口業和身業來配合，單有意業，不會成就三界中的善惡業行，只有自己心的業種在熏習改變而已，但是不會影響到正報，所以說意業的貪瞋癡等三件事是業而非道；因爲「自不行故」，是說意業中的貪瞋癡還沒有透過口業和身業來實行，所以沒有成就十二因緣中的有支。「妨於自他，得大罪故」，是說身口所造的七件事情都會妨礙到自己往生善道或惡道，有時更會妨礙到他人生於善道或生於惡道，因此而得到大罪。

「假使有人說：『一切微塵聚集而成的四大之身是念念生滅變異的，所以色身的存在只是一剎那又一剎那安住的。』這就是講，身體的細胞新陳代謝不斷在轉變，『所以也是念念之間都在壞滅的，只是次第而住而且念念壞滅。死亡後壞滅了就再也沒有色身安住了；若是無住的，把別人色身殺害以後尚且不會有有作之罪，何況會有無作之罪呢？』」據醫學家的說法，人類色身的全身細胞新陳代謝，大約十年就完成一個週期；換句話說，十年就完全換新了，這叫作新陳代謝；因爲細胞不斷在更替，所以說是念念滅。前後每一剎那的色身都各不相同，到最後年老捨報時「滅已無住」，不能再安住於人間了。如果是念念生滅而最後無住，那麼色身正是無常的法。無常的法既然無住，當然是連有作的罪業都不成就了，何況會有無作的罪呢？

雖然有人這麼說，可是佛說：「這道理不對，爲什麼不對呢？世間的法有因有果，但也有法是無因無果」，無因無果即是子虛烏有的妄想法。換句話說，只要是三界有的種種法都一定有因有果，沒有因才會沒有果。佛譬喻說：「因爲有人的臉，加上有水或鏡子，才會有人臉的影像出現；假使沒有人臉，縱使有水、有鏡子，也不會有人的臉像出現。有作罪也是一樣，因爲有身體去作，從身體的作爲才能出生了心意相應的無作罪，就好像有顏面，加上有水或者鏡子，就出現了人的臉像了。又譬如有人發起惡心的緣故，就有惡劣的臉像出現了；他若發起善心時，臉上就出現了善色，是要在色身上表現出來的，有作罪和無作罪也是同樣的道理，要從身口所造作的業行中來實現色身的有作罪和心意的無作罪。如果因爲色身與口都是念念常滅的緣故，就說沒有有作罪，也沒有無作罪，那就譬如前面所說燈油與炷，或者河的兩岸與中流水的關係等譬喻一樣，雖然都是念念生滅變異，但是我們仍然應該依眞俗二諦來說有作罪和無作罪的成就。身與口是四大微塵所作，雖然也是次第念念生滅而非常住，但是卻也無妨不破壞世諦而說有作罪和無作罪。又譬如殺父、殺母、殺阿羅漢，正因爲父母和阿羅漢有微塵所成的色身，所以才能稱他爲父、爲母、爲阿羅漢，所以若有人殺了四大微塵所聚成的父母、阿羅漢，就會因此而說他得到無量罪。雖然父母、羅漢及一切人的五陰、十八界、六入都是同樣而無差別的，但是殺父、殺母、和殺阿羅漢的行爲，之所以會因此而獲得重罪，是因爲阿羅漢是福田、父母是報恩田的緣故，所以殺害他們就會獲得重罪。」

佛又說：「譬如我們說兩個字時，這兩個字不可能同一時間內出現。」當我們罵對方「壞蛋」，壞蛋這兩字不可能同時出現，一定一字前而一字後。世間不可能有人把壞與蛋兩個字一起說，一定兩字前後說，所以佛說「二字不得一時」，這兩個字始終不會和合爲一：講壞字時，蛋字還沒有出現；講蛋字時，壞字已經過去，兩個字不和合在一起，所以壞蛋這兩個字的罵人意思，其實不可以說是能夠成就的。雖然如此，「如果有人罵別人壞蛋，這兩個字雖然也是念念生滅，但是罵了以後，仍然應該說是妄語、惡口，所以戒罪並不破壞世間的眞實理。」因爲從世間眞實道理來講，壞蛋這個罵義是確實存在的。我們從佛法的世俗諦來加以解析而說壞蛋是罵不到我們的，但這是佛法中的世俗諦，卻不是世間境界的眞實道理。因爲世間的眞實道理：罵人就是罵人，罵人不可以狡辯爲沒有罵人。所以無妨佛法中的世俗諦、世出世間的勝義諦說沒有罵人這回事，但並不妨礙世間法中仍然有罵人惡口這回事，所以從世間法的事相上來施設有惡口的有作罪和無作罪。

佛說：「譬如射箭這個事相也是念念變異，當你把箭射出去，從射出去的那一刹那，一直到箭落地的那一刹那，中間有無量刹那的變異，都不是常住法，都在不斷的變異箭的位置時空；雖然箭的處所是念念滅的，但是因爲身業有射箭的動作，加上箭是四大微塵所造成的，所以箭能到達色身所不到之處，因此那一箭就把一隻野生動物射死了。但不可以學了佛法以後就說，箭射出去時已經不是我手中拿的箭了，就說沒有射死動物；因爲射出去的箭雖是最初那一刹那的箭，動物被射死時的箭是九百刹那、八千刹那以後的箭，但是因爲有射箭者、有箭、有弓、有動物及射箭的行爲，使那支箭到達動物身上；都是因爲你身業的動轉，操作弓與箭，所以箭的四大微塵所造成的力量，能到達你的身體所到不了的地方，就把那個野生動物射死了，所以成就了殺生罪；所以『作罪』正因爲有身業微塵的力量，使得箭到達身體所不到處而射死了野生動物，因此就有了有作罪；有作罪成就以後，意業的殺業當然成就了，所以無作罪也就跟著成就了。」

佛又說：「又譬如跳舞來自己娛樂，不是跳給別人觀賞。這跳舞的事相雖然也是念念生滅，但不能因爲是念念生滅，就說：『我跳舞其實沒有跳。』因爲有四大微塵所成的色身業行，由身業行爲的力量所以身體才能動轉，所以成就跳舞獨樂這件事情。同理，十惡業道的有作罪和無作罪，也是因爲有身體和口業去造作，所以成就了十惡業道；因此意業的無作罪，就由於身體的口業和身業的有作罪而成就了無作罪。」除非是在無意之間誤造的惡業，沒有造惡業的動機，才可能不成就無作罪。

佛又說：「譬如玩雜耍的人用不會燃燒的繩子，綁了一團浸了煤油的布團，點火後旋舞起來，因爲旋轉的速度很快，所以看起來有火輪在旋轉。把這個旋火輪，從前後的每一剎那分析下來，根本就沒有旋火輪存在，都只是一個火球在移動，也是念念生滅的，這是由於我們四大微塵所成的身體的業行，以及四大微塵所造的那個繩子和火團，因此才能使火團變成一個圓匝而不斷的顯現火輪。同理，有作罪會有種種的不同，初發心時雖然是變異法，中間過程中所作種種方便來莊嚴時也是變異法，正在作最後階段的惡業時的心也是變異的；身業如此，口四業正在說時，心也是一直在變異的；雖然都是念念生滅，從實相來說是無常法，實際上身三業、口四業都是不存在的，但是眾緣和合而使身業口業在世間法上成就了，所以就說有作罪，因為有身行口行的造作而成就的緣故，也由於這個因緣而產生了意業的無作罪。就好像造作惡業時，他在惡業中的威儀和別人造惡業時的威儀不相同，但兩個人所造惡業的威儀也都是前後變異，不能常住；所以造惡業的過程，每一剎那的身口行為威儀中的意業都會產生變化，但是因為惡業已經成就，沒有辦法消滅了，所以他的意業也成就了，所以叫作無作罪。從身與口所造作的行為法相上得到意業的無作罪以後，他的心後來雖然是處在善、不善和無記的狀態中，但是已經造作的種種惡業都是因為心意而產生的，所以不會漏失掉，所以叫作無作罪。」

有時殺死了一個人，他是因爲善心而殺死人的；譬如庸醫，他以爲自己醫術非常精湛，但是爲人開刀前判斷錯了，醫死了人；雖然他是善心而醫死人，未來世緣熟了，他還是要被人家誤醫而死，同樣是被人善心醫死。所以有時我們看到有人被醫死了以後，家屬去醫院抗議索賠，我們都不知道去索賠的人到底是在完成因果呢？還是正在造惡因？所以不管心是在善心狀態、惡心狀態或無記狀態（非善非惡心的狀態），惡業既然成就了，因果都不會有漏失的，這叫作無作罪。

佛又說：「如果是身行正在做善事，但是嘴巴卻同時在做不善事，」譬如有人樂善好施，但他在布施時都要罵人：「你就是這麼懶啦！所以才要來被我布施啦！」「你這個人長得這麼醜，也來受施！」這就是身行善而口做不善，「因爲這樣做的緣故，未來世就獲得雜果：來世得到善報，但得到善報回報的過程是不順利的，也是要被羞辱的。」所以未來世有些人的錢一定要讓他賺，別人沒有因緣賺，但是在被他賺的過程，會跟他說一些風涼話，讓他賺得不痛快，這叫做雜果。身體造善業時，這一定是有作的業行，未來一定得善報，口與意也沒有惡業，所以未來世也會得善果上的無作善業，未來世還是會樂於行善、心存善念，這就是得到無作善。若身作善，口行不善；口的不善業只有有作、沒有無作，也就是說如果他在口業上做不善業，那都是罵詬的有作業；口不是心，所以沒有無作業；只有心意才會有無作業。口上做了不善業之後，有作業成就，心意的無作業也會成就；未來世緣熟了，還要遇到別人回罵給他；並且他仍然會喜歡罵人。如果他沒有惡心而身行善、口行不善，就不會有惡業的無作罪，所以未來世只會得到善果，不會得到惡果，最多就只是被人輕嫌幾句罷了。依經、律、論分成三部，這部經是律部，解說法義的才是經，佛說：「所以經中說，身口所造的七種業行，都有有作和無作兩種業，因爲有意配合的緣故；但若只是意業而無身口等七種善惡業行，則意的心行就只有無作業而沒有有作業。譬如有人生了重病時，一定要很多種藥和合起來才能治好他，爲什麼呢？因爲他的病很重，單一的一味藥無法治好他。一切眾生也是同樣的道理，娑婆世界的眾生具諸惡行，所以要施設種種戒才能治好執著愚痴的病；如果少了一個戒，眾生的生死病就無法治好，就不能證得解脱果、乃至佛菩提果。」

《菩薩優婆塞戒經》卷第七

〈業品〉第二十四之餘

【「善男子！衆生作罪凡有二種：一者惡戒、二者無戒。惡戒之人，雖殺一羊及不殺時，常得殺罪；何以故？先發誓故。無戒之人雖殺千口，殺時得罪，不殺不得；何以故？不發誓故。是故一切善、不善法，心爲根本；因根本故，說諸比丘犯有二種：一者身犯、二者口犯，無心犯也。如是戒者，時不具足，支不具足，則不得戒。譬如鑽火，有燧、有力、有乾糞草，然後得火，若少一法則不得火；戒法亦爾，如是戒者，若得、若捨、若持、若毀，皆隨於心；如來了了知諸法性，是故制之。若復有人因於善業思惟力故不造諸惡，名如法戒。若從他得，名爲受戒。若離戒受有功德者，一切惡獸師子虎狼應得功德，然實不得。以是因緣，受善戒者得無量福，受惡戒者得無量罪。是故經中說惡律儀：一者畜羊、二者畜雞、三者畜豬、四者釣魚、五者網魚、六者殺牛、七者獄卒、八畜獵狗、九作長弶、十作獵師、十一咒龍、十二殺人、十三作賊、十四兩舌、十五以苦鞭粗、枷鎖押額、鐵釘燒炙加人，國王大臣受寄抵謾，不知恩者，惡性惡心大惡村主、典稅物者，毀戒比丘心無慚悔，如是之人皆無戒也；雖復不名不善業道，而得大罪，何以故？盡壽作故。如是等事，若不立誓，不從人受，則不成就。】

講記 業是怎麼來的？常常有人修學佛法時不斷的怨責自己，老是說自己業重，所以聽經也聽不懂，學法也學不會，更別說開悟了。這種講法其實是正確的，因爲確實是「業」障礙了他，所以明明是一個很單純、很容易懂的法，但他老是聽錯，都無法理解。有時明明是很容易入手的方法，他卻始終沒辦法，學完回家修行時總是沒辦法用功；就算是聽懂也使不上力，這叫作業障。業障有往世的，也有今世的；今世與往世的都要爲大家講一講，要在這裡爲大家先作概念性的說明，大家聽了就容易理解爲什麼會有業來障礙自己的修行。業是什麼？以往世來講，譬如往世不斷熏習種種無記法（非干善惡的法），譬如文學、藝術、乃至最會燒菜的天廚等技巧，都是屬於非干善惡的無記法；他熏習久了以後，未來世只要遇到往世熏習的這些無記法，他一學就會了！別人老是學不會，他只要學一種就可以通三種法；這表示他過去世在這一類無記法的業行上，已經用心很久了！但這些無記法並不障礙他在此世的佛道修行，所以不會對他構成業障，最多就只是掉散而常常想到這些無記法罷了！會使他在修學佛法或修定的過程中，心掉散而記掛這些法；只要有實修的方法，他就可以放下往世熏習的這些無記法，專心在佛道上用功，所以這些無記法在此世不構成學法的障礙。

往世熏習的有記業，分爲善、惡兩種。善業會助長他在佛菩提道或解脫道的修證上，迅速的獲得證量。如果往世是多造惡業，那就牽涉到許多的問題；譬如往世曾多害人，或殘害大量的眾生，在這一世修學佛法時，由於被害而墮落鬼神道的眾生瞭解佛法是可以讓他出離生死的，他只要出離了生死，大家都要不到往世被他所欠的業債了，一定會障礙他，當然會對他產生障礙，就使他無故產生許多波折；譬如有時以種種方法障礙他，使他心智散亂、昏沉，學法不能得力，這都屬於往世的業而產生今世的障礙，名爲業障。以今世來講，譬如往世熏習某些惡法，延續到今世以後習性還在，由此緣故就會導致他在同一類惡法上容易相應而不能棄捨，就會導致一種勢力、一種慣性，使他繼續造作同一類惡業而產生學法修道的障礙。所以簡單的說，業就是一種慣性，使他繼續攀緣而不捨惡業，因此而導致他信佛學法上的障礙；所以業是一個很實際的法，不要想像成玄妙的、不可知的法。

舉一個很簡單的例子來說明業：意識明明知道某一個法不應該貪，不應該去做；可是知道歸知道，意根作下來的決定，還是使他繼續去做，無法控制自己。所以酗酒者戒了酒以後，不久又會重新酗酒，無法自己加以控制，這種慣性就是業；都是由於不斷熏習酒的韻味，所以產生了對酒貪味的六識身，有了貪酒味的六識身就會使他不斷在酒上面起思量，結果就無法斷離酗酒的慣性，這就是業。所以業是怎麼來的？都從往世和今世的善惡行爲的造作熏習而累積下來，變成一種慣性的勢力。這個慣性勢力使修行人無法脫離，它就叫作業力。這個業的勢力若沒有現行時就叫作業，現行了就叫作業力。若想要離開惡業力，就從這裡下手；身口意行修正了以後，心性的習慣被改變了，業就開始轉變。由此道理，說業可以是定業，也可以是不定業，而不定業能變成定業，定業也能轉變成不定業。所以業的產生以及業的力量，諸位知道了以後，接下去該怎麼修行，就了然於心了。所以證悟之後得要轉依如來藏的自性清淨涅槃，使覺知心轉依於如來藏的眞如體性來安住，然後來轉變意識和意根以往的慣性，轉變成功以後，往世和今世學法前所造作熏習的不良慣性力量消失了，那麼業就是轉了！除了往世所造惡業的怨家來尋仇報復以外，自己相應的業力已經是不存在了！這個道理把握住了，接下來詳細的說明，諸位就會瞭解了。

佛說：「**善男子啊！眾生會造作了種種的罪，其原因大約有二種：第一種是因惡戒而造罪，第二種是無戒而造罪。**」接受惡戒者雖然只殺一隻羊，但在其他不殺之時一樣是得殺罪的，不管身業殺與不殺，因爲他的意業恆時存在殺生的殺業；所以他殺一隻羊時得殺罪，平常不殺羊時也得殺罪，這是受惡戒而常有殺心的緣故，所以殺時與不殺時都得殺罪。譬如外道上師規定，凡是遇到某一種動物時，因爲那種動物生來就有罪，所以誰見了都必須殺掉牠，這就是原罪的邪見。一神教也有原罪邪見，他們「聖」經規定，新約當然沒有，舊約是有的，凡是遇到異教徒就必須勸他歸信耶和華，如果不聽從，就必須加以剪除：特別用「剪除」兩個字標明是要殺死的。所以中古時代的基督教十字軍東征時振振有詞的殺人，原因就在這裡，這叫作惡戒。其實異教徒並不是惡人，一神教沒有權利因爲不信他們的神而加以剪除。若有人遇到異教徒不歸信時就要剪除掉，那就是受惡戒；這種人殺一個人時得殺罪，平常不殺人的所有時間也照樣得殺人罪，因爲他先發誓的緣故：凡是遇到異教徒就會加以殺害。所以不論有殺或無殺，常得殺罪。所以發誓是很嚴重的事，不能亂發誓。發願與發誓有何不同？話講出口，願就成立了，所以說「出口成願」；假使話講出口，再加上若不實行願受某種後果，就是世間的發誓；違背了誓願，後世或當世就得要接受後果，所以嘴巴還眞不能亂動。飯亂吃都沒關係，今天吃米飯，明天吃麵，後天吃麵條，隨你怎麼吃，話就是不能亂講，出口就成願、成誓。如果成誓必殺，惡戒成立了，未來問題就嚴重了，因爲一切不殺時也得殺罪。

第二種犯罪者是無戒的人，因爲他不持戒。不持戒者雖然殺了一千隻羊，卻不像那個立誓殺生而發起惡戒的人；持惡戒者一生縱然只殺了一隻羊，但是在其他不殺羊的時間也一樣得殺罪。但是無戒的人殺了一千隻羊時得到殺一千隻羊的罪；但是他總有不殺時，那時就沒有得殺罪。這樣比起來，無戒而殺一千隻羊，他的罪遠比有惡戒而只殺一羊的罪要來得輕，因爲立了惡戒而發誓以後就常時得罪；這是從修學佛菩提的立場而說，也是從法界實相正理來說的。若能如此建立正見，殺心就可以永除不存；其餘九種惡業道也如此修，意業自然就漸漸清淨了。

佛說：「一切善法和不善法都是以心爲根本，由心意決定要殺或決定不殺，來決定他的罪大或小；心中若決定要把所有的異教徒都殺盡，以心意爲根本而這樣立誓，罪就無量無數了，因爲異教徒無量無數，他立誓都要殺盡，所以就從眾生邊得了無量無邊的罪。」沒有受惡戒的人，殺了一千人時只對那一千人得罪，但是對其他人不殺，所以只在一千人身上得罪；發惡誓殺盡異教徒時就從無量眾生得罪了，由此可以看得出來，造惡業而得罪，完全是從心意來的；所以佛說一切善惡法都以心爲根本，也因爲以心作根本的緣故，佛說：「諸比丘若犯罪時總有二種：一種身犯，另一種口犯，沒有『心』犯罪。」這樣子界定聲聞戒和菩薩戒的不同。比丘們受的出家戒是聲聞戒，如果說有犯罪，只有身與口犯，沒有「心」犯罪，因爲單只有心仍不能殺人，一定要動身才能殺人；如果有惡口的罪，也一定是動口了才有惡口罪，單只心中造惡時並不得罪。菩薩戒卻以心爲根本，心動了念想要殺人、計劃殺人，就已得根本罪；但這是說惡念一直沒有懺除，所以根本罪成立；若是已經懺除了，就沒有根本罪。但是得要身與口犯了，方便罪與成已罪才能成立。所以聲聞戒中縱使心中怎麼樣想入非非都不犯邪淫戒，但是菩薩戒就不然，只要心中對某人想像共淫，就是犯戒；所以出家戒與菩薩戒有很大的不同，所以 佛說出家人的聲聞戒沒有「心」犯戒，只有身口犯戒。

一貫道常常誹謗說：「你們佛教出家人犯戒，犯得一塌糊塗，多嚴重！比我們差得遠了。」但是當他們批評佛教出家人犯戒時，請大家質問他們：「你們有沒有受比丘戒？有沒有受菩薩戒？有沒有遵守佛法戒律？或者你們一貫道有沒有戒法的傳、持？」大家先要問他們這一點。一定是先受了戒以後才能有戒可犯，但他們從來都不受戒，連一戒都沒有，當然不犯戒，那根本都還在解脫道的門外混呢！哪能與佛門持戒的人相提並論？問題就在這裡：有戒可犯才是佛門的出家人、才叫作菩薩；無戒可犯的一貫道當然都是外道，因爲他們都不受戒，都與解脫道不相應，更別說是佛菩提道了！那當然是外道。不持戒的人卻來批評持戒者犯戒，本身已經是很可笑的事情了！卻又不自知，反過來批評持戒者的戒行不清淨，根本就是心行顛倒的愚人。不受佛法戒律的外道們，他們犯的罪比起佛門出家、在家人來，其實是嚴重十倍、百倍、千倍的，但是都不提犯戒的事，因爲他們沒有持戒，當然不會犯戒，可是種種罪卻照犯不誤。譬如一貫道中有人把過去世的配偶都找來同居，所犯的邪淫罪極爲嚴重；又如他們也修佛法，可是口中唸著佛號卻在虐待下人，新聞報導出來時卻又賴到佛教頭上來！這種事情不勝枚舉，怎有資格批評佛教出家人持戒清不清淨的事？所以說「有犯名菩薩，無犯名外道。」

受了戒以後犯戒，只要大戒不犯，有時違犯小戒，那是很正常的；好比現代人不會去殺人放火，可是交通違規事件，有哪個開車的人一生都沒接過罰單？五十年前，我們聽人家說在美國交通違規是很平常的事，覺得很奇怪：怎麼違規還會是平常的？現在可知道了，因爲一不小心就會誤犯了，沒有人是一生都不曾違規過的。可是如果殺人、放火、大妄語、破和合僧犯重戒，那就是大事了。既然有犯輕戒，就顯示他有戒法在執持；一貫道的道親們都沒有持戒，當然就無戒可犯，因爲連一戒都不受持。不持戒的人，哪有資格評論持戒者犯戒呢？所以這些外道眞的是不明事理。他們甚至還編出一句話來，你們聽這一句話就知道是哪一種外道了！他們寫書說：「地獄門前僧道多。」這是幾貫道講的？（大眾答：一貫道）他們眞是胡扯一通！所以出家以後犯戒，譬如假藉修密而犯邪淫的重戒，當然罪很重，那是因爲佛法極尊上的緣故，所以在佛法中犯重戒時罪很重。即使有佛門大師修了藏密雙身法而犯邪淫的地獄罪，但是那些不持戒的外道們仍然沒有資格批評，他們連開口的資格都沒有！這一點諸位都要瞭解，千萬別跟著外道似是而非的說法而轉，所以 佛說：「**有戒可犯名菩薩，無戒可犯名外道。**」在外面，遇到外道或俗人評論佛門僧寶時，可得要有這種智慧來應對，要先問他們受了佛戒沒有？當他們批評佛門出家眾犯戒時就先問他們：「**你有沒有受持菩薩戒？有沒有受持比丘戒？如果沒有，請你也去受了以後並且持戒**

清淨，那時再來批評；否則請你閉嘴，你沒有權利批評，因爲你連一戒都不持；假使讓你持了比丘戒，可能你違犯得更嚴重，沒資格批評比丘們。」也要告訴他們：「當你亂批評時，果報是逃不掉的。雖然你不信佛法，但不因爲如此就可以逃掉誹謗三寶的因果。」

戒，以惡戒來說好了，時不具足，支不具足，就不得惡戒。善戒也是一樣。時就是先有一個時節受了戒，這是時具足。支是說，得要有身口意三法都具足受。若有人臥在病床無法表示意思時，連開口說個「能持」都沒辦法了，你幫他傳戒就不得戒了。當你問他說：「不殺戒，能不能持？」他無法答應「能！」能持的意思表示不出來，口支不具足，就不得戒，這戒就白傳了。善惡戒都一樣，一定要口支與身支具足；在佛法中受戒時得要禮拜三寶、信順、歸依，然後正受菩薩戒、比丘戒……等，這樣才叫作支具足。並且要把戒的內涵一一說明以後再問：「能持否？」他得要答：「能持。」口若不能答，身若不能表示意思，就是支不具足，戒體就不能得，所以 佛說「時不具足，支不具足，則不得戒。」

佛又講了一個譬喻：譬如鑽火，想要鑽木取火的人（古時沒有打火機、火柴，古時都要用鑽木的方法生火），可是鑽火時得要有鑽燧、有人力、有乾糞草，才能生起火來，少了一種條件就無法生火。燧就是鑽木頭時用的堅硬長條物質，有一端是磨尖的；先在一段木頭橫向鑽一個小洞，燧的直徑要比木頭上的小洞大一些；然後把木頭抬高，下面留著空間，再於木洞下方地面放些乾糞乾草，然後拿著燧在木洞上方輕輕插著搓起來，搓到木頭起煙發熱，會有一些火熱的木屑掉到下面乾糞草，漸漸的引起小火來，再吹氣讓火變大。鑽火時不能只是心中起意念說：「火生起來！火生起來！」火不會因此而生起的。得要有燧與木頭、有人力、有乾糞草，然後得火，少了一個就生不起火來。戒法也是一樣，要有身口來實行，但是要從心意來得戒，所以是從心而生戒體：得戒也從心，捨戒也從心，持戒與毀戒都隨於心，但卻要有身與口才能得、捨、持、毀。諸如來很清楚的了知一切法性，所以依理而制定種種戒法。

如果有人由於善業的思惟而產生了力量，因此不造作種種惡事，這就是如法持戒。善業思惟的力量很重要，如果沒有善業思惟的力量，縱使受了戒、得了戒、也在持戒，但是往往會毀戒、犯戒，無法良好的受持。如果針對善業有深入的加以如理作意思惟，就可以產生力量來良好的受持戒法而不造作種種惡業，能這樣就是如法戒。所以受戒以後，還應當要加以思惟，思惟善業與戒法之間的關聯。若能確實了知善戒與善業的關聯，這個人持戒就一定如法。

什麼叫作得戒呢？從他而得名爲受戒，所以受戒一定有傳、有受。因此戒法一般而言都是要從人而受的，特別是聲聞戒，一定從人受；除非　佛仍在世，從　佛而受。否則都是世世傳承，從人而受。菩薩戒原則上也是從人而受，但有例外。比丘、比丘尼戒不得從在家菩薩得戒，要從出家菩薩或二乘聲聞僧得戒，所以在家菩薩不能傳出家戒。如果是受菩薩戒，　佛在世時應該從　佛得戒；如今　佛已不在人間，應當從一切已受菩薩戒的菩薩得戒，不管那位菩薩是在家或出家，都可以從他而得戒。所以傳菩薩戒時，可以由出家菩薩傳給四眾弟子，也可以由在家菩薩傳給四眾弟子，這是菩薩戒與聲聞戒特別不同的地方。另外還有一個小不同：若千里之內無戒師可以傳授菩薩戒（沒有已經受過菩薩戒的人住在千里之內），也可以自己在　佛像前自誓受戒；但是出家人的聲聞戒絕對不行，一定要從人而受，不許直接在佛像前自誓受戒。

佛又說：「如果離開戒法的受持而仍然能有功德，一切的惡獸、師子、虎狼也都應該有戒法的功德，但是其實牠們都得不到戒法的功德。」所以一定是持戒才有戒法的功德，「因爲持戒有功德，所以受善戒者可以得到無量福德，受惡戒者當然也會得到無量罪。」受善戒既然得無量福，犯戒就會比平常人所造的罪更重，這是相對的。權利大時義務也就增大，因此持戒以後必須很小心、很嚴謹的受持，千萬不要毀犯。正由於這個緣故，佛在別的經中說出許多種不該犯的惡律儀。律儀是指心意在身口上表現出來的威儀。律是針對身口的行爲加以規範，依戒律的規範而顯現出來的儀態就叫做律儀，所以受惡戒的人有惡律儀，善人則有善律儀，聖人有聖人的律儀，三種大不相同。什麼樣的佛弟子造了什麼罪會成爲惡律儀呢？就是說：身爲佛弟子受了菩薩戒，卻去開牧場畜牧牛、羊，目的是養大以後賣給別人殺了取肉，居心不良所以是惡律儀，是因爲心地不善而顯示出身行的律儀不善。開農場而養雞、養豬也是一樣的道理，都是惡律儀。

又如釣魚，釣魚時不正是殘害魚類的生命嗎？縱使現代人講環保，釣了以後又放生，不正是欺負魚類嗎？所以釣魚也是惡律儀。因爲魚被釣著了，一直到鉤脫離牠的嘴巴之前，一樣是要受苦的；釣魚者是把自己的快樂建築在別人身上，所以也是惡律儀。釣魚已經是惡律儀了，在溪中網魚就更沒有格了，因爲釣的至少還有餌，願者上鉤；網魚卻是人家不情願，也要把人家網上來吃掉，所以網魚更是惡律儀。至於殺牛是很殘忍的，你們如果看過人工殺牛，就知道有多麼殘忍；把牛綁好以後，拿起大榔頭往牛頭上猛搥，非常殘忍，所以是惡律儀。又如當獄卒，不論是地獄中的獄卒或人間監獄的獄卒，律儀都是不好的；地獄的獄卒沒有惡心，只是在執行工作，不是惡心去做，而是業力使然；必須那樣做，也領受那種環境的不可愛覺受。可是人間的獄卒，譬如描述監獄風光的電影情節中，獄卒幹的是什麼事？挑撥離間、剋扣飲食錢糧、剝削犯人、鞭打辱罵，這就是人間的獄卒；古時的獄卒比現代獄卒更加嚴重，當然都是惡律儀。他們一天到晚在那上面用心，所以古時獄卒殘害犯人性命是很常見的事情。因此，身爲獄卒而想要與我們這個正法相應，還眞的很不容易；這也有現成的例子，我們就暫且不談它，所以佛說獄卒也是惡律儀的一種。再如養獵狗作爲打獵之用，而不是養來作寵物，養者有殺心，受了菩薩戒還養獵狗來幫助殺生，當然是惡律儀。

又如作長弶，長弶就是很長、很大的網；譬如現在花蓮、宜蘭那邊還有人舉辦牽罟的活動，那也是小惡業；遠洋漁船體積龐大，拖著幾百公尺長的大網，海中拉過去時一網打盡，是更大的惡律儀。如果想要來正覺學法，請不要再當漁船的船長了，應該改在商船上服務，因爲網魚也是惡律儀。如果是專門在製造大魚網，那他與我們正覺的法就難相應了，因爲這是很嚴重的惡律儀；造做這些惡律儀的結果都是嚴重犯了助殺之戒，結果是喪失了菩薩戒的戒體，那就與佛菩提道的見道無緣。這些惡律儀，請大家都要注意；親教師們也要注意，如果學員是專門大量養豬、養雞去賣錢，或是常常在釣魚、網魚的，都得要改正他們的惡律儀。也有人作獵師，以捕獵維生；還有人會咒龍，用咒法驅遣龍族去殺害眾生；也有人是當殺手，以殺人爲業而生活；又如有人專門作賊，也是惡律儀；如果有人受了菩薩戒，卻被抓到他做賊，社會人士可要說他是賊菩薩了，佛法的弘傳就被他傷害了，當然是惡律儀。

又如兩舌挑撥是非，本來一個僧團清淨無事，被他挑撥而烏煙瘴氣，這個兩舌當然也是惡律儀，這是會失掉戒體的重罪，絕對要小心而不可誤犯。假使對待下人時自己的身行非常惡劣，常以苦鞭鞋打人；或者更惡劣的主人，在皮鞭上還釘了鐵線，這樣子打人，叫作苦鞭鞋，當然更是惡律儀。枷鎖押額也是惡律儀，枷鎖一定要押額，否則鎖不住；就是把犯人的兩手伸進兩個小洞再合起來拘束兩手，頭也伸進上方的大洞然後合起來，使頭部固定在大木枷的洞中；在兩片木頭合起來的地方要押額釘死或鎖死，不到達目的地時都不許拆開，這就是押額；這樣枷鎖押額而長途走路移送人犯，是什麼人幹的惡事呢？（大眾回答：獄卒）當然是獄卒幹的「好」事。再來是鐵、釘燒炙加人，用鐵或大釘燒得通紅之後，貼或刺在人身上；譬如古時不是有黥面之刑嗎？用一個刻了字的鐵牌子，燒紅了就往犯人臉上燙，就成爲一世去不掉的標記；燙臉頰或燙額頭，就是黥面。你們如果讀過古書的《十三太妹、封神榜、水滸傳》，不就有這些刑罰嗎？這又是誰幹的？還是獄卒！所以獄卒眞的不能當，如果想要學正覺的法，最好趕快轉行，否則就趕快退休。以上佛說的十五種行爲都是惡律儀，犯了這些惡律儀時往往就會喪失戒體，使菩薩戒的戒體不存在了，而且有些是要下地獄的重罪。

還有哪些是惡律儀呢？身爲國王、大臣，受部屬或人民寄存財物時，當寄物人來要回去時，他們抵讁而不還。抵是由於寄託者以前曾積欠他債務，或者已到該還時，或者尚未到該還的時間，他就把受寄的財物用來抵償債務，這也是惡律儀；因爲這是兩回事，不可以相抵的；如同造了謗法惡業以後，卻想用世間行善的事業來抵消，也是不能互抵：謗法惡業及後來的善業都會同時繼續存在。如果寄託者來取回時，主動開口要以其中的部分來抵償，那就可以接受，但是被寄財物者不可以開口要求抵償，這才是菩薩應有的律儀；因爲寄託財物者可能另有急用，如果把它抵償了，可能他無法達到目的，使本來完整的償債計劃不能實現，甚至可能產生害命的結果，也許他是想要累積爲某人手術救命的費用，免得被人逼債而無法積存下來。也不可以讁：「你根本沒有寄託我什麼財物。」身爲國王、大臣受了菩薩戒以後卻這樣讁人，也是惡律儀。

不知恩者也是惡律儀。譬如從別人那裡得到恩惠，因此救了一命，或者因此而證悟了，但是後來卻不承認是從恩人那裡得到恩惠，這就是不知恩者；身爲菩薩，這件事情絕對不能犯，犯了就是惡律儀，而且將是最大的惡律儀，因爲世人會說他忘恩負義，佛教就會受到嚴重傷害。

惡性、惡心：心性不好就是惡律儀。若是心性大惡而又當上了村主，他往往會典稅人民財物。大惡人偏偏當了村主（古時印度的村主不是像現在的村長、里長一樣的，古印度的村主，對他的村民有課稅及生殺予奪的大權，是國王授給他的權利，連同整個村落都是國王賜給的，所以他可以對村民徵稅，然後他固定要交給國王稅金；但他可以對村民刑罰賞賜，所以這裡講的村主猶如中國古時的縣令一樣，有判刑課稅的權利），如果這個村主是惡心、惡性而專幹惡事的就是大惡村主；當他收不到稅時就會把村民的財物拿來抵稅，就是典稅物者，也是惡律儀。

又如「毀戒比丘心無慚悔」，已經毀戒犯戒了，但心中並不覺得羞愧，也不願意對眾公開宣稱以後永遠不再作，這也會喪失菩薩戒。慚是羞於向人，自己覺得羞慚；愧是不敢面對別人，以後也不敢再作。懺是發露己罪，悔是後不復作。所以慚與愧、懺與悔，都是發露向人而且宣示以後絕不再作。懺悔、慚愧都是善法。其實犯了種種輕戒本來都沒什麼事，只要懂得懺與悔就沒事了！怕的是犯了戒以後不懺不悔、無慚無愧，問題就嚴重了，就變成惡律儀了！犯戒後不肯發露和對眾公開宣稱永不復作，惡律儀成就了，戒體就失掉了！所以佛說「如是之人皆無戒」，因為他們的戒體都已經失掉了：只要作了這些惡律，已經不成其為菩薩了。菩薩戒的戒體失掉了，從此就是無戒的世俗人了，即使仍然身穿僧衣，一樣是世俗人而不再是僧寶了！請問你們：如果有比丘修了雙身法，是不是惡律儀？（大眾答：是！）因為這是根本重戒，請問他的戒體還在不在？（大眾答：不在！）已經不在了，那他還能稱為比丘嗎？（大眾答：不能！）當然已經不算是比丘了！因為他的聲聞戒與菩薩戒都失去了！

如果有比丘修雙身法而身行邪淫，或者嚴重的誹謗正法，譬如否定如來藏，請問是不是嚴重犯戒？（大眾答：是！）嚴重犯戒後，他的戒體還在不在呢？（大眾答：不在！）當然戒體已經失掉了，那他還算是比丘嗎？那還能叫作僧寶嗎？（大眾答：不能！）當然不行。所以眞假僧寶、眞假比丘，諸位都要弄清楚。所以西藏密宗那些喇嘛們，他們能算是佛教中的僧寶嗎？（大眾答：不能！）當然不算嘛！他們都是世俗人，他們根本就沒有比丘戒，而且菩薩戒的戒體也都不存在了，所以和世俗人沒有兩樣，所以把他們當作僧寶來供養的人就是愚癡無智之人，因爲那些人都已經無戒了。而且他們都是惡戒的：都要盡未來際修行雙身法，並且誓願度盡一切眾生都同樣修雙身法的樂空雙運而與他們一樣墮落地獄中，所以惡業極大。

至於無戒，從另一方面來講，說藏密喇嘛廣修雙身法而犯大邪淫罪，或如顯教法師將三乘菩提根本的如來藏誹謗及否定，是因爲造作惡律儀而失去戒，而說他們沒有戒；可是其中仍有差異：謗如來藏法的顯教出家人是失去戒體而成爲無戒者，但藏密喇嘛們卻是受持惡戒的，因爲他們誓願要以雙身法來殘害一切眾生同犯重戒的。另一種無戒者是世俗法中尚未受戒者，因爲他們沒有惡戒；即使是顯教中已受戒者，他們就算是犯戒了，也只是犯菩薩戒、比丘、比丘尼戒，可是他們都沒有受惡戒。沒有受惡戒的人，不管是犯了什麼樣邪惡的惡律儀，他的罪始終都比不上受惡戒而不殺人、不犯大邪淫罪，所以他們永遠比不上受惡戒的外道及附佛法外道的藏密喇嘛們。因爲已受惡戒的外道及藏密喇嘛們，縱使還沒有機會殺人（殺害他們所謂的魔，其實是正法弘傳者），他們是常時都得殺罪的。如果比丘或在家菩薩把所有惡律儀都犯了，其惡業也不會比已受惡戒而不殺人、不邪淫的人來得嚴重，這是因爲受惡戒而發誓願一生實行或盡未來際實行的緣故。所以惡戒千萬不能受，寧可持善戒而一一犯了下地獄，也不要受持惡戒；因爲持惡戒下了地獄，鐵定是無間地獄，不會在有間地獄，而且受苦的時劫會特別長久；所以惡戒眞的不能持，縱使所有的惡律儀都犯而成爲無戒人，也不可接受藏密的惡戒。

不受惡戒，是否就可以幹惡事？雖然不從他人領受惡戒，但是自己發願：我看見所有的狗統統要殺掉。這個願也不可以發，因爲自己立了誓，就是從自己得到惡戒。佛說這個人立誓以後，「雖復不名不善業道，而得大罪」：發了這個惡誓，後來縱使沒有殺過一條狗，一樣會得大罪，因爲意業成就，有根本罪了。也就是說，他心中每天會提醒自己：見到狗就應該殺。可是不想讓人家知道，就得暗中找機會；在不斷找機會的過程中，這個惡誓就不斷增長加強，業當然不斷成就了。業成就了就障礙他修道，所以他雖然沒有眞的殺害過任何一條狗，但是惡業已經成就了，所以「雖復不名不善業道，而得大罪」：沒有得業道，但業已成就了。道與業不同，道得要作了才成就，可是業是在心中建立時就成就了，因此而得大罪。即使每一條狗都有人護持著，他一生都殺不到一條狗，但是盡形壽受持惡戒，就得大罪。所以 佛說：「如是等事，如果不立誓，而且不從別人那邊受了惡戒，業與道就都不會成就。」如果立了誓，業成就了；從別人受了戒，業也成就了；如果付諸於實行，道也跟著成就，那就惡業道都具足，捨壽後必定下墮三惡道中。

【「如是惡戒，四時中捨：一者得二根時，二者捨壽命時，三者受善戒時，四者斷欲結時。或有說言：如『善戒具足，惡戒亦爾。』是義不然，何以故？惡戒易得故，一因緣得故，所謂立誓。善戒不爾，有五

方便：所謂五根，是故難得；以難得故，要須具足。若有說言：『優婆塞戒，無無義語、兩舌、惡口，是故優婆塞戒、八戒齋法，沙彌、比丘不具足得。』是義不然，何以故？我今受持，淨口業故。」】

講記　「從外道受持了惡戒以後，有四種時節因緣可以捨掉惡戒。」所以佛很慈悲，告訴大家：那些惡戒的外道傳戒師們，縱使對受惡戒者說：「受了戒以後永遠都捨不掉的。」但其實還是可以捨得掉，佛就是這樣救護眾生，開出種種方便讓外道信眾可以離開惡戒，說有四個時節因緣可以捨離惡戒：第一、得二根時，譬如現代的醫學術語說是基因突變，本來是個男人突然多了女性性器官，變成亦男亦女，這時惡戒就不存在了。不但是惡戒如此，聲聞戒也一樣，如果突然間身體變化而得二根，聲聞戒就在當時失去了，就不再是出家人了；但是菩薩戒不受這個侷限，所以生來就是二根的人，或者剛出生就被閹割性器官而成為黃門太監，也都可以受菩薩戒，所以沒有失去戒的問題。但是受惡戒者在得二根時就喪失了。第二、惡戒最多只有一生受，儘管外道說是盡未來際受，但是壽命捨時就已經消失了；因為惡戒只能使意識受侷限，戒理偏斜；未來世若遇到正法戒律時，就會理解到它的虛妄，自然就不可能是盡未來際的，所以是盡形壽而受；不管他們的戒師怎麼說，都只能是一世受。第三、當外道持惡戒者改受善戒時，惡戒就自然棄捨了。第四、斷欲結時，斷欲結有二種情形：第一、見道以後三縛結斷了，心就會漸漸清淨，惡戒就自然捨了；第二、證得初禪時斷了欲界結，這時就會了知惡戒的理論偏斜，自然就捨了；若已證得初禪，惡戒的勢力在他身上都無法再現起，這就是初禪引生的定共戒；所以得初禪時或見道而使得心清淨時，外道惡戒也就捨了。捨惡戒有這四種因緣。

外道如果說：「善戒可以具足得，所以惡戒應該也可以具足得，就不會在前面所說的四種情形下自然捨戒。」這個說法不對，因爲惡戒容易得而善戒不易得的緣故，爲什麼惡戒容易得呢？因爲只要一個因緣就可以得：依立誓而得，只要自己建立邪惡誓願就可以具足得到惡戒。但是善戒不容易得，因爲善戒一定要有五種方便，才能得到善戒的戒體：如果沒有五種善根，就無法具足得到善戒：就是信根、精進根、念根、定根、慧根。爲什麼善戒要這五根，而惡戒不必有這五根？譬如修學西藏密宗邪法的那些喇嘛們，他們要受持金剛戒時很容易受，而且是個個都很歡喜受，喇嘛叫他們發誓：「我要一生努力修雙身法，追求男女合修時的淫樂第四喜境界。」這時他們個個都歡喜得不得了，都從心中確實發了，因爲隨順世俗淫樂是一般眾生都不會拒絕的，不需要對出世間法生起信進念定慧等五個善根，就可以很容易的接受專修雙身法的藏密金剛戒（三昧耶戒）。很容易受的戒就表示是世俗法貪著境界，那麼這是善戒還是惡戒呢？（大眾回答：惡戒）當然是惡戒！因爲要讓水往上流是很困難的，但若往下流是很快、很容易的。可是你若教那些喇嘛們來持比丘戒，他們一定是個個面有難色的，因爲太困難了！受比丘戒時先得要有五種善根，否則受不成的。因爲受比丘戒或受大乘菩薩戒，那是在世間五欲法上處處綁手綁腳的；不但綁手綁腳，還要綁嘴，不許亂說話，處處受限制而綑綁自己。藏密喇嘛們有誰知道了顯教的出家戒與菩薩戒的戒相以後還願意受綁的？都沒有！除了後來知道密戒是邪法而且是有善根的人！所以只有五種善根具足的人才願意受持顯教中的出家戒與菩薩戒！五根之中只要差了一根就不可能受戒。

若是信根不足，就不會受戒；但藏密的金剛戒，只要是對淫欲有貪著的一般人，都很容易接受的。又譬如精進根不夠的人就不願意受菩薩戒，正因爲想要精進修行佛菩提，才會願意受菩薩戒、聲聞戒；若是念根不夠時也不可能受正法戒，因爲不能憶持菩薩戒的內容與精神，不能憶持比丘、比丘尼戒。如果心不決定，定根不夠，心中老是懷疑：「我受這個戒法眞的能幫我完成佛道嗎？能幫助我修學佛菩提嗎？我受了比丘戒以後，未來一定可以得解脫，眞的嗎？受菩薩戒以後，可以讓我超越三大劫而成佛是眞的嗎？」他心中老是不能決定，這就是定根不足，就無法受戒。因爲受正法戒是要失去世間五欲享樂的，而外道邪戒的藏密金剛戒，不但不必失去世間享樂，而且可以獲得世間最強烈的淫樂，根本不必先有什麼善根就能接受了，所以與正法戒大不相同，不必對正法心得決定就能接受。又如受了菩薩戒而不違犯，眞的能超越四魔？他若沒有慧力去判斷，就無法受，他會這樣想：「只有那些癡呆的人才會去受戒。有五欲享受的日子多麼愉快，這種自由自在的日子不過，偏要去受戒而綁手綁腳的綁自己。」他想不通爲什麼要去受戒，因爲沒有慧根。所以若無這五根，就不可能受戒。所以受菩薩戒與聲聞出家戒還眞的不容易啊！有的人想要來正覺學法，才只聽到五戒，心中就想：「這五戒，我可能沒辦法具足受。」心中就覺得很困難了，若是菩薩戒、比丘、比丘尼戒就更難了，所以說正法善戒很不容易得，必須先具有五種善根。可是惡戒只要一個因緣就能得了：「你對我發誓，這一生要很精進修學雙身法而每天住在第四喜的快樂中。」「我發誓每天努力修習雙身法。」藏密行者一定很快就能發誓而領受三昧耶戒（金剛戒）了！不必五根。他們只要一個不屬於善根的淫貪就夠了，就能發誓了！所以 佛說惡戒易得，善戒難得。所以外道說「善戒能具足得，惡戒也一樣具足得」是不正確的，因爲惡戒能具足得，善戒不一定能具足得。

「如果有人說：『優婆塞戒中沒有牽涉到不犯無義語、兩舌和惡口的事，所以優婆戒及八戒齋法，我們出家的沙彌和比丘們由於不受優婆塞戒而不具足得，所以我們不必受這個戒法的約束。因爲這優婆塞戒所講的戒律都是在家人的事，和我們出家人無關。』這個說法也不對，因爲我如果一樣受持優婆塞戒的戒法，一樣可以使我清淨口業，爲什麼我不受持呢？」能清淨口業，解脫道就容易修，佛菩提道也容易修，所以出家人雖然不必正受優婆塞戒法，但又何妨同時受持呢？

【「若有說言：『我受五戒，淨身口意。』心若不淨，當知是人不得具戒。譬如有人受惡戒已，雖不殺生，是人常有惡戒，成就毀禁；比丘亦復如是，何以故？受持戒已，一一戒邊多業多果故；衆生無量，戒亦無量；物無量故，戒亦無量。是善惡戒俱有三種，謂上、中、下。若不受惡戒，雖多作罪，不名惡戒。若有難言：『何緣五戒盡形壽受？八戒齋法一日一夜？』當言：『如來善知法相，通達無礙，作如是說。』」】

講記　「如果有人說：『我受持五戒來清淨我的身口意。』如果有人聽人這麼說了以後而去受戒了，可是心中仍然不清淨，總是在世間法上運轉，不能在解脫道的法義上用心而清淨身口意，他雖然受了五戒，其實還是沒有具足受持五戒的。譬如有人立誓受了惡戒以後，雖然沒有殺生，但他還是一直都有惡戒存在，因此而成就了毀禁（成就了毀壞善法禁戒的惡業）。」因爲他心惡的緣故。雖然身與口都沒有依照惡戒去造作惡事，沒有成就惡道，但是心惡的緣故而成就了毀戒。「比丘們也是一樣，爲什麼呢？因爲受持正法中的戒法以後，也能在五戒的每一戒上面都擁有多種善業善果的緣故。這是因爲眾生無量的緣故，所以受持不殺、不邪淫、不妄語、不飲酒亂性等四戒時，善戒的果報當然也是無量無邊的，所以由這五戒就產生了無量的善果出來。於不殺、不邪淫⋯⋯等善法戒如是，於不盜戒亦復如是，正因爲世間財物無量，所以不偷盜的善果善報也是無量無邊的。」

財物怎麼會無量的呢？乃至地上一顆石頭也可以算是財物。也許有人懷疑，但我告訴你，你去山中拿一顆石頭來，放到石材行就可以賣，只看買的人多與少而已，漂亮的石頭買的人多，一個很普通的石頭，十公斤重，你辛辛苦苦弄下山來，也許有人出十塊錢買走了，他拿回家中可以把庭院地上的大洞填平，所以一草一木莫非財物。更有價値的財物，那就別說了；所以說財物在世間無量無邊，如果不是無量無邊，一卡車的石頭運來，不該賣你好幾千乃至好幾萬元吧！既然財物無量無邊，受持了不盜戒，當然果報也是無量無邊的。五戒有這麼大的來世福報，所以不因為出家了就不受持五戒，所以出家以後還是照樣受持五戒……等。

一切善戒、惡戒都有三種不同：上品的善戒、惡戒，中品的善戒、惡戒，下品的善戒、惡戒。上品惡戒，譬如立誓要殺人，那就是上品惡戒；中品惡戒，譬如立誓在看到野生動物時一定要抓回來吃；下品惡戒呢，譬如立誓說：「我只要看見螞蟻，就一定要把牠踩死。」隨著眾生惡性的輕重而有差別。又譬如有人發誓：「假使有天人給我看見了，我就要用誅仙術殺掉他。」因為他有練誅仙劍，可以殺欲界天中較低層次的天人，這也是上品惡戒。「惡戒有上中下品，善戒亦復如是：持上品的不殺戒者，不殺一切諸佛、菩薩、賢聖乃至天人及世間一切眾生，這是上品善戒；若是只對賢聖、人類、親近人類的動物不殺，但對其他眾生都樂於殺害，這是中品不殺戒；若是只對賢聖不殺，但是對一切有情都樂殺，那就是下品的不殺戒，功德最小。所以善惡戒都有上中下三品。如果不受惡戒，雖然造作了許多的罪業，也不叫作惡戒。」

「如果有人提出質難：『是什麼緣故五戒要盡形壽而受？為何八戒

齋法只要一日一夜而受？』應當這樣回答他說：『因爲如來善知法相，通達無礙，所以這麼說。』」八關齋戒的受持，目的是爲了未來世的出家而建立因緣；由於能成就出家的因緣，所以就能在未來得到有餘、無餘涅槃的因緣。受持菩薩戒或五戒也有不同的結果，所以都是如來善知法相，爲未來的種種不同因緣而作不同的施設。但是受持五戒不能得解脫果，也不能發起未來世出家的因緣，只能保住來世繼續擁有人身；既然是爲保住人身，當然要盡形壽受持。一旦犯了五戒，或只受一天的五戒而常常造惡業，人身仍然保不住，所以受一天的五戒並沒有意義。若是今天受持五戒而明天不受五戒，就殺了人，來世的人身就失去了；又如今天受妄語戒，明天捨棄妄語戒而作大妄語，來世的人身也會失去；像這樣一日受持五戒有何意義？所以五戒應當盡形壽受持。而八戒齋法的目的只是爲了求未來世有出家的因緣，所以只要在五戒的基礎上再作一日的受持就夠了，把熏習出家生活的種子種在心田中，這一世縱使不能出家，未來世緣熟就可以出家了；既然是爲了引生來世出家的因緣，當然可以選擇在每月、每年有空的那一天受持就夠了。

佛施設戒法有

所不同，是有因緣的。因此若有人問起時，我們應當回答說：「如來善知法相，通達無礙，所以這樣子施設。」

【「善男子！世間福田凡有二種：一功德田、二報恩田；壞此二田，名五逆罪。是五逆罪有三因緣：一者有極惡心、二者不識福德、三者不見正果。若人異想殺阿羅漢，不得逆罪，父母亦爾。若無慚愧，不觀報恩，心無恭敬，但作方便不作根本，雖非逆罪亦得大報。善教授故，生憐愛故，能堪忍故，難作作故，受大苦故，是故父母名報恩田；若復有人殺父母已，雖復修善，是善無報。是故我說：『人所蔭處乃至少時，慎勿毀折枝條花葉。』善男子！我涅槃後，有諸弟子當作是說：『若以異想異名殺父母，不得逆罪。』即曇無德。或復說言：『雖以異想殺於父母，故得逆罪。』即彌沙塞。或復有說：『異想異名殺於父母，俱得逆罪。』即薩婆多。何以故？世間眞實是可信故，父母眞實，想亦不轉，惡心殺之即得逆罪。實是父母、無父母想，不發惡心，父母雖死，不得逆罪。何以故？具足四事乃得逆罪：一者實是父母、作父母想，二者惡心，三者捨心，四者作衆生想；具是四事逆罪成就，若不具者則不成就。若爲憐愍故，若爲恭敬故，若爲受法故，若爲怖畏故，若爲名稱故，授與死具，雖不手殺亦得逆罪。若爲他使，令殺父母，啼哭憂愁而爲之者，如是罪相，初、中、後輕。欲殺父母，誤中他人，不得逆罪；欲殺他人，誤中父母，亦復如是。欲殺母時誤殺相似，殺已藏刀，復中母身，不得逆罪。母有異見，兒有異殺，但得殺罪，不得逆罪。是五逆罪，殺父則輕，殺母則重。殺羅漢重於殺母，出佛身血重殺羅漢，破僧復重出佛身血。有物重意輕，有物輕意重，有物重意重，有物輕意輕。物重意輕，如無惡心殺於父母；物輕意重者，如以惡心殺於畜生；物重意重者，以極惡心殺所生母；物輕意輕者，如以輕心殺於畜生。如是惡業，有方便重，根本、成已輕；有方便、根本輕，成已重；有方便、根本重，成已輕。有根本輕，方便、成已重。物是一種，以心力故，得輕重果。善男子！有人以食欲施於我，未與我間，轉施餓狗，我亦稱讚『如是人者是大施主。』若是福田、若非福田，心不選擇而施與者，是人獲得無量福德，何以故？心善淨故。」

講記　世間福田其實總共只有兩種，前面說的三種，其中一種是方便說；眞正的福田，第一種是功德田，第二種是報恩田。功德田是說在解脫道、佛菩提道上有親證，於解脫道和佛菩提道的眞實義能生忍，才是功德田。報恩田，譬如教導我們三乘菩提法義的師長，又譬如生養我們的父母，又譬如教導我們世間技藝的師長，都屬於報恩田，但是最重要的報恩田就是生養我們的父母。功德田與報恩田才是眞實福田，若於無力回報的眾生身上，譬如極窮人或旁生類身上布施，他（牠）們此世或多世以後仍然完全無力回報，就是貧窮田。爲什麼叫貧窮田？譬如我們種田都希望種在土壤肥沃的田中，因爲將來果實回報很多，我們將來能從那裡得福所以是福田。可是貧窮田猶如土壤不肥沃，田中都是砂礫，種下去以後未來的回報很少，那是多數人都不要種的田，所以才稱之爲貧窮田；種下去以後，未來世多多少少還是會有一點點回報，所以叫做貧窮田。既然名爲貧窮，當然就不是眞正的福田。所以眞正的福田佛歸類爲兩種：一是功德田，二是報恩田。假使有人毀壞功德田、毀壞報恩田，就是五逆罪，所以功德田與報恩田都不該毀壞。教我們修證三乘菩提知見的師長是功德田，幫我們證道的師長更是功德田，而且是報恩田，父母則是最重要的報恩田。如果毀壞這二種田，都是五逆重罪。

爲什麼毀壞這二種田會是五逆重罪？有三個原因而這麼說：第一、想要殺父母或殺幫自己證道的師長，一定是極惡心；若不是極惡心，一定不會殺害功德田與報恩田等極親之人，所以因爲極惡心而殺害功德田、報恩田，就得到五逆罪。第二個原因是愚癡，不能認識福德的眞義：這兩種福田，供養都來不及了，何況去加以殺害呢？若有人想要殺害這二種福田，就表示他根本不懂福德的意涵，才會加以殺害，所以因爲極度愚痴而得到五逆重罪。第三、不能觀察殺害這二種福田以後，來世的正報果報；因爲他既不知道福田的正理，也看不見後世的果報；假使能看見殺害這兩種福田以後的未來世所墮無間地獄，嚇都嚇死了，還敢去殺嗎？所以就是因爲這三個因緣，殺害這二種田的人一定得五逆罪。

「如果有人不知道某人是阿羅漢，他被別人作了錯誤的教導，而以異想（把阿羅漢當作是凡夫眾生）而加以殺害，那他就不得五逆罪。」假使他知道某比丘、某居士是阿羅漢，卻仍加以殺害，那就得五逆罪；

「對父母也是一樣，若不知道對方是父母（譬如小時就被別人領養了，長大後遇見了生父生母也不認得），他在這種情況下被惡人唆使而殺害了親生父母，也是不得五逆罪的，因爲他不知道那是親生父母。」反過來說，「假使心中明知是父母，可是他無慚無愧，也不先觀察父母是不是報恩田，對父母也沒有絲毫的恭敬，他沒有想要親手殺害父母的心，可是他作了種種方便而不作根本」，也就是作了種種的方便，譬如準備了許多讓別人容易殺害父母的工作；雖然他自己沒有親自殺害的心，但是希望會有別人偶然的因緣下容易殺害父母，「這雖然沒有五逆罪，但仍然要受大報的。」換句話說，他沒有根本罪：他心中雖然沒有想要自己親手殺，但是卻爲別人偶然可以成就殺害父母的惡業而作種種準備，這雖然不得五逆罪，但是果報仍然在地獄，還是要得大報。

爲什麼他會得大報呢？因爲父母都是報恩田。報恩田當然包括賢聖師長在內，因爲賢聖師長善於教授，從小教導，從完全無知而教導他成就世間技藝乃至能證道，都是善教授故有大恩大德。「生憐愛故」，父母對子女總是憐愛的，師長對弟子總是憐愛的，不然他講那麼多、教那麼多、罵那麼多，又是爲了什麼？都是因爲憐愛。而且「能堪忍故」，身爲父母、師長，不會因爲子女或徒弟惡言惡語來相罵，他們就不攝受，所以叫作能堪忍故，所以都有大恩德。而且是「難作能作」，子女再怎麼壞，還是要包庇他；徒弟再怎麼壞，只要有一天悔改了，還是會接受他，「難作」的事都已經作了！並且願意爲「子女、弟子」受大苦惱，再怎麼累都心甘情願去作，父母師長能作到這樣，難道不是報恩田嗎？因此殺害父母師長獲得大罪，原因在這裡；即使沒有殺心而作了種種方便莊嚴，讓別人偶然殺害成功，也是一樣得大罪，因爲是報恩田的緣故。

假使有人殺害了父母而去修種種善事，那些善事都不會有善報的，因爲那是**假名**修善，不是另一件眞實善業。由於這些緣故，所以 佛說：人們對於所遮蔭的地方，即使停留在那一棵樹下只是短暫的遮蔭五分鐘，也要很謹愼而不要毀壞遮蔭處，也不可以攀折枝條花葉，因爲那棵樹至少對我們已經有了遮蔭五分鐘的功德。對樹尚且如此，對父母又怎麼可以生惡心而加以殺害呢？

佛又說：「我釋迦牟尼佛涅槃以後，有些弟子們會這麼說：『假使把父母當作另外一種眾生來想，這樣把父母殺掉，就不得五逆罪。』這就是未來的曇無德那一派人。」佛先作了預記。這在《大集經》卷二十二中已有預記：未來的曇無德自稱護持正法（曇無德的意思翻譯過來就是護正法），但是他們做的卻是在顛覆正法：以護法的名義來顛覆正法；猶如共產黨很討厭的「打著紅旗反紅旗」。曇無德如何顛覆正法？他們是倒說正法。曇無德的現代具體代表就是應成派中觀，他們打著最究竟中觀、最究竟佛法的名義來破斥別人的法義錯誤，可是說出來的法義卻是顛倒了正法、破壞了正法，曇無德正是這樣。

「如果將來另外有人這麼說：『雖然把父母當作非父母來殺害，也是得五逆罪。』這一派人就是彌沙塞。」彌沙塞，諸位今天聽了，心中先有個底：彌沙塞是一半護法、一半謗法的。彌沙塞的意思是不著有無，他們自以爲眞的懂般若、懂中觀，所以自稱爲「不著有無，離兩邊」。自稱離兩邊，他們卻只承認現在而否定過去與未來，這樣可以叫做不著兩邊嗎？他們又否定中陰身， 佛說人死了以後，除非生無色界天和下墮無間地獄，否則都會有中陰身，但他們全面否定，所以他們雖然弘揚佛法，但是所說的法義卻有許多是錯誤的，這就是彌沙塞。他們說：「雖以異想殺於父母，依舊會得到五逆罪。」這不符合佛說。佛說如果不知道對方是父母，殺死父母以後才有人告訴他：「那是你的生身父母。」他雖然殺了父母，仍然不得五逆罪，只是得一般的地獄罪。

「如果有人說：『以異想、異名殺於父母，同樣也得五逆罪。』這就是薩婆多。」薩婆多部也是小乘上座部二十個派別中的一派，薩婆多翻譯作「說一切有」，他們主張：「異想、異名而殺父母，同樣都得五逆罪。」薩婆多部主張：惡心而殺時，即使心中故意想成不是父母，但是心中知是父母而且有惡心要讓父母死，也是得五逆罪，不單是得殺人罪的地獄果報而已。薩婆多部對戒律主張從嚴，後來改變而捨離小乘，改修大乘，專門弘揚大乘法，不單只是弘揚解脫道而已。薩婆多部主張殺父母的人雖然把父母故意不當作父母想，但因爲已知是父母而有惡心要讓父母死亡，所以雖然是異想、異名而殺父母，這不單是得殺人罪，也是要得五逆重罪的；因爲父母是世間最眞實的親人，而他是惡心而殺；他心中也明知是眞的父母而不是疑心爲父母，因爲「父母眞實」，明知道是父母卻故意想成不是父母而殺掉了，但那個異想異名都不能轉變父母成爲非父母，所以他以惡心殺了父母，不單得殺人罪，也獲得五逆罪。

假使是另一種情況：「**眞實是他的父母，可是他不知道那是他的父母，也不是惡心故意要讓父母死亡**」，換句話說，他是過失而殺，不是故意殺，雖然父母後來也是死了，但他「**仍然不得逆罪，只得殺人罪。**」也就是過失殺害父母的殺人罪。爲什麼 佛這麼施設呢？因爲要具足四件事情才會得到逆罪：第一、確實是父母，而他也知道那兩位老人是他的父母；第二、有惡心要讓父母死亡；第三、心中捨棄了父母，不願意奉事父母；第四、他知道他所殺的父母確實是有情的眾生，不是屍體；具足這四件事情，逆罪才會成就，而不單只是殺人的一般地獄罪。如果不具足這四法，逆罪就不成就，只得殺人罪而不會下墮無間地獄，只下墮一般地獄。譬如作眾生想，如果他知道那是父母，本來也有惡心要讓父母死亡，要讓父母離開他，可是他誤以爲父母已經死了，這樣再下刀殺時，不算成就逆罪，因爲他誤以爲父母已經死了，只是爲了洩恨才又殺上幾刀，並沒有把父母作眾生想，是把父母當作是屍體了，這樣就使四件事情不具足，所以逆罪不成就，只成就殺人罪。

「如果是為了憐憫父母，所以將能令父母致死的物品交付給父母，雖然他沒有親手殺，也得逆罪。」譬如父母有病苦，但父母並沒有求死，他卻替父母覺得痛苦：「這麼痛苦，乾脆死掉算了，免得受苦。」所以他就把毒藥放在飲料中遞給父母，因此父母死亡了；這是父母自己親手喝了致死的，他並沒有下手，但是他作了方便莊嚴，所以也得逆罪；這是憐憫而害死父母，雖然不是親手作，也得逆罪。「若為恭敬故」，是說他知道父母很惡劣，即將造大惡業，因此而授與死具：把毒藥摻進飲料、食物中害死父母。雖然在造惡業前為了恭敬他，希望他自己的父母不要造惡業而下了毒，雖然不是親手拿給父母吃，但同樣得逆罪。「為了受法」的緣故而授與死具，也是得逆罪；譬如他想要受外道法而父母不允許，或者他所受的外道法惡戒是應該要殺父母的，因此他把能導致父母死亡的事物準備好，使父母不知不覺間誤用而致死了，雖然他不是親自動手讓父母死亡，但是同樣得逆罪。有時「為了怖畏的緣故」而授與死具，譬如說父母是大惡人，而他身體衰弱無法抵抗，所以方便把可以導致父母死亡的事物準備在家裡，也許盜賊晚上進屋時就用來把父母殺了，這樣也是得到逆罪，這是爲了怖畏而殺父母。有人是爲了維護父母的名稱而授與死具，譬如父母本來修行很好，大家都恭敬他大有名聲，但是後來父母精神錯亂，如果爲了維護他們的名稱，故意授與死具，他的子女雖然不是親自下手而殺，也得逆罪。得逆罪都得要下無間地獄。

如果是被別人所使喚，命令他要把父母殺掉；譬如劊子手，因爲父母忤逆了皇帝，所以皇帝要父母死，剛好他又當劊子手，不下手殺又不行，只能啼哭憂愁而殺掉父母了。但是這個殺父母之罪，將來受報時的法相是，初輕、中輕、後輕；換句話說，不得逆罪，只是有殺父母的成已之罪；因爲他沒有殺心卻不得不殺，所以果報罪相是初中後都輕微。

如果有人想要殺害父母，殺時不小心殺到別人而沒有殺到父母，雖然有殺心而沒有完成，所以他只得殺父母之根本罪、方便罪，以及殺人之成已罪，故不得逆罪；得這個殺罪以後要下地獄，但不必到無間地獄。無間地獄又名阿鼻地獄，有五種無間的痛苦；所以同樣是地獄罪，他受苦的時間較無間地獄短，苦受也比無間地獄輕。所以這個時候，因爲對父母沒有殺害成功而無成已之罪，可是誤中他人而死，所以得殺罪而不得逆罪。有時想要殺別人，但是不小心殺到自己的父母；譬如父母來勸架時想要奪下刀子，扯來扯去時不小心把父母給刺死了，這樣也是不得逆罪，但是有殺罪，因爲沒有根本、方便。人間法律也是這樣判，是看動機的；他沒有殺心，所以是過失殺人。過失殺人的刑期較輕，也不必償命。另外一種情形是想要殺害母親時因爲眼花看錯了，殺到一位很像他母親的人；隨後發覺殺錯了，所以趕快把刀子藏起來，就急速的往後面一藏，不巧的是母親剛好在後面而被刺到、死亡了，這樣子殺死了母親，卻不得逆罪，只是殺人罪；果報是墮落寒冰地獄、火熱地獄，可能只到第一地獄、第二地獄就離開了，不必到無間地獄去，所以他有殺罪而沒有逆罪。綜而言之，「母有異見，兒有異殺」，這二句是說明前面的情形；在這種情況下只得殺罪而不得逆罪，因爲把母親錯認了！異見就是錯認了。想殺母親而誤殺他人，或者不想殺母親而殺到母親，都是異殺；凡是異見與異殺，都只得殺罪而不得逆罪，所以捨報後下地獄時不會墮落到很深、很痛苦的無間地獄去。

上面所說的五逆罪有輕重差別，殺父之罪比殺母輕，因爲父親是賺錢來養育子女，母親卻要很辛苦的十月懷胎，而且一天到晚抱在身上哺乳、推乾就濕，所以母恩特重；所以子女通常都會在媽媽身上賴，多數不會跟父親賴，跟父親總是比較有一點距離。這是因爲母恩特重，因此殺父母雖同樣是五逆罪，但也有輕重差別，殺母的罪比殺父的罪重，住在無間地獄中的時間將會比殺父更長久。如果是殺阿羅漢，罪又比殺母重；如果是出佛身血，就是應身佛在世時，傷害佛身而導致出血，或是佛不在世時破壞正法，也是出佛身血，這些罪又比殺阿羅漢重。如果是殺諸地菩薩，罪也是比殺阿羅漢重；因爲阿羅漢能利益的眾生有限，諸地菩薩能利益的眾生無限，他入地之後成佛前的二大阿僧祇劫中能度很多眾生，阿羅漢度眾生不過一世，捨報就入涅槃了，所以殺諸地菩薩的罪業又比殺阿羅漢重。經上沒有明講，在這裡順便爲諸位說明。但是還有比殺阿羅漢更嚴重的，那就是破僧，佛說：「破僧復重於出佛身血。」破僧有兩個狀況：第一、誹謗賢聖僧；證悟了的出家人，都不是破法、謗法者，都不許誹謗，誹謗了就是破僧。第二種是破和合僧；破和合僧就是前面有講過的：以兩舌的行爲而導致僧團的分裂。挑撥普通人或同修之間導致不能和合，就是兩舌。主要的定義是「若言和合，則有不可」，反對和合，要使道場四眾拆散，這是五逆罪中的最重罪，比出佛身血還要嚴重。所以不論是勝義僧團或凡夫僧團，都只能促成他們融洽和合，不能稍微說話去促使產生分裂，否則即成就破僧重罪。這是五逆中最重的罪，所以大家要很小心，講話要多注意一點；有關破僧的話，出口前最好先在腦子中繞三遍了，覺得說這句話不會變成破僧，才讓它出口，不然嘴巴還是閉緊一點好。因爲這是一不小心就會誤犯的，所以大家要特別小心。不但是我們道場中，外面道場也都一樣。

佛又說：惡業的造作有四門差別，導致同一件惡業會變成不同的輕重果報，所以 佛說：「有時是物重意輕，有時是物輕意重，有時是物重意重，有時是物輕意輕。」分成四門差別。四門差別的辨正，在佛法中很常見，你們學佛法時要會活用；若對四門差別能具足宣說，佛法就可以說得很勝妙，大家聽了都歡喜。要能四門差別都具足宣說，說法才能具足圓滿，否則不能具足圓滿。第一種的物重意輕，譬如沒有惡心卻誤殺了父母，這是物重意輕：所殺害的是很貴重的父母，但因爲是誤殺，沒有殺心，所以意輕而使他的罪比較惡心殺者輕微。物輕意重是相反的情形，殺業是很重的，所殺的對象卻是輕微的生命；譬如看見一條狗每天都對他大吠而且要咬他，他很生氣就打定主意要讓牠死；打定主意之後生起惡心，後來也以惡心把那條狗殺死了！這是意重而物輕，他所殺的是旁生而不是道器人類，雖然意重但是物輕，所以罪也就輕了。物重意重，譬如所殺的是生養他的父母，而且是惡心打定主意要使父母死亡，這就是物重意重，非得下無間地獄不可。物輕意也輕，譬如拿著刀子趕快要去送給某一個人，路上不小心撲倒時，剛好撲到一隻狗身上，刺到牠心臟就死掉了，這叫作物輕意輕：他沒有殺心，狗也不是貴爲道器的人，所以物也輕，這叫做輕心殺於畜生，果報就比惡心殺狗更輕了。

在這四種惡業差別中，又各有三種差別；從方便、根本和成已之罪的輕重不同，再引申出四門分別。有的是方便重、根本輕、成已輕，方便重就是用盡了心思，想盡辦法去設計一套完美的方法想要殺害對方，這是方便罪很重。雖然方便罪很重，但他的本意不是要殺害人命關天的人，更不是父母、師長，只是爲了殺害一條狗，這是意業的根本罪，根本罪雖然也成立了，可是根本是較輕的；至於成已之罪呢，殺業成就以後，所殺害的只是一條狗而不是人，所以根本與成已之罪都輕。有的則是方便、根本都輕，而成已之罪很重，譬如前面講的沒有殺心，也不作父母想，但不小心殺死了父母，因爲物重，所以成已之罪就很重，可是方便罪輕，根本罪也輕；因爲他並沒有絲毫的計劃，完全是不小心而沒有殺心的，所以就因爲沒有殺心而沒有根本罪；但是殺父母的事已經成已，所以方便、根本二罪都成就，但這二罪卻是很輕的。有的是方便、根本重，但是成已輕；他有殺心，所以根本罪很重；又設了很多方便，花了極多心思，想要確定能殺死，有絕對的殺心，但是想要殺掉的對象只是一隻蟑螂，所以成已之罪很輕；但因他極度想要使蟑螂死亡，而且想盡了辦法設計方法，所以根本罪與方便罪很重，但是成已之罪極輕微。最後則是根本罪很輕，方便罪與成已罪很重；如果他沒有殺心，只是看見了就順手把牠殺掉，並沒有事先存有殺心，所以根本罪很輕；若是準備了很多方便，但殺掉的是一個人，因爲物重的緣故，所以成已之罪很重，方便罪也很重。由根本、方便、成已三種差別中，分別出四門不同，所以後世的果報就會有種種變化。有時所殺對象是一樣的，但是由於心力的不同，所以產生後世果報輕重的不同。

佛又說：「譬如有人以食物想要布施給我釋迦牟尼，但是在送來供養我之前，路上看見一條餓狗快要餓死了，他就轉施給那一條餓狗，我釋迦牟尼也稱讚他說：『像這種人就眞的是大施主。』因爲他不選擇是福田或非福田，沒有計較來世所得福德大小，只因爲慈憫心的緣故而布施，所以來世將會獲得無量的福德。爲什麼呢？因爲他的心純善、清淨的緣故。」但是這有一個前提需要注意！有很多人聽法常常只聽一半，所以就會產生了矛盾。這個前提是說，他還沒有講出口：「我這些精美飲食是要去供養 釋迦牟尼佛。」只是心中想了就去作。若是講出來了就不能改變，就不可以轉施了；若是已經講出來，這一份食物就已經是應身佛才能受用的，已經沒有人能受得了；你若轉而送給餓狗吃，牠將會焦腸爛肚。但若還沒有講出口就沒關係，可以臨時轉施給餓狗而救牠一命；這個前提必須要注意，我們在前面已經講過：已經說出口要布施某甲比丘以後，不許再轉施給後來的大德某乙比丘，因爲出口成願；如果說出口而擅自改變了，對大德某乙比丘雖有布施的福德，但是自己卻成就了五戒中的重罪：竊盜罪。大家都要把戒相與眞義融會貫通，不要生吞活剝而變成食古不化，這樣持戒才不會綁手綁腳。如果供佛的意思已經說出口了，那分食物已經是佛物，就不能把它轉施了。這就像我們講堂供佛的食物，上供以後就屬於佛物。講堂中沒有常住法師或知客人員，沒有人可以請問是否可以帶回去，也沒有守塔人等，所以你就另外用一截香點了上香供佛，以香贖下來而帶回家。聽說有兩天大家都不敢把供佛的食物帶回家，但我們講堂中又沒有法師常住在這邊，一定會壞掉的，所以還是請大家記得要上香贖回去。上面說的是：以清淨心、憐憫心而轉施時，心中不選擇福田或非福田而布施，心善淨故而得無量福。

【「是業四種：一者現報、二者生報、三者後報、四者無報。業有四種：一者時定、果報不定，二者報定、時不必定，三者時定、果報亦定，四者時果二俱不定。時定者，所謂現在、次生、後世。若時不定、

果報不定，是業可轉。若果報定，應後受者，是業可轉現在受之，何以故？善心智慧因緣力故，惡果定者亦可轉輕。何因緣故名果報定？常作無悔故，專心作故，樂喜作故，立誓願故，作已歡喜故，是故是業得果報定；除是之外，悉名不定。衆生行業，有輕有重、有遠有近，隨其因、緣先後受之。如有修身、修戒、修心、修慧，定知善惡當有果報，是人能轉重業爲輕，輕者不受。若遭福田，遇善知識，修道修善，是人能轉後世重罪，現世輕受。若人具有欲界諸業，得阿那含果，能轉後業現在受之；阿羅漢果亦復如是。善男子！智者若能修身、修戒、修心、修慧，是人能壞極重之業，如阿伽陀咒及除毒寶，破壞惡毒；若作小罪，初方便輕，後成已重，是人不修身戒心慧，令輕作重。衆生若作一種二種乃至種種，有作不具足，有作具足—先念後作，名作具足；先不生念，直造作者，名作不具足。」復有作已，不具足者：謂作業已，果報不定。復有作已，亦具足者：謂作業已，定當得報。復有作已，不具足者：果報雖定，時節不定。復有作已，亦具足者：時報俱定。復有作已，不具足者：持戒、正見。復有作已，亦具足者：毀戒邪見。復有作已，不具足者：信因、信果。復有作已，亦具足者：不信因果。復有作已，不具足者：作惡之時，有善圍遶。復有作已，亦具足者：作惡之時，惡來圍遶。復有作已，不具足者：雖作衆惡，人中受報。復有作已，亦具足者：人中作惡，地獄受報。復有作已，不具足者：有正念心。復有作已，亦具足者：無有念心。復有作已，不具足者：三時生悔。復有作已，亦具足者：三時不悔。如惡，善亦如是，因是作已，亦具足故。作小得大，作大得小；一意摸身，身既成就，有無量意；摸身初意，即是善也。身既成就，得二種果，雜『善、不善』。如人，天亦如是；地獄衆生惡意摸身，身既成已，一向不善。餓鬼、畜生亦惡意摸身，身既成已，雜善不善。善惡中陰，以善、惡摸身，身既成已，俱得雜報善以不善。歌羅羅時乃至老時，亦得雜報善以不善。是故經說有四種業：黑業黑報、白業白報、雜業雜報；不黑不白，是業無報。黑業黑報，所謂地獄；白業白報，所謂色天；雜業雜報，所謂欲天、人中、畜生、餓鬼；不白不黑無報，所謂無漏。善男子！若人不解如是業緣，無量世中流轉生死。何以故？不解如是業因緣者，雖生非想非非想處，壽八萬劫，福盡還墮三

惡道故。善男子！一切摸畫，無勝於意；意畫煩惱，煩惱畫業，業則畫身：貪因緣故，色聲妙好，威儀庠序；瞋因緣故，色聲粗惡，威儀卒暴；如瞋，癡亦如是。無量世界一百三十六地獄處，無量畜生、無量餓鬼，皆因業作；人、天亦爾。無量眾生獲得解脫，亦因於業。〕

講記 接著談業。這業也是與大家息息相關的，懂得業報的原理，也懂得轉業的方法，成佛之道便能迅速完成；萬一往世曾造惡業，今世也能迅速轉變，所以業的瞭解是很重要的事。對於一切修行人，不只是佛教中的修行人，乃至外道中的一切修行人都同樣如是。

業有四種：第一種是現報，譬如殺人而被查到了，法律判為死刑確定，就執行槍斃，古時是砍頭，這是現報。又譬如十幾年前所造的善業，蒙受這個善業利益的人是後來很有力量的人，可能兩年、三年後來報恩了，往往因為一個小善業而讓他得到很大的回報，這也是現報。第二種是生報，因為緣比較快速，所以這一世才剛死了，下輩子一出生時就受樂報，來生隨即受報，叫作生報。又譬如造惡業，雖然不至於五逆之惡業，也不至於殺人的重罪，但是畜生殺多了，比如一世殺豬屠狗，一輩子計算下來可眞殺了很多，所以得生報：下一輩子生到豬、狗肚子中了，這就是生報；因爲緣比較快速的緣故，爲什麼緣比較快速呢？接著隨即會講到。第三種業是後報，因爲緣比較遲，可能下下世或五世、十世後才受報；乃至有人遲到八萬劫以後才受報，是因爲緣比較遲。第四種的無報，是因爲報緣不具足，譬如成爲阿羅漢了，以前所造的大惡業，都在遇　佛以後一念心善而出家修行成就了無漏果，所以捨報時入涅槃了，就變成無報，這就是報緣不具足了。

業報，從受報的時間來講，又可以分成四種：第一種受報的時間是確定的，但是所受的果報就不一定了；第二種是果報一定，但是受報的時間不一定；第三種是受報的時間確定，果報也確定，那就不可轉變；第四種是時間和果報都不一定，這是一定可以轉變的；但是也有人可能不能轉變，那就純粹是心的問題。接著解釋業的現行受報時間已經確定的事例，譬如現在這一世就受果報，或者下一輩子乃至到第二世受報的，都是報時已定。怎麼會有下一世與下兩世受報確定的呢？這有現成的例子，譬如證得非非想定的鬱頭藍弗，他捨壽後一定會往生非非想天，所以次生果報是確定的；但是他證得非非想定前，在修定時曾起惡心、發惡誓：要把擾亂他修定的魚類都殺掉。所以當他從非非想天八萬大劫（如果他具足壽命的話）捨報以後，那就是下下生了！就是次生以後的後世，將會墮落到畜生道中去當飛貍，殺害河中曾在往世擾亂他修定的所有魚和飛鳥，這是因爲非非想天中不能轉業，而且由於所發誓願而使果報已定，業不可轉。

如果是時間不定、果報也不定，這業是一定可以轉變的；除非後來另有不同的緣，譬如發了惡誓、受了惡戒，否則，時不定、果報不定的業是一定可以轉變的。如果果報確定，是應該在兩世以後才受報的，這叫作「應後受」，不是現世受、也不在次生受，這個業就可以轉變爲這一世來受。有人也許說：「哪有人那麼傻？可以逃掉卻不逃，還要提前受。」但是提前受也有好處：可以重罪作輕。若是次生、後生受，果報是無法減輕的；提前受報，就好比向銀行借錢，滿期再還時利息一定是付得比較多；提前還錢時，幾個月的利息一定比幾年期間的利息少，所以提前受報時，重罪可以輕受；這是因爲善心和智慧因緣的力量，使得次、後世惡果已經確定的人，惡業可以轉輕而受。由此道理，佛曾經講過：五戒具足受以後，不要因爲犯了其中一戒，就乾脆把其餘四戒全部都毫不在意的違犯。因爲可以經由修行及善心懺悔，以慚愧心所法來轉輕，因此說「善心智慧因緣的力量可以使惡果轉輕而提前受報」。

「是什麼緣故而說果報已經確定的呢？這有幾個原因：第一、常常做惡事而心中都不懺悔，所以果報確定了；第二、做惡事時專心去做而不猶疑，所以果報確定；第三、喜歡做同一種惡事而使業成就，所以果報確定；第四、發了誓願的緣故而不改變，所以果報確定，是因爲心意決定而使果報不能轉；第五、不斷的做同一類惡事，做了之後心中歡喜受樂，所以果報確定。」除了這些狀況以外，果報都是可以轉變的，所以其餘的惡業都是不定業。我們可以用這一段佛的開示而知道要如何利益別人，譬如常造惡業的人，就告訴他：「你應當懺悔呀！」對謗法的人就告訴他：「應當懺悔，不要常作而無悔。」次生的果報就可以轉變。又譬如謗法的人，要勸他們趕快遠離，不要再專心去做謗法的事，果報就可以轉。勸他們不要再作惡事、不要再謗法，對於謗法的事情應當生起厭惡之心；對謗法的事有了厭惡之心，惡業就可以轉。還要勸勸他們不要發誓說：「我一定要把你這個法破壞到底。」勸他們不要發誓。如果以前發了誓，勸他們趕快在 佛前取消掉，謗法的果報就可以轉變。破法的事情若已經作了，要勸他們不可生起歡喜心，應當生起惡作之心，也就是五十一心所法中最後面四個不定法中的惡作。惡作就是對於自己所作的破法之事，產生了厭惡的心，討厭自己以前所作的破法的事，不要謗法以後生起歡喜心，惡業的果報就可以被轉變。如果破法之後，具足了「常作無悔、專心而作、樂喜作、立誓願、作已歡喜」等五法，捨報後就鐵定要下無間地獄。如果趕快反過來，最多可能只到寒冰地獄、火熱地獄而已，就不必到無間地獄了。若能反過來極力護持正法及弘揚正法，如同世親菩薩一樣，不但懺悔原來所作否定大乘法的惡業，並且反過來努力學習大乘法，終生護持及弘揚大乘法，所以他本來要下無間地獄的重罪，不但不必受報，而且使他到達十迴向位；兩者之間的差異多大！所以已經謗勝妙法的人，已經作了五無間業的人，要依照這五種條件去扭轉過來，極重罪業就可以轉變；甚至能像世親菩薩一樣，不但不入地獄，而且還鄰於初地。從這一段 佛語開示中，我們可以用來利益不小心謗法或惡意謗法的人。

如果不具足這五種狀況，果報都是不定的，因此大家都可以把這個道理爲他們宣說，讓他們趕快轉變；轉變了以後就可以不墮地獄，乃至可能使得道業增上。我們不要像外面有些人很生氣：「你們這種人應該**下地獄！**」我們寧可用悲愍的心態來幫助他們，不但幫他們遠離惡業，還能增益他們的道業，才有資格很自信的說：「**我眞的是菩薩。**」千萬不要心中一面回想：「**當年他們就是要讓我們整個垮掉，每一招都那麼狠毒。**」要原諒他們，並且幫助他們趕快把定業轉爲不定業，甚至於把定業消除而變成善業乃至淨業，要幫助他們道業增上，這是我們應該有的心態。否則我們與一般凡夫眾生又有什麼差別？所以我們應該要跳脫於眾生的想法之外，能這樣的話，你就可以很有自信的無愧於 佛，無愧於諸大菩薩而說：「**我也算是菩薩。**」

所行的善惡業有輕重遠近差別，所以果報會隨著所造善惡業的因，以及後來所遇到的種種善惡緣而有先後差別去受果報；就像前面講的善因遇到惡緣、惡因遇到善緣，又或者小善因遇到大惡緣、小善因遇到大善緣，或者大善因遇到小惡緣、大善因遇到大惡緣，因此都會產生種種差別不同，所以所造的行業會有輕重差別，果報也會有遠近的差別，都會由因和緣的輕重遠近而有先後受報的不同，所以才會有生受、後受、行善而示現惡報、行惡而示現善報、行善而示現善報、行惡而示現惡報……等無量差別；所以定業也沒有絕對不可轉的，定業不可轉是因爲眾生心不肯轉變。不定業也可能變成定業，因爲本來不一定報償的業，因爲心堅定不改，結果就變成定業；所以定業中有不定業，不定業中也有定業，都在於心的差別而產生不同狀況，譬如努力修身、修戒、修心、修慧，就有四種差別。修身是修正身行，修戒是特別注重戒律，不肯輕易毀犯；修心是改正自己心中的想法、觀念，修慧是修學解脫慧、佛菩提慧，改變自己對解脫與實相的見解，促使自己的心轉變爲清淨性。由於這四種修行的關係，後來會看見一些因緣果報的現象，所以最後一定會了知修善造惡一定在未來會有果報。當他作身戒心慧四種修行，確定一切善惡行爲在未來一定有果報時，心就會變清淨了，所以能轉變重業爲輕業，能使本來應受輕業的果報，在後來變成不必受報。

「若遭福田，遇善知識，修道修善，是人能轉後世重罪，現世輕受。若人具有欲界諸業，得阿那含果，能轉後業現在受之；阿羅漢果亦復如是。」外緣很重要，從佛的這一段開示可以看得出來：如果有人遭遇到福田，譬如遇到辟支佛、阿羅漢、證悟菩薩，因爲起一念善心而豐盛的供養他一齋，這就是遭遇大福田，因布施而得大福德，以前曾造的大惡業比起這個大福德來，相形之下就變小了；由於這個布施的福德比原來所造的惡業更大，所以一定會先往生欲界天享福；若他發願不生天，迴向在人間修學佛法，未來世在人間的福報將會很大而更有能力布施，福德更廣大，使得先前的惡業變成後報。惡業後報了，他又世世都在人間繼續大力布施護持正法、修集福德，福德又轉變更大，惡業就繼續往後推延；到最後，猶如有人欠了別人十萬元，後來他變成億萬富翁時，乾脆以一百萬元來償還債權人，應有的大惡業果報就輕易的消滅了！所以若有幸遭遇福田時懂得大力布施護持，就可以轉後世重罪來現世輕受，乃至未來世不受，這就是定業可轉的道理。但若心性不轉變，定業就一定不可轉；一般人大多如此，所以說定業不可轉。

如果值遇善知識，不管是教授解脫道或教授佛菩提道的善知識，前提是遇到眞正的善知識，不是假名善知識；他開始修道並且修種種善業，也可以把後世應承受的很重罪業在這一世提前輕報。所以有人學佛以後有很多事情都出現了，都不順心。但是不要抱怨，未來要受的重報如今正在輕受，有什麼不好？最多是開悟的時間往後拖個兩、三年或五、六年，那也無所謂嘛！反正印順出家以後〈游心法海七十年〉都還悟不了，我們慢個兩、三年或五、六年，又有什麼關係？這樣一想不就很輕鬆愉快了嗎？有障礙，就慢一點悟，無所謂嘛！想想印順法師這位老人家出家八十年都悟不了，我們慢個幾年開悟，有什麼大不了的？這樣就想開了：「**好嘛！那就未來世該受的重罪現在輕受，統統受完了也不錯，下一世行菩薩道就很順利了！今生悟後也可以很順利的修行。**」這就是說遇到眞正的福田或善知識，眞實修道、修善就可以把後世的重罪在這一世輕輕的受完了。

又如有人本來具有欲界的種種業應該受報，欲界的範圍很廣，從欲界六天到人間及畜生道、餓鬼道、地獄道都算欲界；欲界中的業，不管是受善果或惡果，本來應該要在欲界受的業，因爲遇到眞善知識而證得阿那含果，在他證果後、捨報前，往往有許多往世所造的業成熟了，在證道後出現讓他受報，有些外道不懂就毀謗說：「佛教行者證得阿那含果以後，不也是一天到晚在受苦嗎？可見那個果證都是騙人的。」他不曉得後業先受、重罪輕受，所以就毀謗。證得阿那含果如是，阿羅漢果也是一樣；所以有些阿羅漢死得很難看，有被人丟石頭打死的，也有被人家亂棍打死的；但不能因爲這樣就說他不是阿羅漢，畢竟他思惑已經斷盡了，他捨報能入無餘涅槃，仍是阿羅漢；但是在現象上無妨往世惡業成熟而使惡果報現前。知見不夠的外道與凡夫就毀謗：「什麼阿羅漢？還不是死得那麼難看！有俱解脫的證量又有六通，還死得那麼難看，怎麼叫作阿羅漢！」這就像去年（2003）年初退轉者的首領，知見眞的不夠，所以毀謗我們說：「你蕭老師證得眞如了，但是眞如不痛，所以你割上一刀以後下令叫它不痛，身體就應該馬上不痛。」這就是沒有智慧嘛！

所以業的因緣果報不是一般人所能知道的，乃至等覺位都無法完全了知；因果的完全通達，是諸 佛才做得到的。所以有些因果，哪一天遇到了菩薩，你問他，他也想不通：大部分可以通，但是有些特別怪的他也會想不通；想不通的原因是因爲無法看到過去的無量世。佛的宿命通沒有限制，所以看見某件事情就能觀察過往的無量世，就可以說得清楚。如果某人所造的惡業是過恆河沙數阿僧祇劫之前的事，誰能知道呢？只有 佛能知道。阿羅漢最多只能觀察以前的八萬大劫事嘛！八地、九地的大菩薩們，若能看到以前三大無量數劫的種種事情，就算很了不得了；可是以前恆河沙數無量數劫的事情，他們也沒辦法觀察；所以因果的究竟了知，是佛地才能究竟的，乃至等覺菩薩都還有所不知的，因此不能從表相來看待某些事情，就開口亂講話，否則未來的次生受或後世受，一定都是會很痛苦的。

佛說：「有智慧的人如果能修身、修戒、修心、修慧，四種都修，這個有智慧的人甚至於能把極重之業毀壞。」極重之業當然是五無間罪，下地獄的罪還不一定是最重的，因爲十八地獄各有不同苦報，無間地獄才是最重、最苦的，因爲有五種無間斷、無間缺的苦受。有間斷又有間缺的苦受，我們在人間就都覺得好痛苦了！譬如久病纏身，藥吃了就沒事，藥力一退又難過起來，還是有間斷的啊！像這樣有間斷而又不是全身無間缺的苦痛，他都不想活而自殺了，何況是刹那、刹那無間？而且無間地獄廣大深遠，除了受苦無間斷以外，全身寸寸無間、分分無間的渾身受苦，總共有五種無間，所以眞的很難受，因此說無間地獄的罪才是最重的業。可是有智慧者修身、修戒、修心、修慧，如同傳說中的阿伽陀咒或除毒寶一般，經由修身乃至修慧就能把惡毒全部破壞。阿伽陀咒或除毒寶，其實只在佛法中才有，那就是修身、修戒、修心、修慧；若能確實而正確的修，任何定業極重之罪的惡毒，都可以消除掉。

「若作小罪，初方便輕，後成已重；是人不修身戒心慧，令輕作重。」既然極重之罪可以消除，同理，輕罪當然也可以因爲心的相反操作而變重；譬如有人作了小罪，剛開始，爲了完成欺瞞父母或賢聖的小罪，所作的方便施設都很輕微；但是後來被父母或賢聖責備而激怒，生起殺心，所殺害的是父母或賢聖，結果是**成已**之罪極**重**。他的輕微惡業本來可以經由修身、修戒、修心、修慧來轉變，可是他既不修行也不肯轉變，反而變本加厲造作惡業，因此使得輕罪作重，這眞是愚癡人。若有智慧就能趕快懺悔而轉變及滅除，但往往因爲世間人說：「男兒膝下有黃金。」爲了面子所以就不願轉變。我請大家自己檢查看看，你們有誰膝蓋下有黃金？都沒有嘛！不說金塊，連金粉都沒有啦！那都是世間人愚癡，自我高抬而生起過慢嘛！因我生慢，再轉變爲過慢。佛門修學佛法的人沒有面子可說，因爲眞心如來藏從來都沒有面也沒有背，沒有裡也沒有外，有什麼面子可說？連裡子都沒有了，還會有外、有面子？所以有智慧者不管面子的事，錯了就趕快改，改了以後重罪作輕、提前受報。無智慧的人不改，變本加厲，所以輕罪作重。有智慧者就趕快修證解脫道乃至佛菩提道，因爲智慧的緣故，未來世重罪作輕，或者如同阿羅漢解脫生死而使來世應報的惡業全部不報。

眾生作善業、作惡業都一樣，這裡先講作惡業：或者作一種惡業、作兩種惡業乃至作種種惡業。但不管他作幾種惡業，有人雖然作了惡業，但是罪不具足；因爲他沒有動機，沒有先起意念想要去作，緣是隨手而作，所以作不具足。譬如說竊盜好了，他本來沒有起意念要偷竊，所以就不會先作種種方便來達到偷竊的目的，他只是剛好有緣遇見了，突然喜歡就順手牽羊，這是「先不生念、直造作者」。譬如出去野外看見有人藏了一包東西在廢棄的房子中，他有緣遇見，因爲好奇打開一看：「哇！一百萬元鈔票！」就順手牽羊帶回家了，這是「作不具足」。如果先念後作，那就是作具足；譬如知道有人要去藏一筆金銀財寶，他就每天用望遠鏡觀察：那人何時要出門？他到底包了多少財寶？再偷偷跟蹤。這都是先念後作。跟蹤完畢，對方離開了，他就偷竊回家，這是先念後作，竊盜罪就是「作具足」。

也有人作了以後不具足，作了業以後果報不定，所以是作不具足；譬如修十善業能得欲界天的果報乃至無漏果，但不是每一個人都能這樣；你們看會外有很多人在行善，譬如佛教的慈濟功德會，又如基督教的救世軍，他們一直在行善及修行，可是果報都不具足，因爲他們造善業而沒有遇到解脫道、佛菩提道的正緣，所以他們造善業以後，不一定能獲得解脫，那就可能得到往生欲界六天受樂的果報，所以說果報不定、作不具足。但也有人修十善業，也有解脫道、佛菩提道的知見與因緣，所以他修善業後不但可以獲得欲界六天的果報，乃至獲得解脫果或佛菩提果，成爲作具足。所以作善業以後果報不定，都因爲不具足；爲什麼不具足呢？因爲他想：「我作了善事以後要生到主身邊去，永遠當主的奴僕。」那他在解脫果上就是作不具足，他所要的只是生天，不具足解脫果。佛弟子說：「我造了善業以後，迴向證得解脫果，而且還要得佛菩提果。」這是作具足。所以他做善業時就把解脫道、佛菩提道的知見帶進來配合修行，所以能在造善業時斷了我見、乃至斷我執；也許造善業時觸證到如來藏，就發起般若德與法身德；所以作善業時有具足與不具足。若不具足的話，作業之後，果報就不定。

也有人在業行造作以後得具足，譬如他修了福德之後遇到正法，有善緣遇到善知識爲他開示：「正覺同修會的法太妙了、太棒了，你要趕快去學。」如果他遇到惡緣：「正覺同修會是邪魔外道，千萬不要去。」譬如大陸到處在貼十大外道名單，咱家也名列其中。我本來不想理這個事情，可是 佛給我一個念頭（因爲我昨天不是晚上睡，而是今天凌晨兩點才睡，天亮後就想賴床，因爲很累想睡），可是早上八點鐘時給我這麼一個念頭；我還想賴床，不管他，繼續睡，可又沒辦法睡；只好起來寫，必須要針對那件事情做處理，似乎那件事情的影響很嚴重，叫我必須救護那些會遇到這個惡緣的人，就不得不起來寫，想偷懶也不行，這就是緣生起了，簡稱爲緣起。假使他遇到誹謗正法的人，就是遇到惡緣了，當他看到那一張東西：「蕭平實是十大外道之一。」不願學了，就會繼續在常見法中沈迷下去。所以他雖然造了善業，可是證道的緣不具足，遇到惡緣的結果就無法得到好的果報，所以說「修學十善業道的人在佛法修證上的果報不定」，所以他去布施行善時無法與解脫道、佛菩提道相應；如果作具足，行善時就遇到善緣，能接觸到眞正的善知識爲他確定：「這個法才是正法，不要聽別人胡說。」因此來熏習，這是造善業的過程中與解脫道、與佛菩提道相應，這是作具足，他一定可以證悟。證悟的「定當得報」有兩種：一種是現世報，另一種是次生或後世得悟。這一世若根基不太具足或福德不很具足，那就會在下一世悟入，這是次生證悟；也許是後世（下下世證悟），這是「作業已、定當得報」。

也有人作了以後不具足：他的果報雖然確定了，但是時節不一定，譬如他造許多善業而具備福德了，可是迴向證得解脫果或佛菩提果時，證悟的因緣仍不具足，因爲他仍然心不決定，就沒有與定心所相應，雖然遇到了正法，心不決定而有懷疑的緣故，緣就不成熟；他將在未來某一世悟入，但不是次生、也不是後世，證悟的時節仍不確定，這是作不具足。所以行善而迴向證悟時的心有沒有決定性，是最最重要的因素。譬如有人被我幫助而找到如來藏之後，他還會自我否定而退轉，都是因爲心不決定的緣故。心不決定當然也有緣故：被惡知識所影響，或者自己慧力不夠，觀行不能確實完成；或者懶惰而沒有如實觀行，結果就是作已但是不具足；所以將來證悟的果報雖然已決定了，但是時節不定乃至悟後會再退失。

也有人作了以後具足，果報確定、時節也確定了；譬如諸位來同修會共修，兩年半或三年明心而證悟不退，這是作具足：當世就可以成功而不退失，就是作了福德及修慧……等法以後成爲作具足，所以你們是時、報俱定。也有人作了以後不具足，最多只能持戒、只能獲得正知見，但是證悟就沒辦法了，因爲心不生信。

心不生信，也有不同差別：有人是認定末法時根本不可能開悟，有人認爲：「我自己根基太差了，別人是可以悟的，但是我不可能。」有人說：「蕭老師眞的悟了嗎？我不信啦！所以他怎麼可能幫我開悟？他自己可能都悟錯了。」這叫作心不生信。雖然他努力學法，希望有朝一日或某一世也可以證悟，但是由於心不生信，所以此世雖然熏習解脫道、佛菩提道，卻會使他所作的所有福業淨業都不具足，他就只能把戒律好好的受持，也只能熏習正知見，如此而已。

也有人作了以後具足，譬如故意造惡業，並且造了以後沾沾自喜：「你看某一個正法團體被我破壞分裂了。」心中沾沾自喜，絕不後悔，這就是作具足，就是毀戒成功啦！寧可毀戒，絕對不悔改；並且堅信自己的邪見是正確的，絕不改變，這就是作具足，捨壽後就墮無間地獄。也有人作了以後不具足，譬如努力在佛法上用功，但是不具足，只得到相信因果的果報，但是證道是不可能的。也有的人作了以後也是具足的，因爲他完全不信因果，所以作種種惡業而無悔心。也有人作惡業後並不具足，譬如他作惡時有善法圍繞著他。有沒有這個事？有啊！譬如有人造惡業，喜歡欺負凌辱整群人，但他就是不欺負弱小與婦女；當他看見有人欺負弱小、婦女，就站出來打抱不平；可是對一切男人都不客氣，都要欺負，這就是造惡之時有善圍繞。所以他的惡業就不具足了。也有人作惡業以後具足，譬如他作惡時比別人更壞，還施設許多不好的事情來徹底的凌辱眾生，這就是作惡而具足。也有人作了以後不具足，譬如常常造作小惡業，但不是以惡心來造，只是因爲過去世熏習的習性喜歡稍微欺負一下弱小，或只是無惡意的對別人惡作劇，不是因爲惡心而作；這種人雖然曾作眾惡，但不會下墮三塗，只是下輩子在人間常常會受欺負，這是在人中受報。還有人是作了惡業以後成爲作具足的，譬如以大惡心作極惡業：他在人中作大惡業，下一世要在地獄中受報。也有人作惡業以後成爲作不具足，因爲他被情勢所逼而造惡業；或者先前不好的惡習一時改不過來，所以他在習慣性的造作惡業時心中卻存著正念，只是被習性所掌控，一時改不過來，這是作惡業而不具足。也有人作了以後惡業具足，譬如造作惡業時歡喜造作，得意洋洋的造惡而沒有正念之心。也有人造作惡業而不具足，譬如造惡業時心中得意洋洋，可是後來聽人規勸而生起慚愧心，所以每日三時生悔：凡是吃飯之時都會覺得羞愧而懺悔，這是作了以後惡業不具足。也有人作了以後具足，因爲他堅決認爲造作惡業傷害眾生是應該的，所以三時不悔，那就惡業具足了。同理，造作善業時也是一樣有具足、有不具足，都是由於心的關係，才會產生了具足或不具足的差別。

「作小得大、作大得小」，是什麼緣故會這樣呢？因爲都在個人的心意差別而產生這個現象：「一意摸身，身既成就，有無量意。」都是因爲一個意念（一個意根與意識所起的意念）而引生作小得大、作大得小的果報。「一意摸身」，意在身上觸摸而運作；意起了念，身體隨之造作；既然造作成就了，就有無量意。雖然初起時只有一個意，但是延續到後來身體造作成功了，那就已經有無量意了，無量剎那的意志就這樣延續下來。如果不是每一剎那延續下來，後來中斷了，身體就不能成就善業；所以身既成就，就有無量意的善業，最初摸身（與身相應）的初意就是善意。善業之所以能成就，就是因爲有這個心意在身中接觸來運作，所以說摸身初意就是善，心使得善業成就了。

「身既成就，得二種果，雜『善、不善』。如人，天亦如是；地獄眾生惡意摸身，身既成已，一向不善」：身所造的善業既然成就了，就一定會得到兩種果報：夾雜著善報與不善報同時領受。譬如造善業時心中有不善意，所以是有小小的不善行夾雜著。有些善人造善業時會對行善的對象造作一些小惡業，有些惡人造作大惡業時往往伴隨著一些小善業，所以後來在人間會得到兩種果報：夾雜著善報與不善報。生爲人，生爲諸天，或是生爲地獄眾生時，受樂時有微苦，或受苦時有微樂，道理都一樣。譬如地獄眾生都是在人間時惡意摸身，惡劣的心意接觸色身，使色身成就惡行；成就後由於心意一直不善而不肯改正，所以變成一向不善；自始至終都是不善，因此而成就了地獄身。如果懺悔改變，地獄業不必一定地獄報，因爲正報會隨著心意與行爲的改善而改變。

餓鬼道、畜生道眾生也一樣，但他們與地獄眾生不同，地獄眾生是心意一向不善，所以產生了地獄身。餓鬼和畜生在人中時也是惡意摸身，但是後來改爲修善修心，所以不成就地獄身而成就餓鬼身、畜生身，受報時也夾雜著善報和不善報；所以有人墮落畜生道而變成人類的寵物，日子過得很安逸，因爲他造了很大的詐欺惡業後，誠心懺悔、終其一生努力彌補，所以免了地獄罪、滅了地獄身；正因爲他的心意不是一向不善，所以後來免入地獄而墮落畜生道，因爲造惡業之後行善很多，所以變成人類的寵物，一生過得很安逸，主人很疼愛牠；這就是惡業轉變了，因爲心意已不是一向不善了，所以他次生受報時夾雜著善報與不善報：不善報就是成爲畜生身，善報就是衣食無缺及得人愛護，主人照顧牠比照顧兒子還要細膩。

善惡業者的中陰，由於善惡摸身，所以中陰色身成就後，下一世的色身隨之成就了，同樣得到雜報，於善報中夾雜著不善報，所以行善時千萬不要伴隨著小惡業；因此善惡不定的中陰，導致次生獲得雜報。不單如此，這種雜報是從歌羅羅（受精卵）時就開始了；換句話說，得善報、或得惡報都是在中陰身受生時，一入胎時就已經確定了；現代醫學也證明這一點了，這就是不同基因的取得。同一對父母所生的兄弟姊妹應當基因是一樣的，可是爲什麼兄弟二人或健康、或體弱多病，果報大不相同？這已說明從歌羅羅時就已經開始應報了。接著是小時、少年、青年、中年乃至老年時都得雜報，所以善與不善的雜報是從入胎時就開始了。由於這緣故，經中說：「有四種業，造黑業得黑報，造白業得白報，造雜業得雜報，造了不白不黑的業則是無報。」

黑業黑報是地獄的果報，白業白報是出生到色界天去，因爲他修禪定而降伏五欲煩惱了；雜業雜報是在人間造作和領受與欲界相應的法，譬如欲界六天或人中果報的相應法；或者造作畜生業、餓鬼業相應的種種業，都會有雜業雜報；因爲欲界六天、人中、畜生和餓鬼，有時苦、有時樂，所以是雜報。餓鬼道並不全然是苦，有時也有快樂：搶到一口膿痰時，快樂得不得了。當畜生也不是完全痛苦的：看見主人拿了一塊肉回來給牠，牠高興死了，所以牠有時也有快樂，所以叫做雜業雜報。不白不黑的無報就是無漏業，因爲白業生色界天，雜業生在欲界中，黑業要下墮地獄，而無漏的淨業不屬於色界天的果報所以不白，也不屬於地獄的果報所以不黑，也不屬於欲界中的果報所以不是雜報，因此叫作無報。修學淨業得解脫果，出離三界後當然任何善惡報應都沒有了，所以叫做無報。但是不懂的人往往想：「證得阿羅漢了，那就一定會有某種快樂的果報。」其實沒有！證得阿羅漢已，是涅槃寂靜的，後世是無所報的，所以無報：沒有所受，一切無受。因爲入無餘涅槃時十八界都滅盡了，覺知心都滅了所以不受苦樂報，當然無報，無報才是解脫果。

那些無根誹謗我是外道的人，都是想要用離念靈知意識入無餘涅槃，那顯然還是有報啊！離念靈知心在時一定相對於六塵而存在，那就一定是在三界境界中，一定有報，一定會有雜報，無法純得白報啦！因爲欲界境界中的離念靈知無法與初禪相應，得要伏或斷欲界煩惱才能與初禪相應，所以落在離念靈知境界者都是雜報，不是無報。既不是無報當然就不是解脫果，當然就不是無漏嘛！所以有智慧者從「不白不黑無報，所謂無漏」，也可以破除離念靈知境界啊！希望諸位一個個都是有智慧的人。

佛說：「善男子啊！如果有人不能瞭解十善業、十惡業所產生的因緣，也不瞭解未來世將會領受果報的報緣，他在未來無量世中將會流轉生死而不能停止。爲什麼會這樣？若不懂十善業和十惡業產生的將來異熟果報會使人生到哪一道去，一定就會因此而不斷的流轉生死；若不能瞭解業因及業緣、業果，縱然禪定修得很好，四禪八定也具足了，捨報後出生到非想非非想天去，可以在非非想天中活到八萬大劫，但這是因爲定福而生到非非想天中；不論住於非非想天的時間是八萬大劫或者少至一萬大劫，未來定福享盡了，壽命就終結了，就要下墮三惡道中。」

生到非非想天去不一定具足壽命，那要看他所證的非非想定具足、不具足。就像生到人間來，也許還沒有出生就夭折了，有人五歲、二十歲死了，有人三十歲、四十歲死了，不一定都能活到百歲。生到非非想天也一樣，如果是在死前兩年、三年才證得非非想定，定力還沒有具足圓滿，那麼他往生非非想天的壽命可能只有一萬大劫、兩萬大劫，定福就享盡了，那時下墮就不一定會在人間了。因爲在人間修定的一生中，多多少少都會造了一些小惡業，定福善業的福德較大，當然先享受定福而生天；但是定福會享盡，如同人間買車子分期付款，錢付到沒有辦法付了，車子就被拍賣了，什麼都沒了。所以當他把善淨業的定福用來往生非非想天而用盡了，已經沒有絲毫福德了，剩下的就是以前在人間時所造的小惡業了，他想要重新生而爲人，卻沒有那個福德了。譬如有人一生在社會上詐欺拐騙，但是身爲人類該盡的義務，他都沒有做，所以死後的財產留給兒子、女兒去花天酒地，他自己下一輩子當不了人了，只能去當牛馬償債。生到非非想天也是這個道理，定福都享盡以後只剩下一些小惡業，當然沒有福德讓他有資格再當人類了，所以回來以後不是在人間，而是當畜生、餓鬼乃至下墮地獄中。所以 佛說天壽八萬大劫，福盡下墮時還來三惡道中。所以福不需享盡，極盡福報之後，下一世就難過了，惜福應該在這上面惜，不是要在世間食物上惜，那都是小福。

學佛人應該懂得業的因、緣、果，眞正懂得者，在人間福報廣大時，他會懂得如何修集下一世應該有的福德，他會珍惜每一世所修來的福德，不會享受過分；並且了知自己一世中能有多少福德應該享受，他會珍惜而留下九分給下一輩子，這一世只享用一分；下一世繼續努力修集下下世的福德，讓它以等比級數不斷累積上去，成佛就快，這才是眞正懂得惜福的人，不要只在食物上惜福。一般人若能保住人身就算不錯了，大多是不懂這個惜福的眞正道理；身爲菩薩應該懂得如何把大部分福德留著，盡量把福德累積爲成佛所需的資糧，才是眞正懂得惜福的人。

一切眾生之所以會有不同的異熟果報，都是從意識和意根而來，所以說「一切摸畫，無勝於意」，爲什麼叫摸？又爲什麼稱爲畫？我們先把《華嚴經》中 佛的開示說明了，諸位就懂得爲什麼叫摸與畫。華嚴中 佛有開示說：「心如工畫師，能畫諸世間。」是說我們的眞心如來藏，就像一個很善於畫工筆畫的畫師。中國畫若大略來講有兩種畫法：一種畫法是寫意的、潑墨式的，大筆一揮一灑，山就畫成了；若是工筆畫，譬如宋徽宗專門畫工筆畫，他把鳥的羽毛一根又一根，把一棵樹每一片葉子都很詳細的一筆又一筆詳細畫出來，這就是工筆畫。我們的如來藏從來都不是寫意、潑墨式的大畫師，祂一直都是專門畫工筆畫的大畫師，祂能把世間的所有極細相都給畫出來。先說六塵相吧！我們所見都是內相分，特別是在夢境中的相分，如來藏爲我們畫得無比細膩，可以說是鉅細靡遺，讓我們根本不能覺察到只是夢境中的相分，所以祂眞的是工畫師。又如說祂畫小世間好了，一個人的五陰就是小世間；下一輩子要長成什麼模樣，祂在母胎中就把你詳詳細細畫出來；又把這一輩子的每一時期的模樣，都幫你畫得好好地；我們就依照如來藏所畫的種種不同時期的不同模樣，這樣過一生。

所有人的色身、覺知心的心性，都是如來藏幫忙畫出來的：有人生來就很慈悲，而且是**濫慈悲**；有人生來就窮凶極惡，有人生來愚痴而不能學好任何世間法，祂都依照業種而幫眾生確實畫出來。但祂隨時會修改你所有的畫，都看你意識與意根怎麼轉變，祂就隨時幫你修改，所以說祂能畫我們這個五陰小世間。但十方虛空一切宇宙世間也是由祂來畫，不過這幅大畫不是單獨來畫，而是配合所有眾生的如來藏，大家一起來畫出三界世間，所以華嚴才會說：「**眞心就像工筆畫的畫師，能把世間給畫出來。**」色身既然是祂所畫出來的，也就是由祂所製造出來的，當然也只有祂才能摸觸這個身體；換句話說，覺知心自以爲能摸自己的身體，其實你覺知心摸不到，只能領受；因此說，一切能畫五陰、世界，而且能觸摸的，都是眞實心如來藏，能觸摸身體的也是只有如來藏。可是如來藏恆而不審，祂有屬於自己的自體性，你無法完全掌控祂；但是異熟果報的成因、外緣及受果，都是意識與意根；如來藏隨時會修改你自己的世間，也配合共業有情的共業種子而共同改造山河大地及宇宙。所以工畫師如來藏隨時在修改一切：心變善了，祂就把你這個色身開始修改成善人的模樣，於是就有慈眉善目；心變惡了，祂就把臉像改成橫肉豎眉，把來世色身改成橫身齊頭。但祂不是依自己的想法去修改的，都是依意業而修改的；所以一切摸畫，追根究柢還是意識和意根，如來藏只是幫你配合而已。

所以雖然摸與畫都是如來藏，但卻根源於意識和意根而作修改，所以佛說「一切摸畫，無勝於意。」但意根會接受誰的指導？（大眾回答：意識）確實是意識！因為意根的分別慧很差，都要依靠意識的分別性，凡夫眾生不知，就認為都是我意識自己在決定；其實最後決定的並不是意識，覺知心是作不了決定的。當覺知心覺得很痛苦而想要死，可是卻死不掉，因為意根不肯放捨色身，如來藏也依業種而繼續不放。意根的執著性只有靠四禪八定才能轉變祂，所以作決定的還是意根，所以意根要接受意識的指導。真懂佛法的人就說是意根在下決定，不懂佛法的人就說是意識在決定，說是覺知心意識在作主。其實是意識分別思惟應該如何，祂分別應該怎麼作，背後決定的還是意根，但沒有多少人懂這個道理。如果我見斷不了，藕斷絲連，還會退回去說是覺知心在作主。

「意畫煩惱，煩惱畫業，業則畫身」，意識與意根配合起來就把三界中的煩惱給畫出來了。我所的煩惱且不談，如果畫出了我見、我執煩惱，那就一定要繼續輪迴生死，這就是意識與意根畫出了煩惱。如果已經畫出了見思惑煩惱，如來藏就會畫出了業，有業就不斷畫五陰世間出來而繼續當眾生。如果意識意根落在我所的煩惱中，就會造惡業，如來藏就會依惡業種子而畫出下一世的三惡道身。如果意識與意根畫出了善業而不是畫出煩惱，如來藏就依善業種子而畫出了下輩子的欲界天身。

如果以意識與意根的三業來講，佛說：「貪愛的因緣，就會畫出色身妙好、威儀庠序。」貪這個煩惱是我所的煩惱，不是我見、我執的煩惱。這個貪的煩惱，諸位可以回想一下：年輕時「窈窕淑女，君子好逑」，那時談戀愛，說話要注意說得好聽，不要惡聲惡口，也要色身莊嚴成爲妙好的樣子。每天要特別注意打扮，男眾女眾都一樣，不都是想要色身妙好嗎？所以做事、講話都要裝出威儀庠序：走路要端莊、說話要文雅、氣質要溫柔高雅，這就是貪因緣而由意畫出來的嘛！世俗人如此，弘法者也如此：我如果貪你們的供養，就得要裝得一副很清高、很有威儀的樣子來。若是心中沒有貪，就可以狂狷了，隨隨便便都無所謂；所以你們想要看我色身妙好、威儀庠序，還真的不容易看到；我總是邋邋遢遢、隨隨便便的過日子，因爲心中無貪，所以就由意畫出這付德性來。所以貪的因緣會產生色身妙好、威儀庠序，是因爲意識與意根畫出了煩惱，再由貪的煩惱畫出了業乃至這個色身妙好……等。

同理，瞋的因緣畫出了煩惱，這個煩惱輾轉就畫出色身粗惡、威儀卒暴；起瞋時對別人惡行惡狀、破口大罵，仍然是意識與意根爲始因而畫出來的；都因爲意識與意根想要這樣，所以如來藏就幫他畫出這個模樣來。如同瞋的道理，癡當然也是一樣，因爲無明籠罩，所以說出話來讓人覺得他很愚癡，所以心——意識與意根的貪瞋癡——導致如來藏畫出不同模樣的人身來。同樣的道理，無量世界都各有一百三十六地獄處。娑婆世界，天文學家說有一千億或兩千億個太陽系，你想會有多少行星可以安住人類及三惡道眾生？每個世界有一百三十六個地獄處，因爲十八大地獄還附帶小地獄，其中當然有無量的畜生、無量的餓鬼；這些畜生與餓鬼，難道個個都喜歡去當畜生、餓鬼嗎？一定不是！他們看見人類時一定很羨慕，可是他們爲什麼不能生而爲人呢？「皆因業作」。都是意識與意根把煩惱給畫出來了，就由煩惱畫出業種；業種畫出來時就變成畜生、餓鬼。出生爲人、天，也是同樣的道理，所以無量的眾生獲得解脫也是因爲淨業。

解脫的眾生不是只有人間才有，諸佛國土的菩薩與阿羅漢們難道不是解脫者嗎？諸佛國土不是只有人間這個凡聖同居的淨穢土，還有實報莊嚴土與方便有餘土。極樂世界同樣有四土，彌陀如來自己住在常寂光土，可是上品上生的菩薩們都住於極樂世界的實報莊嚴土；中品生的三品都是住在方便有餘土，都是聲聞種性的人，只求解脫而不想證悟實相，不想修學大乘法，但是彌陀世尊會漸漸轉變他們的思想而次第誘入佛菩提中；所以印順法師一派人，假使他們後來有修改了邪見，信受有極樂世界而願意往生，他們往生就會生到方便有餘土中，因爲他們只相信解脫道的行門，不信佛菩提的證道內容與二乘阿羅漢相異。

聽說慈濟人現在都不再稱「阿彌陀佛」了，都改用「感恩」兩個字；看來他們吃了秤砣、鐵了心：我乾脆就不承認有極樂世界了。所以我們大家見面稱「阿彌陀佛」，他們說「感恩」；每個人在道場中做完義工要回家時，互相不稱「阿彌陀佛」而改說「感恩」。他們開口感恩、閉口感恩，我們開口閉口「阿彌陀佛」，他們跟我們可眞不一樣。所以印順等人萬一有少數人還相信有極樂世界可以往生，他們都是要求解脫的（因爲印順的法就是解脫道：以解脫道來取代佛菩提道。但他們所知道的解脫道也是誤會、錯誤的法，那且不談它）只說他們縱使有人想要求生極樂，也只能生在方便有餘土中；凡是行善而不造惡，只求解脫的人，往生極樂都是方便有餘土；除非能發起菩薩心，所以他們的證嚴法師假使回心轉意而信有極樂世界時，如果往生時都是方便有餘土。但是要有一個前提才能生：不否定如來藏。如果否定了如來藏，那是謗方廣正法、謗菩薩藏，不能往生極樂的，　彌陀世尊不攝受這種人。

諸佛世界有很多解脫的眾生，那些菩薩們十方世界來來去去，不都是解脫的眾生嗎？縱使不能來來去去的三地滿心以下菩薩，或如極樂世界七寶池中，還住在蓮苞中的下根菩薩（那蓮苞很大，可別想成水池那麼小；那蓮苞其實就是一個大宮殿，方圓五百里，住在裡面不會沉悶；五百里能讓人步行很久了），蓮苞中的菩薩們大多是下品三生往生的。除了上品中生住一個晚上，上品下生住一天一夜（一天一夜就等於我們這裡一大劫），其餘超過一天一夜才出來的菩薩根性人，都是下品往生，因爲中品生人都不是菩薩，都是聲聞人。上品下生人將來花開以後想要開悟，得要經歷極樂世界的七天，就是這裡的七個大劫；上品下生見佛開悟後，繼續進修以後的最高修證是得初地；從開悟修到初地，要多久呢？要極樂的三小劫才能證得。想想看：那個三小劫是娑婆世界的多久呢？這是上品下生，都是住於實報莊嚴土。

下品三生所住的是凡聖同居土，因爲上品下生在那邊三小劫以後可以得初地，算是聖人了！但是下品上生人要經過極樂世界的十小劫才能證得初地；其餘的下品中生、下生都是凡夫，不知多久才能修到初地，所以那邊也有凡聖同居土。所以十方世界獲得解脫而不入涅槃的人其實也很多，許多大乘經開章明義就列出十方來的許多菩薩聖號，這當然都是已得解脫的，所以 佛說「無量眾生獲得解脫」而不入無餘涅槃，他們爲什麼能這樣？當然也是因爲淨業啊！仍然是業！所以不能說「業很重就一定不好」，要看是什麼業。如果是淨業、善業很重，有什麼不好？因爲煩惱或智慧等不同的業，如來藏就畫出不同的五陰，就畫出輪迴境界及解脫境界，所以 佛才會說「無量眾生獲得解脫也是因爲業的緣故」。

【「善男子！是十善道，有三事：一者能遮煩惱、二者能作善心、三者能增長戒。如除毒藥凡有三事：一者阿伽陀藥、二者神咒、三者眞寶。若人善修不放逸行，具足正念，分別善惡，當知是人決定能修十善業道。若多放逸，無有慚愧及以信心，當知是人決定能作十不善業道。是十業道復有三事：一者方便、二者根本、三者成已。若復有人能勤禮拜供養父母、師長、和上、有德之人，先意問訊，言則柔軟，是名方便；若作已竟，能修念心，歡喜不悔，是名成已；作時專著，是名根本。善男子！是十業道，復有三種：謂上、中、下。或方便上、根本中、成已下，或方便中、根本上、成已下，或方便下、根本上、成已中。是十業

道，三法圍遶：所謂無貪恚癡、有貪瞋癡。是十業道有共戒行、不共戒行。〕

講記 佛的意思是希望大家都修十善業道，因爲十善業道有三個善法能讓大家得到利益：第一個善報是能遮止煩惱，如果持續不懈修十善業道，能使煩惱消滅乃至滅除而不現行。試想：能如實去修十善業道，煩惱又如何能出現呢？因爲所做的都與煩惱互相顚倒，所以能遮止煩惱；如果還會有煩惱出現，這表示他沒有如實在修十善業道。第二個善報是十善業道的修行能使自己的意識心和意根都轉變成善心；如果能轉變成善心，種子就會漸漸的轉變清淨，三乘菩提就有成就的因緣了。第三個善報是能使戒行增長：有許多人不瞭解戒行的重要。

成佛有三個很重要的法需要成就，那就是增上慧學、增上心學、增上戒學；我們不斷的在教導，也不斷的寫，在講《優婆塞戒經》時也常常帶進來講，特別是在增上班教導《瑜伽師地論》；以前還講《成唯識論、解深密經》，還講別的經典，譬如《楞伽經》，都屬於增上慧學；只有增上慧學成就，才能成就一切種智，才可能成佛，所以一切種智是成佛的必要條件。剩下兩個成佛條件是屬於福德的部分，就是增上心學及增上戒學。增上心學以根本禪定爲主，和外道所修的、以及佛門凡夫所修的四禪八定有相通的地方，但是有所不同，所以稱爲根本禪定；以增上慧學爲根本來修禪定，讓意識和意根安住於三界一切境界中的種智裡面，這與一般人的四禪八定大不相同，所以才叫作根本禪定，這就是增上心學，這是屬於福德的部分。另一個部分就是增上戒學，沒有任何的非分之想，安止於自心境界，所以菩薩示現在人間時絕不對眾生起非分之想，因此他的戒學才能成就；而增上戒學的初步成就，眞正可以拍胸脯向人說「我現在是持戒者」，那就是二地滿心了。在二地還沒有滿心之前都還稱爲學戒者，有時心中還不免犯瞋（幾個剎那也算犯了，也是犯瞋；幾個剎那有貪，也是犯貪），表示戒學上還要再修學，還是學戒者，所以二地滿心以前都是學戒，所以初地心仍然是學戒。但其實眞正的持戒者是證得二地滿心的現觀——猶如光影的現觀成就——才能永不生起非分之想，所以諸地菩薩都不會去做非分之事；但是初地菩薩若有非分之想，只會是一、兩分鐘或一、兩剎那的非分之想，這在沒有到二地滿心之前無法除掉；所以眞正的持戒（增上戒學初步的成就）是二地滿心的事，這個也是屬於福德的部分。諸佛都具足圓滿了這三學的增上修，這三個增上學則是要由十善業道來作基礎才有辦法完成，所以十善業道法門要一直修行，一直到等覺位時都還在修十善業道；所以等覺菩薩們才會在十方世界隨處受生，隨處布施內外財，原因就在這裡。

接著 佛又作了一個譬喻，譬如除毒藥，世間只有三種：第一是阿伽陀藥，第二是神咒，第三是眞寶。阿伽陀藥翻譯過來就是不死藥，世間傳說有不死藥，吃了就永遠不會死掉。秦始皇因爲相信道士的話，所以派徐福去求不死藥，徐福就拐騙了一大批財寶及一票人到日本去，後來就成爲日本人（當然日本也有原住民，那才是眞正的日本人，一般的日本人多數是徐福那一批人的後代），他當然找不到不死藥！如果找到了就沒有現代的日本人，就只有日本的原住民。秦始皇相信道士的話，每天吃長生藥，都是別人煉外丹給他吃，他後來是中毒死掉的。因爲煉外丹都要用朱砂，朱砂中的汞很難煉盡，所以秦始皇是中毒死掉的，其實就是汞中毒。到目前爲止，世人仍然無人找到不死藥，仍然只是一個傳說。縱使有人眞的找到不死藥，他還是免不了一死，因爲到了壞劫來臨時，七個太陽出現，連石頭都要被融化掉了，他還能不死嗎？縱使不燒死，也沒有水可喝，還是得要死！所以阿伽陀藥只是個傳說，實際上不可能存在。

第二種除毒藥是除毒神咒，用來除掉世間毒或除心毒。但是神咒也不能免人一死，因爲世界壞時色身還是得壞。第三種是除毒寶（眞寶），這是傳說中的一種寶珠，把它放在毒藥中，毒就全部消掉了。人若中毒了，把寶珠在他身上滾過一遍，毒就消了，這叫做眞實寶。不死藥等三個法是譬喻，佛說修十善業道就好像有這三件寶貝一樣；換句話說，想要除掉三毒等等惡業種子，得要修十善業道。所以佛說，假使有人善於修**不放逸行**，能具足正念，有智慧而如實分別善惡，他一定可以修十善業來成就善業的果報，世世獲得良善的異熟果報，永遠不入三惡道中。不放逸行眞的不容易修：永遠不起非分之想，並且時常住於正念中。這很不容易，因爲眾生心不得定，總是散亂時多；而且眾生也沒有能力如實的分別善惡，往往把惡法當作善法，把善法當作惡法。

譬如大陸有幾個密宗的網站，不是把我列作十大外道之一嗎？他們要消滅我的法，但他們不知道我的法就是世尊的正法。他們主張說：「開悟不一定要證如來藏，眞心不一定是如來藏，所以開悟所證的眞心不必限定是如來藏。」如果證得實相不一定是證如來藏，假使證得妄心意識也可以算是開悟，也算證實相，那麼實相是不是有好幾個？他們無力分別善惡法，所以他們認爲證悟如來藏的法不一定正確；他們也認爲如來藏法就是印順法師講的外道神我的思想，應該要消滅掉。可是如果離念靈知心是藉著意根、法塵爲緣才能出生，而且離念靈知心是從如來藏中出生的，而離念靈知出生的依緣（意根與法塵）也都是從如來藏出生的，那麼請問：實相是不是如來藏？（大眾答：是如來藏）當然是如來藏。但他們卻把第八識如來藏誣指爲外道神我思想的第六意識，想要把如來藏思想消滅，所以要把弘揚如來藏妙法的蕭平實滅掉，說這樣叫作護持正法，那你說他們到底懂不懂分別善惡？（大眾答：不懂）顯然是不懂嘛！所以分別善惡還眞的很困難。當他們認爲正在護持正法、修行正道時，爲了極力護持正法而想要把如來藏妙法滅掉，他們還能修十善業道嗎？

（大眾答：不能）當然不可能啊！所以能具足正念、如實分別善惡的人，才是眞正能決定善修十善業道的人。

且不說法上的分別善惡，單說世間身口意行的善惡分別，如果心中多所放逸，而且犯了過失還不懂得慚愧、懺悔，再加上對正法沒有具足信心，那麼他一定會作十不善業道，把造惡當作行善，並且不知道自己有過失。所以十善業道及十惡業道的分際，會外的人們很難分清楚。甚至於進了我們會中悟了以後也不一定都能分清楚，有時連十重戒都不一定能弄清楚，所以有時不免犯了兩舌的過失。這種現象很平常，所有道場中都有，只有久學菩薩能弄清楚，所以看似粗淺的法不一定粗淺；譬如一般人認爲深信因果，正解因果，是很粗淺的道理。他們說：「我懂啦！善有善報，惡有惡報；不是不報，時候未到。」但是因果道理眞的懂了嗎？我告訴你：因緣果報的道理，有時連等覺菩薩都會被問倒，只有諸佛才能究竟了知因果。所以人間有些人在爲別人觀因果，能信嗎？大部分都不能信、不可信，因爲他們假使能看到你的前三世，他的宿命通就算是很好的了；可是三明六通的阿羅漢能向前看到八萬大劫，佛都說他們所說的因果不準，因爲超過八萬大劫的事情都看不見，等覺菩薩大約能看到以前三大無量數劫，更早以前就無法了知，所以也不全是究竟了知，只有佛才能究竟了知而無限制，所以因果的道理甚深極甚深，看因果的人說話不可輕信，善惡極難分別。

言歸正傳，十善業道還有三個差別，會產生很大的果報差異；同樣一件善事或一件惡事，由於這三種差別就會產生果報的不同，也就是在方便上分三品，根本也分三品，成已也分三品。換句話說，十善業道及這根本……等三法的上中下品差別配置，都會導致果報的千差萬別。如果有人能殷勤禮拜供養父母，禮拜供養師長、和上及有道德的人，並能以謙卑的心，先意問訊；口有所說一定是柔軟語，絕無粗言惡語；能這樣做的人，他就是懂得十善業道的方便法，他的善業道根本成就，方便也已成就了。如果這樣做了以後，也能憶念自己所做的善業而不忘失，對於一一善業都能歡喜不悔，這就是「作成就」，作成就是善業道的成已。佛法不是常常講要三輪體空嗎？爲什麼這裡又說要善於憶念？這是對一般還沒有見道的凡夫講的。善於憶念善業，對凡夫來說很重要；在捨報時要回想生前做了多少善業，對所做的善業生起歡喜心，將會影響到他來世得到較好的異熟果，異熟果是正報。

所以，如果多作惡、少造善事的人，他如果曾經與一位善知識結下善緣，當他捨報時若有福德請到那位善知識去爲他開示，這善知識明知道他一生造了許多惡業，但是會提醒他：「你這一世不是做了哪一些善事嗎？」就一件一件幫他提起，讓他憶念這些善事。善知識又告訴他：「你每想起一件善事都要起歡喜心，以歡喜心把這些善事的福德迴向往生極樂世界。」他就因此懂得迴向，心心念念想著極樂世界，然後就可以下品往生，就不必墮落三惡道，這就是繫念思惟念佛法門。由於他對所造善業的憶念，就獲得善報了，這就是修持念心。凡是要依戒相來持戒的人都是凡夫，見道以後不該依戒相來持，應該依善法總相來持戒，就是《阿含經》講的：「諸惡莫作，眾善奉行；自淨其意，是諸佛教。」以這個作爲戒的總相來持：凡是惡的就遠離，凡是善的就修行；我見、我執也是惡法，也該遠離，這樣心地就清淨了；這樣自淨其意就是諸佛的教誨。如果智慧不夠，當然就要依照戒相來持戒，那就要教導他憶念生前所造的一切善事，所以說要修念心。念就是於所經事憶持不忘。教導眾生修持念心，憶念自己一生所做的善事；憶念時生起歡喜心，覺得將來死時有善業可以依靠，就會繼續做善事。若對所造的善業生起念心而歡喜不悔，十善業道就有一分成就了；不斷造善業，不斷念持、歡喜不悔，就不斷的有善業成已。做善事時專著而做，不會半途生起悔心，也不會終止善業，這就是善業道中的根本成就了。

而根本、方便、成已三件事，又分成上中下三品，綜合配置下來的果報就有千差萬別了。譬如行十善業道時，方便是上品的，做了很多方便要去行十善業道；可是正在做時散心而做，所以變成根本爲中品；善業道完成以後心中有後悔，就是成已的下品，譬如善業道做完以後說：「我昨天供養了一位僧寶五萬塊錢，好可惜！」這就是成已的下品。供養了以後應該歡喜，才會是成已的上品。若施設了很多方便、很努力去籌錢：這就是方便的上品。做了供養時心中又打妄想：「這個僧寶到底有沒有開悟？」就變成根本的中品；第二天想到這件事情後悔：成已下品。眾生往往會這樣，特別是初學佛者往往會這樣，所以會有很多差別；

所以也有方便中品，他籌錢漫不經心；可是正在供養時非常的恭敬，正是專著供養，這是根本上品；可是成已的第二天想一想又後悔了：成已下品。所以會有很多差別，有人則是方便下、根本上、成已中。所以善業道的根本、方便、成已三件事情又各有三品差別，引生出來的未來世異熟果報就會千差萬別；因爲三品中又各自分成很多的高低差別，所以就產生很大的差別不同。所以有智慧的人既然決定要做一件善業，那就應該使方便上品，根本及成已一樣都是上品，未來的果報就會非常好。

既然做了，同樣是五萬塊錢供養出去，爲什麼不讓它達到最好的效果呢？所以有智慧的人，善業做了以後連一念後悔都不要有。假使以前供養了很多凡夫僧寶以後才來到正覺護持正法，心裡想：「**早知道，我那些錢不供養他們了！**」那你就錯了，將會使功德減少了。所以現在起要趕快轉變觀念：「**我都不後悔，以前所做的，我都很歡喜。**」使它變爲成已上品。佛道就是這樣，縱使在外門不斷的累積福德，現在能進入內門來修積福德，就不要對以前外門所做的修福事業起後悔心，仍然應該有歡喜心。這樣要求你們，是對你們好，希望未來世的異熟果都是上品；來世將更有能力護持正法，下下世得到的果報就更好，要使一切所作功不唐捐。以後要改變，對過去、今後所做的布施，都要是方便上、根本上、成已上，得到最好的結果，這樣成佛的福德累積就快。

有三個法始終圍繞著十種業道，就是無貪瞋癡或者有貪瞋癡。有貪瞋癡圍著十業、十道，就變成十惡業道；無貪瞋痴圍繞著，就成為十善業道。如前面佛所開示，繪畫出我們未來世果報的心，就是如來藏，但如來藏將要繪畫的內容，都是由意識、意根造業作為前導；所以從今開始，要趕快把意識與意根做全面的轉變，不要暫起一念之惡；連惡念都不要生起，何況去做？所以，行十善業道一定有三法圍繞著，就是沒有貪、瞋、愚癡。接著佛這一句話要注意：這十業道有共戒行，也有不共戒行。有人行十善業道是共戒而行，有人行十善業道是不共戒而行，這是從凡夫來講的。譬如受了五戒、優婆塞戒、菩薩戒或出家人的聲聞戒，後來行十善業道，這就是共戒而行。如果皈依以後不受戒，只是皈依為佛弟子而行十善業道，這就是不共戒行。如果見道了以後，那就因人而異；如果只有見地，還沒有進入修道位修行，一直保持在見道位的狀態中，可是因爲喜歡吃肉所以還是照吃，喜歡飲酒時也是照喝不誤，喜歡破口罵人的還依舊在罵，這就是他還沒有進入修道位，還在初見地中，永遠都保持在初果中，不能進入二果。這是他沒有進入相見道位去修，因爲菩薩七住位同時也是聲聞果的初果；菩薩證得實相心，同時一定斷我見、斷三縛結，所以七住菩薩同時也是初果人。假使斷我見、證如來藏以後仍然不改原有的脾氣，他就永遠都在初果，所以貪瞋癡不改，那就表示他還沒有進入相見道位中。

如果有進入相見道位，他一定會成爲二果人。初果叫見地，二果叫薄地；薄是指貪瞋癡薄，貪瞋癡淡薄就表示他有在修道上面開始用功了。他也受了戒，一定會共戒而行；如果沒有受戒，他也會依道共戒而行。即使他沒有去受戒，他有進入二果而薄貪瞋癡了，就表示他修十善業道時共戒而行。如果他只是有見地，不想努力上進，無法得薄貪瞋癡的二果功德，他就不共戒行：十善業道也在修，可是心中同時在罵：「這個人好吃懶做！」布施給眾生時就會：「拿去吃吧！」然後就惡行：用丟的。這是有見地而沒有薄貪瞋癡，就是不共戒行，因爲他這樣已經犯了菩薩戒。所以十業道有共戒行，有不共戒行；凡夫如是，見道以後也如是。如果到了三果，他行十善業道時也是不共戒行的，他根本不理會戒律，就只是善心、恭敬心、誠懇心去做。即使要指說別人的過失，也是依善心而說，絕不惡口，這就是以道共戒來行。道共戒無戒，所以十善業道有兩種：有人是共戒而行，與戒共同來行十善業道；有人不依戒而仍然行十善業道，所以和戒相不相應，對於十善業道的三法及上中下品還是有差別，就導致十善業道行了以後，未來世的異熟果報增上、低劣的差別出現。

【「捨戒有六：一者斷善根時、二者得二根時、三者捨壽命時、四者受惡戒時、五者捨戒時、六者捨欲界身時。或復說言：『佛法滅時便失戒者。』是義不然，何以故？受已不失，未受不得。斷身口意惡，故名戒戒；根本四禪、四未到禪，是名定戒；根本四禪、初禪未到，名無漏戒；捨身後世更不作惡，名無作戒；守攝諸根，修正念心，見聞覺知色聲香味觸法，不生放逸，名攝根戒。」】

講記　既然有受戒，就一定會有捨戒時；有時是起心動念去捨，有時是自然會捨掉。《優婆塞戒經》所說的捨戒有六種情況，和其他的戒不一樣，我們先來說這部經戒的捨戒情況。當有人斷善根時，他所受的優婆塞戒體就捨了，戒體就不存在了。這個戒體不要誤會了，有的戒師傳戒時解說戒相、威儀等等，到最後一天戒法正受時，他會叫你觀想頭上有戒體出生，然後觀想它灌入你的頭頂中，說這樣是得到戒體，請問：這樣的戒體是從外而來，還是你自己心中的？（大眾答：外來的）是外來的嘛！又請問：觀想所得的是影像，還是眞的有戒體？（大眾答：影像）只是影像。請問：戒體應該是有形像的嗎？（大眾答：沒有）沒有啊！所以藉觀想而獲得戒體，還眞的是妄想。我們先要說明：什麼是戒體？戒以何爲體？（大眾答：心）以心爲體啊！戒的目的就是要戒心嘛！前面　佛說：意識與意根會導致我們的業種變化，導致世間和未來世五陰的變化。所以，戒當然是以意識、意根爲體嘛！戒不是以如來藏爲體，因爲如來藏不受戒，祂也不可能持戒，因爲祂從來就不會犯戒，你叫祂持什麼戒？所以，一切的戒都是以意識、意根爲體；因爲戒所要戒止、遮止的就是意識和意根的行爲。意識和意根接受了戒法時就有戒體存在了，意識和意根如果嚴重違犯了戒，那就表示說意識和意根是不願意接受那個戒，因爲不願意接受戒法所以戒體喪失了。這樣，諸位就瞭解戒體了，接下來這六點捨戒而喪失戒體的意義就容易說了。

何時會捨掉了優婆塞戒的戒體呢？斷善根時。斷善根是有何時呢？就是犯五逆惡罪時。除了五逆惡罪，還有一個情形也是斷善根的，《楞伽經》中佛說：謗菩薩藏時，就是斷善根人，戒體當然就不存在了。又譬如《觀無量壽佛經》說謗方廣經典者不攝受往生極樂世界，謗方廣經典及謗菩薩藏，就是謗如來藏，誹謗說沒有第八識，或者把第八識如來藏毀謗成外道第六識的神我，這就是斷善根人。方廣經典是第三轉法輪經典，而菩薩藏正是第三轉法輪經典所說的最重要內容與根本，所以謗如來藏就是謗方廣，就是謗菩薩藏；因爲所有的菩薩藏都圍繞著如來藏而說的，而謗菩薩藏的人就是斷善根人，斷善根人的戒體是不存在的。犯了五逆：殺父、殺母、殺阿羅漢、破和合僧、出佛身血，也是斷善根。起心動念決定造作對正法最大破壞的事業時，一切善根就全部斷盡了；善根全都斷盡了，優婆塞戒就不存在了。

第二、得到二根時也會失去戒體。爲什麼要特別標明這一點？前面第一種捨戒的斷善根，以出家聲聞戒來講，誹謗正法、謗佛、謗三寶、破壞正法，都是斷善根；所以出家人如果犯了不通懺悔的重戒，犯了波羅夷重戒就是斷善根人；斷善根時，出家戒的戒體就不在了，縱使他還繼續穿著僧衣，也只是穿著僧衣的在家人，並且比不謗正法的在家人還要不如；因爲不謗正法的在家人，將來不下三惡道；可是披著僧衣而謗菩薩藏的出家人卻得要下地獄，所以不如不謗法的在家人。可是得二根時爲什麼也必然捨戒？因爲這部經是爲出家的聲聞戒作準備的，它也爲在家菩薩戒作準備，而菩薩不分在家或出家。出家戒一定要正常人才可以受持，不可以是二根人；二根人不許受出家戒，旁生、鬼神、天人也都不許受出家戒，只有人間正常的人類才能受出家戒。可是梵網菩薩戒、地持菩薩戒、瑜伽菩薩戒都不限制，二根人、畜生、鬼神、天人都可以得戒，所以沒有天人出家。所以天界的無量菩薩們都不是出家人，他們穿天衣、戴天冠，頭髮留得長長的，胸配瓔珞；所以只有人間才有出家人，天界沒有出家人；印順想要以身上的僧衣作爲住持佛法的代表，要大家因爲他的出家身分而信受他說的法，又因爲只有人間才有出家人，所以就主張人間佛教，認爲天界及十方世界的菩薩們修行及弘揚正法，都不屬於佛教，因爲他們都不是出家人，這就是印順的謬思。

欲界的人間當然有二根，但不是同一時間的同一個人具有二根：男眾只有男根，女眾只有女根，不能同時具有二根。若同時擁有二根就叫作陰陽人，就是二根人，二根人不許出家。爲什麼佛不許陰陽人出家呢？因爲會壞了僧團。白天看起來她是個女眾，所以與比丘尼共住，到了晚上卻可以有男根的作用，那就會壞事了。萬一有人因爲業報的緣故，當他受優婆塞戒或出家以後，身體漸漸的變成二根人了，那他就失掉了聲聞人的比丘戒、比丘尼戒，聲聞戒體就失掉了。同理，優婆塞戒是專爲在家男眾施設的，但是受戒後卻漸漸演變而同時擁有女根，他的優婆塞戒就因此失掉了；所以受了優婆塞戒而轉變成同時擁有二根時，他就自動捨戒了，戒體就自動消失了。

第三、優婆塞戒是盡形壽受持的，其他的菩薩戒則都是盡未來際受持，所以捨報後下一世縱使沒有再去受菩薩戒，他仍然擁有菩薩戒體，會變成無作戒。但優婆塞戒捨壽時就自動捨棄了，因爲它最主要是爲將來受出家戒而作準備的，所以會與出家聲聞戒一樣，在捨壽時戒體就不存在了。

第四、轉受惡戒時此戒的戒體也會消失。惡戒就是依照外道師父所教授誤以惡法作善法的受持誓言。譬如有人受優婆塞戒或出家戒以後，他師父另外給他一個戒相：當你以後遇到有人弘揚如來藏法時，必須加以打壓破壞，如果不這樣做，將會下地獄。他隨邪師發了惡誓，這個惡戒就成立了！這時他所有的出家戒就不存在了，已經不是出家人了；所以加受惡戒時，優婆塞戒或出家戒的戒體就都失掉了。

第五種捨戒情況就是捨戒，捨戒就是自己決定不再受持戒法了。他只需找來數人同在 佛像前聽清楚他聲明捨戒的話：「**我從現在開始，不持菩薩優婆塞戒了。**」只要講三遍，這個戒法就捨了。

第六種捨戒是已捨棄了欲界身，這個優婆塞戒就不存在了。譬如他有四禪八定的功夫，提前捨報而往生色界天去，不再有欲界身了，這個戒體就喪失了。

從一般的菩薩戒來講，其中的三個情況會導致捨掉菩薩戒的；如果你曾經受過梵網菩薩戒、地持菩薩戒或瑜伽論的菩薩戒，這三個狀況不做就不會喪失戒體：第一是斷善根，不要誹謗方廣正法、菩薩藏、如來藏，也不要造五逆惡業，就不會斷善根。即使有時做的事情是地獄罪，但尚未到無間地獄的大罪（斷善根是要到無間地獄去的），即使有時一時起瞋而殺了人就下地獄了，但還不至於是斷善根，所以下了地獄時，梵網等菩薩戒體還在。但若是犯五逆罪，可就是無間地獄罪了！謗菩薩藏也是無間地獄罪，因爲都是斷善根、善根永斷的，所以一切菩薩戒的戒體都喪失了，當然聲聞戒的戒體也不會存在了。

第二個情形是轉受或加受惡戒，譬如天魔波旬與他作了破法的約定，而他願意接受，這就是受惡戒，菩薩戒就失掉了。

第三是自己捨戒，找了幾位已受菩薩戒者同在　佛前爲他證明捨戒，他說：「我從今天開始捨棄我所受的菩薩戒。」這就捨了。除了這三個情形，梵網……等菩薩戒都不會捨棄，這與菩薩優婆塞戒不同。所以縱使已得二根、捨壽命、捨欲界身，一般的菩薩戒還是存在；既然菩薩戒都還在，當然天界一定會有菩薩的，不可能沒有天界的菩薩。同理，十方世界當然都會有菩薩，因為菩薩都可以往生到十方世界去。縱使一時不小心作了嚎叫地獄的惡業，仍然不到無間地獄，他在嚎叫地獄中所受的罪比無間地獄眾生輕微，但他因為仍有菩薩戒的戒體，獄卒們對他還是得要另眼相看的：這是一個菩薩，只是一時忍不住犯了惡業，心地還是好的，仍然有戒法上的功德，終究還是得對他存著幾分恭敬。譬如皇帝的兒子犯了惡業被關進監獄了，獄卒也不敢對他惡行惡狀，因為他仍然是皇帝的兒子。受菩薩戒就是 佛的兒子，一切地獄中的獄卒們都要另眼相看，不能給他一般地獄眾生的罪來具足承受。所以千萬不要因為犯重戒將要下地獄了，就乾脆捨棄菩薩戒。還是要帶著菩薩戒體去受，因為果報會比較輕。

這不是從法上來講，而是從世間相上來講的，教導大家：即使犯了惡業也不要輕言棄捨菩薩戒體。留著菩薩戒體，對自己永遠都有好處，這個道理你們在會外時應該告訴大家，讓學佛人在事相上也可以得到利益。所以說一般菩薩戒捨戒只有三種：不開口說已捨菩薩戒，不造斷善根的最重惡業，也不要受惡戒。菩薩戒體一直都會存在。萬一不小心犯了惡業而下地獄，果報也會比別人輕。就像皇帝的兒子如果被皇帝處罰去做苦工，士兵們也不敢因爲他懈怠而抽他一鞭子，也不敢給他一個惡言惡色；當他在做苦工時，士兵們還得要拿涼水來奉侍他。同理，你受了菩薩戒，你就是 佛的孩子，那些獄卒們感覺到你的戒體存在，對待就會有所不同。如果沒有戒體的人在地獄中怨天尤人，心中責怪獄卒們爲什麼對他特別好，就表示他們的福德與智慧都不夠。要是有個捨戒者在那時遇見了，就會知道他是因爲有戒體，所以獄卒對他特別好，那可眞要後悔極了。這個道理還要請大家告訴大家。

有人說：「佛法滅掉時，戒體就失去了。」譬如九千多年後，月光菩薩努力弘揚佛教最後正法五十二年而結束了，帶著辟支佛、阿羅漢們深山隱居去了，人間再也沒有佛法了！這時還留在人間而不修學佛法的凡夫菩薩們，他們以前所受的菩薩戒還是會繼續在的。因爲縱使他們在月光菩薩座下最後一年受菩薩戒，第二年人間雖然沒有佛法了，但他們的戒體還是在的，因爲　佛說「受已不失，未受不得」，縱使是優婆塞戒，戒體也不會失掉，因爲他還沒有捨壽命，也沒有得二根或受惡戒，也沒有捨戒，所以人間雖然沒有正法了，菩薩戒體還是在的，只有不曾受戒的人才會沒有戒體。而且受了戒而能執持不犯，未來世也會轉變成無作戒：當他養成持戒的習性以後，心中的種子會轉變成清淨性，未來世會以清淨性而住在善淨法中，所以會有無作戒存在，當然不可以說他的戒體會失掉；所以佛法在人間是不是失傳了，都無關於戒體的存亡。

爲什麼叫作戒戒？因爲戒相能幫學佛人斷除身、口、意惡，所以叫作戒；是以所持的戒相來斷除身口意惡，以戒的戒相來持戒，所以是戒戒。還有定戒，是見道以後獲得根本四禪，以及四種未到禪，都是定戒。爲什麼會有四種未到禪？因爲初禪前有未到地定，二禪、三禪、四禪前也都有未到地定，這四種未到禪地的定境都是未到禪。可是證得四種未到地定及四種禪定（從初禪到四禪），爲什麼稱爲根本四禪？爲什麼不是外道四禪？因爲見道後證得的初禪到第四禪都與見道的見地相應，有見地相應才能稱爲根本禪，若沒有見地相應，就是外道禪。同樣是四禪，但是意境不同，心境不同。明心者證得禪定，與沒有明心者證得的禪定，在定中所住境界不相同：定境是一樣的，但是心境不相同的。佛也說過，成佛時一定是在根本四禪中成佛。因爲若無見地而得到禪定，都是不可能成佛的，一定要有一切種智的智慧來得到禪定才能成佛。

若沒有見地而獲得禪定，爲什麼就沒有見道所得的定戒？這可以從現象上看得出來：佛世有許多外道得四禪，證得四空定的也很多，可是他們都很傲慢，出定而在人間境界中時，慢心、瞋心都很重，動不動就罵人，輕視眾生。像這樣的人當然不可能有見道相應的定共戒顯現，所以他們不得見道相應的定戒。如果是與見地相應的禪定，就會有見地相應的定共戒顯現出來。定共戒是與禪定共同存在的戒法出現而不造惡事，只能伏惑而不能斷惑。但是有見地而沒有禪定時，貪心與瞋心還是會常常生起來，慢心也會常常出現，所以不能成爲薄地的二果人；可是如果與禪定相應時就不會生起來，特別是證得四禪時，貪、瞋、慢心都不會起來。爲什麼禪定有見地相應時就不會這樣呢？因爲他進修禪定的過程中把貪等心都降伏了，有見地的人修證禪定的過程中一定會與定的力量結合，把意識、意根的貪瞋與慢降伏及斷除，所以他得到見地相應的定共戒，所以同時得到根本四禪、四未到禪的定戒，而不是一般外道所得的禪定只能有定共戒。

根本四禪和初禪未到，爲什麼稱爲無漏戒？已見道者如果能證得根本四禪，往下推到初禪前的未到地定，都會引生無漏戒。如果見道者沒有證得未到地定以上的禪定境界，有時會生起貪瞋慢心等；如果得到未到地定時就會降伏了一部分，得初禪時就會離欲界貪，絕不會對別人的眷屬起貪欲心；得二禪時，無漏心行會更強；乃至得四禪時完全不會起貪、瞋，也不會對別人起慢，不必進入初地就可以如此了。所以見道後所住的四種未到地定、四種禪定，都有無漏戒相應，是由於先有見地，而他的心經由禪定的修證過程被轉變了。

還有一種是無作戒，是獲得根本四禪、四未到禪，或單憑見地而去受戒，一生遵行戒法不犯。他捨身後，在來世自然不會再作惡業，這就是無作戒。你們未來世證量到達某一層次以後就會體驗到：雖然還沒有受戒，也不懂戒，但若遇到會違戒的事情，你會當機立斷而捨棄；若有誘惑出現時，你會拔腿就跑，自動與犯戒的事遠離，這就是無作戒，不受戒而自然符合戒行。這是由於見道後的心確實轉依無漏法了。這無作戒是與道共戒及無漏戒相通的。但無作戒爲什麼不叫作無漏戒？因爲是轉生到下一世去，所以另立一名叫做無作戒。

「守攝諸根、修正念心，見聞覺知色聲香味觸法，不生放逸，名攝根戒。」守攝諸根就是守住自己六根，不向外攀緣，住於自己修學佛法所證得的自心內境中，或者還沒有開悟、但是住於自己內心的一心不亂境界中，這叫作守攝諸根，就是攝根戒，就是在事相上用功。守攝諸根時，主要是保持正念而不向外攀緣，雖然在人間生存時一定會有見聞覺知，有六根與六識面對六塵的接觸，但是不會把心在六塵上不斷攀著，而是絕大多數時間都向內收攝而不放逸的，常常這樣就是有攝根戒的人。譬如諸位來學無相念佛，可以常常淨念相繼，讓憶佛的無相之念常住在心中；雖然六根照樣接觸六塵，但是覺知心多分不在六塵上，而是在憶佛的淨念上，這叫作修正念心。當諸位無相念佛的淨念常常掛在心中時，你就有了攝根戒：六根收攝回來住在無相念佛的淨念上。所以無相念佛學會以後，雖然還沒有去受戒，你還是有戒的：攝根戒。

【「何因緣故得名為戒？戒者名制，能制一切不善之法，故得名制。又復戒者名曰迮隘；雖有惡法，性不能容，故名迫迮。又復戒者名曰清涼；遮煩惱熱，不令得入，是故名涼。又復戒者名上；能上天上，至無上道，是故名上。又復戒者名學；學調伏心智慧諸根，是故名學。善男子！或時有人具足一戒，所謂波羅提木叉戒；或具二戒，加定共戒；或具三戒，加無漏戒；或具四戒，加攝根戒；或具五戒，加無作戒。善男子！波羅提木叉戒，現在得；定共戒者，三世中得。善男子！若復有人欲受戒時，至心能觀生死罪過、解脫功德，信心歡喜，是人兼得作、無作戒。如是戒者，隨命長短；命長長得，命短短得。是無作戒，三因緣捨：一者小莊嚴故、二者心放捨故、三者作不堅故。不捨因緣復有三事：一者有本願故、二者作業堅故、三者至心不放逸故。」】

講記　佛接著說明：戒的道理及戒的精神所在，也說明是以什麼因緣而說為戒？戒有幾個原理：第一、戒就是制。台灣民俗中，若有人遇到某些事情不如意，就去道教的宮廟制一制，台灣話叫作制，不是祭祀的祭（編案：台語的祭與制同音），制什麼呢？要制鬼神，不再讓鬼神來騷擾他，所以說要去制一制。同理，制就是制止別的惡法繼續作用，所以才叫作制。戒爲什麼叫做制呢？因爲戒能遮制一切不善之法，能制止惡法生起作用，所以叫作制。戒又叫作迮隘，隘就是很狹小，迮就是很擁擠、擠迫；意思是說，戒法遇到惡法時，它與惡法不相容，它專門制止惡法、逼迫惡法，所以戒又叫作迮隘，又叫作迫迮，逼迫惡法，使惡法無處容身，所以戒叫作迫迮。第三、戒又叫作清涼，因爲受戒以後要遵守戒法，就要把煩惱遮除，煩惱會令人心生熱惱，一起床就想趕快勞苦賺錢；可是賺錢不容易，所以心就熱惱；如果有一個戒，教你不許再想別人的錢，因爲要想成佛而不得不接受，接受了就不能想它，不想時，心頭就不熱惱了。同理，戒要制止我見存在，也要制止我執存在，更要制止我所的貪著，心既然不願意放棄戒，又不許在這上面攀緣，當然要離開這些煩惱，煩惱離開了以後心自然就不熱而清涼了，就會覺得無所事事。無所事事時就好讀經、參禪、打坐修定、思惟諸佛法了！所以戒能遮除煩惱熱，所以又叫作清涼。第四、戒又名爲上，不是低下之法；因爲持戒的緣故，能使人上生欲界天；乃至由於持聲聞戒或菩薩戒而導致與道相應，因此證得聲聞解脫道乃至證得佛菩提無上道，所以戒又名爲上。第五、戒又叫作學；戒的目的，就是讓我們學習如何調伏身心，讓我們學出世間的佛法，讓我們把心用來修學發起善根、慧根的佛法，所以戒叫作學。戒有以上說的五種道理。

前面也說有戒戒、定戒、無漏戒、無作戒及攝根戒，但是這五種戒並不是每人都具足的；所以有人得到一戒，叫作波羅提木叉戒。波羅提木叉叫作別別解脫，有時簡稱爲別解脫戒。從聲聞佛法來講，正統的解脫戒是聲聞戒，也就是說出家受持比丘戒、比丘尼戒，這叫作聲聞法中的正統解脫戒；受出家戒具足，目的是爲求出三界，所以叫作解脫戒。但是除了這個解脫戒以外，還有別種的解脫，解脫境界各不相同，所以名爲別別解脫；由於別別解脫，所以有種種與別別解脫相應的戒法存在。這個別解脫戒，當然不是宗喀巴講的別解脫戒；宗喀巴另外施設，把別解脫戒的名稱套上他們的無上瑜伽雙身法，說他們的雙身法金剛戒叫作別解脫戒；那都是胡扯，我們暫時不辨正它。

所謂的別解脫戒，是依出家人的聲聞法為中心，而說正統的出家戒之外另有能得解脫的戒法，名為別解脫戒，也就是菩薩戒。依出家聲聞人為中心而言，正統的解脫戒只有人間的出家人才有，菩薩戒不是正統的解脫戒，印順的人間佛教思想，其實與此事相有關。若依成佛之道來說，其實菩薩戒才是正統的解脫戒；因為聲聞戒只能使人獲得聲聞極果的阿羅漢果，不能使人成佛；但菩薩戒可以使人成佛，而佛教以成佛之道為中心，不是以聲聞之道為中心，所以菩薩戒才是正統的解脫戒；所以應該說菩薩戒才是正統的解脫戒，聲聞法是世尊方便施設接引聲聞人的方便法，因此而設的出家戒當然應該說為別解脫戒，菩薩戒才是正統的解脫戒。假使聲聞道是佛法的中心，就以聲聞戒為正統的解脫戒，那麼佛教的全部正法都應只維持阿含法道就夠了，其餘所有大乘經法都應該廢止了！但事實是這樣的嗎？難道 佛只照顧聲聞人，對其他種性的眾生都不照顧嗎？都不為他們施設戒法嗎？不可以這樣想，所以還要依佛法的根本思想而施設菩薩戒或人天戒，譬如三歸戒、五戒、十善戒。

出家戒只有人間才有，所以只有人間才有出家人，其餘五道中都沒有，所以只有人間才有聲聞人的出家戒。可是其餘五道眾生，佛都不照顧嗎？當然要照顧啊！不然怎麼叫作大慈大悲呢？所以就依成佛之道而施設菩薩戒，所以菩薩戒是正統的解脫戒。但因百年來的出家人誤會佛法很嚴重，誤以爲聲聞法的解脫道就是全部的成佛之道，就以自己的聲聞戒爲中心，說聲聞戒即是正統的解脫戒；相對於「正統」的聲聞解脫戒而說菩薩戒是別解脫戒，所以稱爲波羅提木叉戒。這個思想，在古時的聲聞人心中早已存在了，不是現在才有的，所以凡是聲聞羅漢造的戒論中，都會以聲聞戒爲正統戒而說菩薩戒爲別解脫戒。這部經典的菩薩戒既是爲將來出家而作準備的戒法，屬於聲聞性質的在家戒，當然不同於梵網、地持、瑜伽、瓔珞等經的盡未來際受的成佛之道菩薩戒，也不同於正統的聲聞出家戒，所以就攝屬別解脫戒，故名波羅提木叉戒。

有時五戒也可以攝屬於波羅提木叉，因爲可以多分受、少分受、滿分受或一分受，那叫作別別解脫。別別解脫的意思是說：單於殺業得解脫而在來世得長壽，所以單受一個不殺戒，於殺業得解脫。或者單受一個大妄語戒而使來世免入地獄，或者單受一個不飲酒戒而使來世擁有世智聰明，解脫於世間智的愚痴；乃至具受五戒、十善戒，得生欲界天、色界天，而得解脫於人間生死、欲界天生死，所以名爲別別解脫。意思是：受一個戒就有一種解脫。譬如單受大妄語戒，就解脫於大妄語罪之外；單受不殺戒，就解脫於殺罪之外，不墮落三惡道中；所以隨著每個人所受的不同戒相而產生各種不同的解脫相，所以叫作別別解脫。

但是除了別別解脫以外，綜合全部的戒法來說時，也有各種不同；譬如有人具足一種戒，所謂隨順別解脫，那就是受菩薩優婆塞戒，或受梵網等大乘菩薩戒，這是具足一種戒。如果有人具足兩種戒，譬如受戒之後又證得了初禪、二禪乃至四空定等，那他就同時具有定共戒了，這叫作具足二種戒。或者有人具足三種戒，譬如證道之後得到無漏戒，名爲道共戒；若是受菩薩戒加上得禪定，又加上見道而有道共戒的無漏戒，他就具足得到三種戒。有人具足四種戒，譬如先見道之後再來學無相念佛，或者見道後使心清淨了，能守護諸根而不向外攀緣，那又加攝根戒，就有四種戒了。如果好好努力用功，一直都在善法用心，導致心性已經變成清淨性了，終生不犯波羅提木叉的戒相，所以十善業道成就了，捨壽之後在來世又有無作戒；因爲修行十善業道是有作，但是每一個部分完成以後就有一部分的無作戒存在；前世曾如此修行的人，此世若再具有上面說的四種戒，他就五種戒都具足了。你們可以這樣衡量自己看有幾個戒？若有五種戒具足了，那就太好了！回家可以客觀的衡量看看。我是五種戒具足，但我沒有聲聞解脫戒，因爲我這一世沒有圓頂出家，但我有大乘解脫戒，其他四個戒也有了。大家從戒相上可以衡量自己：我這一世修行到底是得力還是不得力？佛法要這樣現學現用，這樣才是眞正的佛法。所以你們回去以後，記得衡量自己有幾種戒？作爲修學佛法過程中的矯正點。

接下來 佛開示說：戒是何時得？何時捨？別解脫戒是現在得，你只要來受戒，正受完畢時就得到別解脫戒，具足受菩薩優婆塞戒；定共戒是三世中都可得。其實你們所有人在過去無量世以來，都得過定共戒了；你今天能混進正覺同修會來，那是已經學法很多、很多劫了，絕對不是百劫之內的事。如果是百劫之內才學佛，我告訴你：你進來同修會，即使明心了還是會退轉的。且不說明心見道，光說《金剛經》就好了，相信《金剛經》而沒有親證的人，佛說「當知是人不於一佛、二佛、三四五佛而種善根，已於無量千萬佛所種諸善根。」無量佛所是幾劫？大家可以想想看，當然是很多劫。所以能混進這裡明心而不會被人影響退轉的人，往世學佛以來都是超過百劫以上的。特別是在惡因緣很多，鬧到沸沸揚揚的情況下而能安住下來，這都不簡單，都不是百劫之內的事，都是學佛無量劫了。但是，想一想無量劫以來，你皈依過三寶，世世皈依學法，難道都沒得過四禪嗎？我不相信！因爲修禪定並不難，難的是有沒有遇到一個能眞正教你修證禪定方法的人，如果遇到了，想要修證四禪並不難，所以你們過去世都得過定共戒。但得定共戒的人只是解脫於欲界生死，仍不能解脫三界生死，因爲它是三界中的有漏、有爲法。在這一世，我們有些同修也已經發起初禪而受身樂了，所以這一世也得定共戒。將來正覺寺建設完成後，會開設枯木禪，讓大家去打坐修證靜中的定法，會有許多人可以得初禪。

初禪不難得：初禪之所以難得，大多在於性障，不在定力。無相念佛的定力只要很好，再把性障除了，初禪就自動出現了，所以初禪不難得。二禪比較難，那是定的硬功夫，但是也有方法可以證得，所以現在世也可得。即使此世無因緣修定，但我們既然不是修聲聞法，都不入無餘涅槃，當然未來會有無量世，無量世中總有幾世可以混到四禪、四空定的，這有什麼難的？所以未來世也可以得定共戒，並不困難。開悟比修證禪定難，禪定並不難，所以 佛說定共戒三世都可得。優婆塞戒只是當世得，因爲往世曾受的優婆塞戒不能到此世來，此世受的戒體也不會到未來世去，所以只有現在的此世得。如果是梵網、瑜伽、地持等菩薩戒，那就是過去得，這一世也可得，未來世也可得，因爲他們是盡未來際受的，捨壽時戒體是不會失去的。這裡經文講的波羅提木叉戒是講菩薩優婆塞戒，所以只有現在一世得。

接著 佛說：如果有人想要受戒時，以至誠心來觀察生死輪迴中的種種過失及所犯的罪業，並且觀察解脫於生死輪迴的功德，深入思惟瞭解而具足了信心，因此生起歡喜心，就可以持戒不退，可以受持修行十善業道，他在這一世不但得到有作戒，同時也可以得到無作戒。有作戒是因爲身口的行爲契合十善業道，一世精進修行下來使得心地變清淨了，所以無作戒的戒體也就跟著成就，來世雖不受戒，心地自然清淨不造惡業。這些戒都隨著個人生命的長短而受持，命長的人就長得，命短的人就短得；因爲優婆塞戒只是一世受，所以命長長得，命短短得。所以受了優婆塞戒以後，還得要照顧色身，要長命一點，這樣持戒時間比較長，無作戒會比較具足，有作戒功德也會比較大。

優婆塞戒如此，其他三種菩薩戒也是一樣，所以其他三種菩薩戒中，還會加上一個小戒：不故入難處戒。換句話說，你可以爲眾生捨命，但是卻交代你要好好照顧你的身體，不要爲無意義的事情而捨身；身體不可以隨便浪費掉，不要你中夭，可以盡形壽努力修學佛法，親證佛法而長時間的利益眾生，這就是菩薩戒的精神所在，所以才會教你不故入難處。譬如正當人家兩軍交戰或兩個幫派正在廝殺時，你偏要去調解；你又不是警察局局長，你去調解什麼？不是你應該進入的地方就不要去。危險的場所你也不要去，人家要表現他攀岩技術好，你也跟著去爬，摔死了也是犯戒：故入難處。爲什麼要講命長長得，命短短得？因爲考處到有作戒跟無作戒的問題：大家都應該在有作戒上修持多一點，期間修長一點，無作戒就可以更具體、具足的成就。

佛接著說：無作戒會因為三種因緣而捨棄。第一、小莊嚴故，小就是很少；小莊嚴就是受戒以後，對戒法只有小小的莊嚴：只肯稍微受持。譬如有一段時間，他一直想著能從什麼人手裡騙到錢，雖然終究還沒有去做，但這個念頭不斷，好幾天一直在計畫；最後還是沒有去做，終於勉強持住戒法了，這就是對戒做了小小的莊嚴。或者施設了一些方便，想要去騙財、騙色，可是最後階段仍然依戒法而踩煞車，還是沒有做，這就是對戒法作了小莊嚴。從比較嚴的另一方面來說，心中稍微犯了，最後雖然身口都停止不做了，但造惡事的方便莊嚴已經完成了，這世的無作戒就捨了，這表示心已經不清淨了。心不清淨就沒有十善業道的功德了，所以這時的無作戒已經捨了，但是有作戒的戒相還在，而無作戒已經不在了。第二是心放捨，無作戒就滅失了。這是說受了菩薩戒，可是心中老是想著「持戒沒什麼意思」，不太情願受持；雖然身口終究沒有違犯，但是心中不太願意持，這叫作心放捨，這時無作戒就不存在了！

只剩下有作戒。有時心中直接想：我不要持戒了。雖然沒有正式在佛前邀眾唱名捨棄菩薩戒，但他心中決定不持戒了，因爲心放捨的緣故，雖然在戒相上並沒有犯了十惡業道，但是無作戒已經不存在了。第三是作不堅固：有時願意受持，有時又覺得無所謂，隨他去，不願意受持，就只剩下有作戒。由於受持過程中，心不堅定，這時無作戒就不在了，只剩下有作戒，所以無作戒是在這三個因緣中被無意中捨掉的。

不捨棄無作戒的因緣也有三種，由這三種因緣可以顯示未捨無作戒。我們受持戒法，不應該只受持有作戒，還應該受持無作戒；如果只受持有作戒，不受持無作戒，就與解脫不相應，解脫就是要心清淨。有人也許想：「我又不求解脫，爲什麼要照顧這個無作戒？表相戒條我守好就好了，我管它什麼無作戒。」請問學佛的兩大目的，其中一個不就是要得解脫嗎？另一個則是成佛。但是成佛很遙遠，可望而不可及，太遙遠了！即使你今天眞的證悟而漸修入地了，也還有超過二大阿僧祇劫在等著你。還有將近三大阿僧祇劫才能成佛，太遙遠了！短期的現前可得的是解脫果，無妨先取有餘涅槃，把思惑先斷了；斷了以後看看阿羅漢的自心境界是怎麼回事？然後再發起菩薩的受生願，再起一分最微細的思惑，留惑潤生，這樣來修學成佛之道。應當如此，不然的話六地滿心取證滅盡定又是爲了什麼？七地心的念念入滅盡定又是爲了什麼？八地的斷盡思惑又是爲了什麼？無非就是解脫果。若想要取證解脫果，無作戒就一定要照顧好。

無作戒要怎麼照顧呢？有三件事：第一、由本願故，換句話說，正當受菩薩戒時心中決定：我生生世世都不捨棄菩薩戒。當你發願決定不捨棄時，這個本願會使你的無作戒一直存在，所以來世縱使沒有因緣再受菩薩戒，菩薩戒的無作戒還是會存在的；此世的有作戒，因爲你這一世還沒受，也沒有正式開始修行，所以你不知道是否仍有往世所受的有作戒，但無作戒仍會在的。光說遮戒就好，譬如飲酒，你不會和別人一樣去喝得爛醉如泥，有時不小心醉了一次就會自責，以後不會再犯，這就是無作戒。所以有人因爲職業的緣故必須常常在聲色場所中，但他不會亂搞男女關係，正是因爲無作戒：他並沒有受戒，但他不會犯戒。有人在錢財堆裡打滾，有很多機會可以貪污，但他不貪；這就是往世經由有作戒的持戒而修來的無作戒，由有本願的緣故，使得菩薩戒的無作戒戒體在後世繼續存在，縱使未來世沒有遇到菩薩，沒有再受菩薩戒，但他的無作戒還是會在的，這就是第一個原因，不捨無作戒的本願作為無作戒的第一因。第二、受持菩薩戒的這一世中，或過去無量世中一直都依照十善業道堅持的修行，他的有作戒成就了，也可以使他的無作戒成就，所以後世仍然不捨無作戒。第三、懂得攝心而不放逸，對於三寶始終都有至誠心，特別是對正法有至誠心，永遠不放逸的生生世世修持，所以他的無作戒越來越強而不會放捨，下一世會繼續存在。

【「善男子！除十善業及十惡業、善戒惡戒已，更有業戒所不攝者，謂善惡法。如是善惡、有作無作，有人具足作及無作；若現在作善，未捨之頃，具作、無作。第二念中，成就過去作、無作；作已過去，唯有無作，無『有作』也。若人得戒，雖作不善，是人現世成就二法：惡法有作，善法無作。是作、無作二因緣捨：一者所施物盡，二者心捨善作；二世成就，過去、現在無作。三世定戒二因緣捨：一者退時、二者斷善根時；復有三時：一者捨身時、二者退時、三者生上時。無漏戒有三時捨：一者退時、二者轉鈍作利時、三者得上果時。心善業一時失，謂上生退時。身口意善，斷善根時一時俱失。善男子！若得具足戒、定戒、無漏戒、攝根戒，是人了了解十業道。善男子！因十業道，衆生壽命有增有減，減者壽命十年，增者至無量年。北鬱單曰定壽千年，此壽百年，東西二方二百五十；此壽無量，彼亦無量。四天王壽『人數』九百萬歲，命亦不定。如三天下，三十三天壽千八百萬歲，命亦不定。焰摩天上壽三千六百萬歲，命亦不定。兜率天壽七千二百萬歲，除後身菩薩、餘一切命皆亦不定，化樂天壽萬四千四百萬歲，命亦不定。他化自在天壽二萬八千八百萬歲，命亦不定。他化自在天上一年，即熱地獄一日一夜，如是三十日爲一月，十二月爲一歲，彼地獄壽命二萬八千八百萬歲，命亦不定。化樂天上一年，即是大聲地獄一日一夜，如是三十日爲一月，十二月爲一歲，彼獄壽命萬四千四百萬歲，命亦不定。兜率天一年，即是小聲地獄一日一夜，如是三十日爲一月，十二月爲一歲，彼地獄壽命七千二百萬歲，命亦不定。焰天一年，即衆合地獄一日一夜，如是三十日爲一月，十二月爲一歲，彼地獄壽命三千六百萬歲，命亦不定。三十三天一年，即是黑繩地獄一日一夜，如是三十日爲一月，十二月爲一歲，彼地獄壽命一千八百萬歲，命亦不定。四天王天一年，即是活地獄中一日一夜，如是三十日爲一月，十二月爲一歲，彼地獄壽命九百萬歲，命亦不定。阿鼻地獄壽命一劫，大熱地獄壽命半劫，唯此二處壽命決定。人中五百年是餓鬼中一日一夜，如是三十日爲一月，十二月爲一歲，彼鬼壽命萬五千歲，命亦不定。畜生道中，除難陀婆難陀，其餘一切，命亦不定。阿鼻地獄一年，即是非想非非想處一日一夜，如是三十日爲一月，十二月爲一歲。彼天壽命八萬大劫，無所有處六萬劫，識處四萬劫，空處二萬劫，若有發起輕微煩惱，愛著空定，當知是人生四無色。】

講記　接下來說十惡業道所受的果報，眞的很恐怖；這個恐怖不只在於境界的恐怖，而在於時間很長的恐怖。佛說：除了十惡業及十善業的惡戒、善戒以外，還有業和戒所不含攝的，就是善惡法。善惡在業和戒之上，善法與惡法即是施設十善業和十惡業的根據，所以善惡法不含攝在善惡戒內。如前面所說十善業、十惡業，都各有有作戒和無作戒的存在。有人具足有作戒和無作戒，有人則不具足。如果正在作善事、修善業、持善戒時，還沒有捨棄所持的善戒與所造的善業之前，是同時具有有作戒和無作戒的。作了以後就成爲第二念了，這時的有作戒、無作戒都已經過去了，但是卻已經成就了。如果作完而不再憶念時，依據善戒而造善業，善業完成之後只剩下無作戒，有作戒已經不存在了。當你正在作才稱爲有作，有作的善業已經做完了，所以有作就過去了。心中歡喜的把它作完，就成爲無作戒，也成爲無作的業而變成業種了，所以叫作無作。惡業的由來、惡業種的存在就是因爲身口有作；有作完成之後，無作的業種就存在了；無作的業種存在，所以在這一世捨報前，如果是現世報，遇緣成熟就報；如果是到未來世才報就嚴重了，因爲會影響到異熟果的大轉變，所以就很嚴重。若是善業在來世報，大善業就生欲界天；大惡業也很嚴重，下地獄。這都會產生很大的轉變，到中陰遇緣成熟重新受生時，無作業種就消失了。不管是善業或惡業，在業種還沒有受報之前，無作業或無作罪都會存在的，所以這裡的無作就是業的意思。因此說，一個善業作完了，已經過去了，就只剩下無作的業種，有作業就不存在了。

如果有人受戒之後還作了惡業，他在現世成就了兩個法：他在惡法上是有作的，善法上是無作的。因為善法無作的緣故，所以他的善法無作業就不存在，惡法上的有作業成立了。這個有作與無作在兩個因緣中棄捨：第一、布施是造善業，布施是有作善，因為必須有身口來作布施的行為，但是他的財物已經布施完了，所施物盡的緣故，善業的有作業就捨了，只剩下善性的無作業。第二種情形也會捨，譬如本來要去布施，但中途翻悔不再作了，心捨善作；所以他善業的有作業、無作業就全部都捨了，因為他沒有完成善作；沒有作已就沒有根本、方便、成已的有作善與無作善，所以有作與無作都捨掉了。「二世成就，過去現在無作」，二世是說過去世與現在世，或者現在世與未來世；當他把作與無作都捨掉時，因為不再作了，這一世與未來世就都變成善法無作。如果上一世有布施，但這善業作到一半就捨棄不作，因為翻悔而沒有布施出去，那麼過去世善業無作，現在世就不能得到善報，因為善業無作，所以說過去現在無作是二世成就的。

「三世定戒二因緣捨」，不管是證道者得禪定，或者凡夫得禪定，都一樣是兩個因緣捨：第一、禪定退失了！曾經修得初禪到四禪的人，因為放逸而回到世間法打滾，不再常常打坐修定了，也不再作動中的功夫，所以禪定都退失掉，定共戒就自然捨掉了。第二、縱使四禪八定功夫仍然存在，可是造了大惡業以後，因果律卻是不管他有沒有四禪八定的，他一定要下地獄去。下地獄時，空有禪定沒有用，因為下了地獄以後被極惡劣境界所逼迫，連初禪都保不住，去受極痛苦的純苦果報時絕無可能繼續住於一心不亂境界，所以斷善根時定戒就自動捨掉了。什麼是斷善根？五逆罪：殺父、殺母、殺阿羅漢、破和合僧、出佛身血，這都叫作斷善根。如果不造這五個大惡業而造其他小惡業，還是可以先生禪定天，然後再求補救；但是造了五逆而斷善根，空有定力仍無法往生色界的，所以定共戒的三世定戒在退失禪定時捨，也在斷善根時捨。

還有三個時節因緣會捨掉定共戒：第一、捨身時捨，因為禪定是意識心相應的法，捨報後另外新生的下一世意識覺知心，並不是這一世的意識心，而是另一個全新的意識心；猶如諸位重新在人間出生，都忘了過去世的事情，不像今晚意識斷了，明天可以銜接今天的記憶，所以過去世的覺知心你已經消失了，並沒有來到這一世，此世是另一個全新的覺知心你；所以過去世你所有的財產與眷屬，縱使你仍然記得，也不再是你的財產與眷屬了。你要是不信，哪一天修得宿命通，看見往世的你擁有好幾億元財產，你試著去拿拿看，看誰要給你？你前世的兒子絕不會給你的，已經不是你的了。你所證得的禪定也是一樣，禪定境界是你這一世的意識覺知心所得到的，但下一世你換了另一個意識，這一世的定共戒就不再是你的了；但是你這一世的意識想要修禪定，就會很快證得；因爲這一世意識種子會與定的種子很容易相應，這一世修起來會很快，可以無師自通，重新修禪定而快速的再度獲得。神通也是這個道理，所以神通有修得與報得兩種，只要心不污染就可以報得，除非上輩子神通修得不理想，因此說，定共戒在捨身時就不在了。

第二是禪定退失時就不會有定共戒存在了，因爲定共戒是以定法持身不犯惡業的。第三、往生到更高層次的天界時，原來的定共戒也不存在了；但是在更高的天界中證得更高層次定境時，會換一個更高層次的定共戒出現。意思是說，你在人間證得第四禪，所以有定共戒；但你生到四禪天，人間的定共戒就自動棄捨了，但你住在四禪天的境界中沒有環境與機會造惡事，所以往世在人間沒有造惡業的人，此世天壽命終而往生上一天境界時並不需要定共戒。在四禪天中的日子主要是每天打坐修四空定，所以已經不需要人間時擁有的定共戒了，因此說，生到高層次天中時，人間的定共戒就捨掉了。

無漏戒有三個時節因緣捨棄：第一、退轉時，退轉是說他的決定心失掉了：本來證得阿賴耶識時，心中認定這是阿賴耶識，也轉依阿賴耶識的眞實性和如如性，轉依阿賴耶識的不貪不染性，心得決定時就是證眞如了！確定這就是實相。絕對不懷疑、不退轉，心得決定時才能轉依祂的眞如性。若心中懷疑不能決定，就不會轉依祂的眞如性，就會心外求法。心得決定而轉依祂的眞如性了，自然意識心與意根都會住在你清淨的狀態中，與無漏法相應，所以有了無漏戒。證悟後到外面時總會有一點顧慮：我已經開悟明心了，不能再像世俗人那樣開口就三字經或大聲叫罵，這也是無漏戒的小部分；也不可以像世俗人順手牽羊或起惡心，這就是無漏戒。爲什麼會有無漏戒呢？都是因爲轉依第八識的眞如性而且成功了。但是如果被影響了，心不決定了，認爲所證的阿賴耶識不是如來藏，就會否定阿賴耶識心體的眞如法性，就會想：「我現在仍只是個凡夫，聖人的事都跟我無關。」從此以後的行爲就不會像聖人了，就會與凡夫一樣，所以無漏戒就失掉了，無根謗法、謗師的惡業都敢做了，所以說退轉時就會自動捨棄無漏戒。當然退失者一定都不會承認退失的，十人之中有九點九人都是這樣。退失實相見地是很常見、很平常的，小乘法中也一樣很容易退失菩提的；佛在《阿含經》也講過，說有個比丘以前未證而認作已證、未斷而認作已斷，當他聽到佛說覺知心就是眾生我、就是我見的我，他沒辦法接受的緣故，就退失了對佛法的信心，因爲他認爲離念靈知是不可能被捨棄的，祂才是眞正常住不壞的我。被佛破斥時就無法接受，因爲他認定離念靈知心可以入無餘涅槃中安住；當佛說離念靈知心入不了無餘涅槃，那是三界中的眾生我，得要斷除祂才能取涅槃。他聽不進去，所以對佛法的信心也失掉了，所以心性就不與無爲法相應，這就是於菩提退轉時失掉無漏戒了。

第二、於十惡業中轉鈍作利時，無漏戒也會失去；於佛法、善法、淨法轉鈍作利，無漏戒會快速增長；但本來對惡法很遲鈍的人，但因惡緣而使他對惡法轉鈍作利，很懂得造作惡法，惡根猛利就廣造惡業，所以無漏戒就失掉了。於善淨法轉鈍作利時也會失去，譬如內政部長另有任用時就先予以免職，如同定共戒生上界時失去一樣。譬如初果的無漏戒，因為悟後進修的斷除我所貪著，變成薄貪瞋癡的二果人了，所以初果的無漏戒已經自動捨掉了，現在得到二果的無漏戒，所以轉鈍作利也會捨掉原來的無漏戒。

第三、得上果時捨棄原有的無漏戒。上果有兩個部分，譬如禪定的上果或佛菩提及聲聞菩提的上果。得到上果時，原來的下地無漏戒就捨棄了！總不能證得第三果時卻把初果的無漏戒抱得緊緊的，一定是以更勝妙的無漏戒來取代原有較差的無漏戒。又如去美容回來，變得更美了！總不能把原來的醜臉一樣保持著；現在變漂亮了，舊有的醜臉就丟棄了，所以得上果時原來的無漏戒就自動捨掉了；當你證得阿羅漢果時，不可能再保留須陀洹乃至阿那含果的無漏戒，一定只有阿羅漢的無漏戒存在，所以得上果時原有的無漏戒就失掉了。

「心善業一時失，謂上生、退時」，上生或退失時，原來階位中的心善業就會一時都失去了。譬如覺知心相應的所有善業，當他捨棄報身而往生到上界時，一時間就全部失掉了，因爲已受上生更高境界的報償了！也因爲意識心只有一世，不能去到來世，所以捨報上生時就一時全都失去了。但身口意善不必等到捨報時才失去，當他斷善根時就全部都失去了；所以說五逆惡業絕不能輕造，一旦造作而使善根斷了，全部的戒體，不論是無漏戒、定共戒、攝根戒就都喪失了。

如果有人於聲聞戒、菩薩戒得具足，或於其中的一種戒得具足，並且還得到了定戒、無漏戒、攝根戒，他就會了了知解十種善惡業道，因爲能有這四個戒的人一定是深信因果的人；若不是深信因果，不可能具足這四個戒。深信因果的人當然會知道作了什麼業會得什麼果報，我們前面講《楞嚴經》時不也說過十習因嗎？也教諸位用十習因去判斷一個人將來捨報會生到哪裡去。如果還記得的話，用十習因也可以了了而知十善、十惡業道，可以了知自己或他人未來世要往生去哪裡。十習因若不犯，未來世你要去哪裡就由你自己決定；因爲十習因不犯，沒有惡業種子來牽制你，又有見道的功德，就沒有隨重業往生的問題存在，只剩下隨念與隨願往生；隨念、隨願都是由你自己來決定的，所以你若說：「我下輩子要去欲界天享福，因爲我已得薄貪瞋癡的二果境界，有這個資格可以去。」捨報時就會有欲界天的境界現前。如果心想：「才不要去那邊浪費生命呢！我要去極樂世界；悟了就可以上品上生，去了很快就得無生法忍，至少是初地心的境界，爲什麼不去？要是不去的話，還要在娑婆混一大阿僧祇劫的三分之二才能到初地。有便宜事，爲什麼我不要？當然要去極樂世界。」有了這個願，心中憶念著極樂世界、阿彌陀佛。捨報以後就往生去了。所以不造十惡業，十習因不犯，你就可以確定自己下一世要去哪裡，因爲是由自己決定的。特別是已經見道，諸位要懂得運用智慧來決定自己下一世的去處以及所要作的事。

如果悲心更大、更懇切，你說：「大家都去極樂世界，這邊眾生誰照顧？我吃虧一點兒沒關係，我就留下來。」隨便哪一對有福德的父母，你都有資格去投胎。中陰法界與人間是一樣的，福德少的中陰，得要把他分內可以得到的來世父母讓給你，你有優先權；猶如你從軍時，本來可以在這裡當少尉，但因爲遇到總統的兒子來從軍，你就得讓給他，因爲他的福德比你大，他背後有總統撐腰。同理，你若想要選擇一對有福德而身世清白的父母，只要有較大的福德就可以得到；當你的福德比別的中陰有情大，他就得讓給你。因爲在法界中，福德大的人優先；去到欲界天、色界天都一樣，所以已經了了理解十業道的人，他自己就知道下一輩子要去哪裡，不必等到佛菩薩來告訴你，因爲你可以自行決定。但如果造了十惡業道，犯了十習因，那就作不得主了。正因爲見道者是證得不作主的心，轉依於不作主的實相而消滅了執著，所以有功德，有不作主的功德時才能自己處處作主；不斷我見的人卻一心想要處處作主，有了這種處處作主的貪著時，在中陰法界時就作不了主，所以阿含中說「佛法背俗」，就是這個道理。

因爲你證得無爲法以後，一切都隨緣而不再有所執著時，當你起了悲願，決定要爲眾生做事時，別人就得讓你，你才能爲眾生的利益而處處作得了主。實相法界的因果律本來就是這樣的，所以很強勢而一直想要作主的人，他到了中陰身時就沒有無漏業的福德，一定要禮讓修得無漏戒的人，然後才能與其他的中陰有情比較世間善業福德的大小，福德大時才能作主受生於流轉法中。所以末法時的大師們說：「**你要時時作主，處處作主，夢中也要能作主。**」我告訴你，在人間處處作主的人，去到中陰身時絕對作不了主；反而是見道以後否定了自我而不再作主、凡事隨緣了，心中沒有貪、怨、恨、愛、樂了，這樣的人福德很大，他雖不想作主，但爲了眾生著想而起願時就可以自己作主決定受生之處。由這些世出世間法的道理中，你就可以了解十業道，這樣到了中陰身時你就可以作主。今天又學到這一招，應該很受用，你們要能學也能得到受用，但是想要得到這個法上的受用，首先要遠離十惡業道而修行十善業道，要與戒戒、攝根戒、無漏戒、定戒相應，這是很重要的。

由於十善、十惡業道的緣故，會導致眾生的壽命有增有減。減壽時的人壽只有十歲就盡壽了，五歲時嫁娶，嫁娶之後可能只需兩三個月，孩子就生下來了，但是活到十歲就盡壽而死了。若是中夭，可能五歲、三歲就死掉了，一般人可能都只活到八九歲。如果增壽，可以增加到無量年，講的是八萬四千歲。北鬱單曰的人壽最少可以活一千歲，我們這裡的壽命只能活一百歲，東洲與西洲都是活兩百五十歲。如果到了增劫時，壽命到達八萬四千歲，另外三洲人類的壽命也會跟著增長，使他們都可以活八萬四千歲。四天王天是離人間最近的，在須彌山的半山腰；他們的壽數以我們人間的壽命來算，等於人間壽算的九百萬歲。

如果讓你們活九百萬歲，你認爲好或不好？也許覺得爲何總是死不了，老是無法換個比較好的新身分再來人間。但是你們不必牽掛這個，因爲壽數是跟生活環境相搭配的，所以人間最長只活到八萬四千歲；如果生到四天王天，能得到相當於人間壽數九百萬歲的長時間，那時你不會覺得活膩了，因爲那邊的日子更好過，時間過得很快。但是四王天的天人壽命不一定都能夠活到九百萬歲，中夭的天人也很多；如同人間和其餘三天下一般。三十三天的壽命等於人間的壽命一千八百萬歲，從四王天往上到色界頂，色界有五個層次共十八天，一直往上去時，壽命都是下一天的加倍，每天的時間也都加倍長。但三十三天的天人壽命也有中夭的，不是每人都活到一千八百萬歲。第三天的焰摩天壽命是人間的三千六百萬歲，也有中夭的天人。兜率陀天的壽命是七千二百萬歲，等於人間的七千二百萬年。除了最後身菩薩，譬如現在的 彌勒菩薩，除了祂一定會活到盡壽以外，其餘天人壽命也是不定的。這是說最後身菩薩，即將來人間成佛，通常都要先在兜率天弘法，等人間眾生的因緣成熟了才來人間降生；如果人間因緣不成熟就不來人間了，就在兜率陀天生活弘法，等於人間的七千二百萬歲，所以 彌勒菩薩來人間成佛，可能在七千二百萬歲之內；有些經典說數十億年、十餘億年，可能是數目單位翻譯的問題(因為古印度是以一千個千，也就是以十萬作為一億)。有時人間眾生得度的因緣不成熟，就沒有佛來示現；就像娑婆世界以前九十一劫以來，只有 毘婆尸佛等七佛出現，所以佛出人間是極難得的；無佛出現時就表示人們得度的因緣還沒有成熟，那個時期的等覺菩薩就住在兜率天，整整生活人間的七千二百萬歲。化樂天的天壽是一億四千四百萬歲，天人的壽命也是有中夭的。第六天的他化自在天壽命是二億八千八百萬歲。以他們天人的壽命來看人間，睡一覺起來就死掉許多人了，都換成不認識的人了！因為他們的時間很長。

可是還有比天上的時間更長的，那就是地獄。天界有十八天，因爲四空天沒有境界相，所以暫時不說。人間以上有境界相的只有色界十八天、人間及欲界的六天。從欲界天的第六天算下來，他化自在天的一天等於人間多久呢？算算看：人間的五十年是四王天的一天，人間一百年是忉利天的一天，人間兩百年是焰摩天的一天，人間四百年是兜率天的一天，人間的八百年是化樂天的一天，人間的一千六百年是他化自在天的一天；以他化自在天的三十天爲一個月，十二月爲一年，天壽二億八千八百萬歲；但它的一年才等於火熱地獄的一天一夜；萬一有人進了火熱地獄，要等到什麼時候才出得來？這還只是第一層地獄而已，這還不是阿鼻地獄，越往下去的地獄時間越長久，所以五逆罪眞的不能造，否則下去無間地獄以後在那邊常久受種種極度的痛苦，在人間不曉得已經過去幾佛了，他那裡才剛過完一天一夜而已，那有多難過啊！同樣的，火熱地獄的時間也是三十天爲一個月，十二月爲一年，他們要活二億八千八百萬歲，想要早點死還不能死呢！所以地獄眾生的壽命都是非常長的。如果在天上活得越長越好，可是在地獄活得越長是越苦。「命亦不定」，命不一定是因爲終於懂得懺悔了，並且過去世曾種下善根，懺悔時能和佛菩薩相應：或者地藏菩薩來救他，或者與世尊相應而被救上來。否則，地獄眾生想要中夭還得要有福德；在人間是有福德者可以壽終正寢，地獄中是有福德者才能早死早超生。

大聲地獄就是大嚎叫地獄，因爲很痛苦所以大聲嚎叫；化樂天上的一年只是大聲地獄的一天一夜，以那裡的三十天爲一個月，十二月爲一年，那裏的地獄眾生壽命是一億四千四百萬歲，雖然都很長壽，但也可以中夭，只要懂得時時懺悔及發大願就可以中夭。兜率陀天的一年是小聲地獄（嚎叫地獄）的一天一夜，同樣以三十天爲一個月，十二月爲一年，那裏地獄眾生的壽命是地獄年歲的七千二百萬歲，懺悔發願也可以中夭。焰摩天的一年是眾合地獄的一天一夜（眾合地獄就是四面有大山壓迫、擠壓，使身體變成碎肉），它的一天一夜就是焰摩天上一年，以眾合地獄一天一夜的三十天爲一個月，十二月爲一年，他們的壽命是地獄年歲的三千六百萬歲；時時懺悔和發大願，命也可以中夭。忉利天的一年是黑繩地獄的一天一夜，同樣以三十天爲一個月，十二月爲一年，他們的壽命是一千八百萬歲，經由時時懺悔和發大願也可以中夭。四天王天的一年是活地獄中的一天一夜，同樣以三十天爲一個月，十二月爲一年，壽命是九百萬歲；壽命也不決定，可以經由時時懺悔和發大願來捨報。接著講無間地獄，無間地獄眾生壽命是地獄時間的一個大劫，地獄中的時間特別長，越往下去的時間越長，而無間地獄的壽命以劫來計算，因爲人間的算數已經沒辦法算了。大熱地獄不是火熱地獄，而是特別熱的大地獄，壽命是地獄時間的半劫；這兩個地獄眾生的壽命，都是極惡之人造了極惡業，所以壽命都沒有中夭的，果報決定逃不掉，一定要全部受完；時時懺悔發願也無法中夭。所以斷善根的事千萬要小心，絕對別作；自己不作，也要勸眾生都不作，因爲它的壽命決定不中夭的，懺悔無用、發願無用，惡報決定要受盡，所以壽命決定。

人間的歲月與餓鬼道的歲月又要怎麼換算呢？人間的歲月五百年是餓鬼道中的一天。當餓鬼，時間也很難熬；他們也以三十天爲一個月，十二月爲一年，餓鬼壽命是一萬五千歲，但也可以中夭；譬如人間的子孫幫他們作大福德及超度，可以中夭而往生極樂世界或他方佛世界。畜生道的生命也都不定，畜生常常互相獵食，所以獵食者也會成爲獵物而被吃掉，所以壽命也不定。畜生中只有一種是壽命決定的，就是龍王；龍王有大福德，即使金翅鳥也不能吃牠，因爲所有龍王都是受八關戒齋的，所以金翅鳥不能吃，只能吃別的龍。所有龍王都是佛弟子，都受八關戒齋；受了八關戒齋以後，金翅鳥即使抓到牠，也吃不了牠；因爲吃龍時要從尾巴先開始吃，可是龍王都受八關戒齋，由八關戒齋的功德力，使金翅鳥找不到龍王的尾巴，只能放過；金翅鳥也是佛弟子，知道龍王受八關戒齋，就互相認作師兄弟；假使有別的四生種類龍族因爲恐懼而依止龍王時，金翅鳥就同時放過而不獵食牠們。畜生道中只有龍王壽命決定，其他不受八關戒齋的龍，壽命也都是不定的，也有中夭。

阿鼻地獄的時間怎麼計算？阿鼻地獄的一年是非想非非想天的一天一夜，非想非非想天的一天一夜是人間多久呢？還得要詳細計算一番呢！但那裡的一天一夜，卻只是阿鼻地獄的一年而已，可見無間地獄的時間是很長的。以這樣的一天一夜，三十天作一個月，十二月爲一年，這樣來算時間，而非非想天的壽命眞的很長，可以長到那裡的八萬大劫，若是我，絕不想去那邊；因爲在那邊都住在定中，都是無記性的心行，既不能修行也不能造善業；他們的八萬大劫是人間多久？等到他出定時，在人間修行的人不曉得已經修到幾地去了，他還在定中保持無記性的覺知心，所以那邊眞的不好玩！我們要以法樂自娛，它那邊都沒有法樂。當別人去極樂世界回來已經修到好幾地了，他縱使明心了證得非非想定而生到非非想天，當他回來人間時仍然是明心的七住位，差太遠了，所以只有愚癡人才會想要生到非非想天去。

非非想天的壽命是天壽的八萬大劫，下一天的無所有處天，減少兩萬大劫；再下來的識無邊處再減兩萬劫；空無邊處再減兩萬劫；這些天界都是無色界，都沒有色身，只有覺知心住在一念不生的定境當中，連五識都不存在了。四禪人如果對色身的貪愛已不在了，可以超過色界天的境界；這是對色身的粗重執著已經不在了，但因覺知心捨不掉而有輕微煩惱，就是我見煩惱仍然存在，所以與輕微煩惱相應而愛著於四空定，就會生到無色界去。假使人間有人證得四空定，每天執著定境而打坐，一入定就是三天、五天、十天、半個月才出定，你就知道這個人無藥可救，他一定會生到無色界的四空天去，與佛道極難相應。如果有這種人，我們應當要度他，別讓他生到那邊去；因爲捨壽下來以後很難再回到人間，通常生在畜生道中；因爲天福享盡時所有福報都盡了，只剩下小惡業，就得去當畜生、毛毛蟲。當蟲正是醒了就吃，吃了就睡，最後變成蛾，繼續繁殖；死了又投生爲蛾，仍然是吃了又睡，睡了又吃，就這樣過日子。因爲都是如同定境一般的無記業，所以最適合當蟲；因此無色界千萬不要去，所以菩薩們修證四禪八定具足之後，我總是特別強調要修根本禪定，就是與智慧相應的第四禪；別只修證通外道的四禪八定，千萬要有般若實智相應。

【「從十年增至八萬歲。從八萬歲減還至十年，如是增減，滿十八反，名爲中劫。穀貴三災，疾病三災，刀兵一災，名一小劫。水火二災各五段過，有一風災；五風災過名一大劫。閻浮提中，刀兵起時，東西二方，人暫生瞋；此病起時，彼小頭痛，力少微弱。此穀貴時，彼則念食。如是惡事，鬱單曰無。因不殺故，壽命增長；偷因緣故，壽命減少。

有二種劫：一者水劫、二者火劫。火劫起時，地獄衆生若報盡者，悉得出離；若未盡者，移至他方大地獄中。若此世間八大地獄空無衆生，是名衆生脫於地獄。四大海中所有衆生，業若盡者，悉皆得脫；若未盡者，悉轉生於他方海中。若是海中無一衆生，是名得脫。閻浮提地直下過於五百由延，有閻羅王城，周遍縱廣七萬五千由延，如是城中餓鬼衆生，業已盡者悉得出離；業未盡者轉生他方閻羅王所。若是城中乃至無有一衆生者，是名得脫。】

講記 當人類壽命減到十歲時，眾生因爲生活很苦，所以開始修善；修善業的緣故，人壽每百年增加一歲；這樣漸增到八萬歲，就是一個增劫。到了八萬四千歲時，日子太好過了就開始放逸，就開始造惡業，因此每經過一百年就減一歲，一直減到人壽只有十歲時，這個時段就叫作減劫。這樣一增一減就是一個小劫，增減來回十八次，就稱爲一個中劫。一個中劫內的每一個小劫中都有三種災：第一種是穀貴之災，共有三遍，這就是小劫中的饑饉劫。那時穀貴，是因爲五穀不生，所以米穀變得很貴；如果從地上撿到一顆稻穀，得要用盒子裝起來收藏好，不隨便吃它，因爲一顆稻穀都很難找到。依這標準看來，伊索匹亞那些飢餓的兒童都還算很好的，因爲他們每天至少可以撿到幾十顆稻穀，但是穀貴三災時都很難撿得到，而且要經歷三次同樣的磨難。疾病劫也有三次，流行疾病使人類幾乎死光了，這也要經歷三次。刀兵劫則要經歷一次，刀兵劫來時很可怕，蘆葦拔起來都可以刺死人。經歷三個穀貴災，三個疾病災，一個刀兵災，這樣是一個小劫。像這樣的小劫總共要經歷來回十八遍，算是一個中劫。除了這三種災以外，還有水災與火災，水災與火災各有五遍，五遍之後會有一個大風災，大風災經過五遍才算完成一個大劫，所以劫的時間是很長的。所以地球存在已經幾十億年，但是要壞掉的時間還早著；這是以我們的壽命來看，若從初禪天來看，那是很快就會壞掉的，所以我們南閻浮提人壽命很短。當刀兵劫出現時，東西方兩大洲的人，都會忽然就生起了瞋心，只是生瞋的時間不很長久。疾病劫來時大家都頭痛，沒有力氣。穀貴劫來時心中只想到飲食。這些惡事只有南閻浮提有，北鬱單曰沒有。

佛說：眾生因爲不造殺業的緣故，所以壽命會逐漸增長。如果我們娑婆世界想要把壽命從減劫提前轉變爲增劫，只有一個辦法，就是大家都素食而不殺害眾生，因貪而生起的人間戰爭也免掉，才能提前轉變而不必減到人壽十歲，就可以每一百年增加一年壽命。壽命的減少也有原因，是因爲偷盜的緣故；譬如偷盜錢財、偷盜名聲乃至一切有世間價值的事或物，都屬於偷盜。有人盜名欺世，有人偷盜別人的眷屬。就像史家講的小偷駝羊，大偷國家，所以會有篡位或作票⋯⋯等竊取國家的事情，那就是偷盜國家，這些偷盜因緣都會導致眾生壽命開始減少。本來因爲不殺而增加的壽算，卻因爲偷盜而又減少了。也許有人懷疑說，當人壽八萬歲時，那可以有多少錢了！累積了八萬年還會沒錢嗎？何須偷盜？但是五濁惡世的眾生正是這樣，錢財都是永遠不嫌多的。有人已經幾百億身價了，他還是每天想辦法賺更多錢，希望能再賺幾百億，這都很平常。如果是爲了照顧員工，應該是盈餘的所得大部分分配給員工，而不是大部分留在自己身上；所以偷盜有很多的層面，而偷盜的事是不可能杜絕的，只有悟後眞正守持戒行的人才能杜絕。所以人壽八萬歲時人人都很有錢，可是照樣會有人偷盜；所以又從八萬歲開始遞減下來，所以壽算的減少都因偷盜的緣故。

佛又說，人間有兩個大劫難：第一是水劫，第二是火劫。火劫現起時，地獄眾生若是惡業應該接受的果報已經報盡了，他就離開地獄了。但不是每一個地獄眾生都能報盡，所以剛進去不久的還在受報，那時就轉移到他方世界的大地獄中去。如果這世間的八大寒冰地獄、八大火熱地獄都空了，眾生都離開了，就叫作眾生脫於地獄的繫縛；這是說從這裡的地獄講的，而不是講他方世界的地獄。須彌山周圍有四大海，四大海中所有的眾生（這不是講太平洋等海生的眾生，而是講三千大千世界中的四大海，其中有許多的星球世界），這些眾生業報如果盡了，也會全部離開；還沒有受盡業果的眾生就轉生到其他世界的四大海中；如果四大海中所有眾生都轉生完畢了，就說四大海眾生已經脫離了。我們南閻浮提地下直過五百由延，有閻羅王城；閻羅王城四周寬廣都是七萬五千由旬，在城中的餓鬼眾生，業報如果已經盡了，就全部出離；業還沒有盡的餓鬼，就轉生他方閻羅王所管轄的處所。如果閻羅王城中的眾生業報受報完了，就轉生到他方世界的畜生道去，或轉生他方世界的閻羅王城，那時就說這城中的眾生已經得脫。

佛教中所講的閻羅王與道教所想的閻羅王不一樣，道教中講的閻羅王是權威的、無上的；但佛教中講的閻羅王也要依業而受苦，所以每一段期間（通常是每一個月），他都要受一次極大的痛苦：洋銅灌口，五臟焦爛。所以他既是管理者，但是也要受惡報之苦。這是佛教的閻羅王和外教所講的閻羅王很大的差別所在，而且他沒有判生、判死的威權，只是管理者而已，這與道教所講的大不相同，順便爲諸位說明。

【「爾時有人內因緣故獲得初禪，得已即起，大聲唱言：『初禪寂靜，初禪寂靜。』諸人聞已即各思惟，一切皆共獲得初禪，即捨人身，生初禪地。時初禪中復有一人，內因緣故修得二禪，得已即起大聲唱言：『二禪寂靜、二禪寂靜。』眾生聞已各自思惟，復獲二禪；捨初禪身，生二禪處。當爾之時，從阿鼻獄上至初禪，乃至無有一眾生在。善男子！四天下外有由乾陀山，中有七日；眾生福德因緣力故，唯一日現，賴之熟成百穀草木；火劫起時七日都現，燒燃一切百穀草木、山河大地、須彌山王，乃至初禪。二禪衆生，見是火災，心生怖畏。彼中復有先生諸天語後來天：『汝等莫怖，我往曾見如是火災。齊彼而止，不來至此。』如諸衆生增十年壽至八萬歲，減八萬壽還至十年，經爾所時，如是火災熱猶未息，是時便從中間禪處降注大雨，復經壽命一增一減。衆生業行因緣力故，爲持此水，其下復出七重風雲。是時雨止，水上生膜猶如乳肥。四天下中，須彌山王漸漸生現，水中自然具有一切種種種子。是時二禪復有一人，短命福盡，業力故墮生世間，壽無量歲，光明自照。獨處經久，心生愁惱，而自念言：『我既獨處，若我有福，願更有人來生此間，與我爲伴。』發是念已，是時二禪有諸衆生薄福命盡，業因緣故便來生此；是人見已心生歡喜，即自念言：『如是人者，我所化生，即是我作；我於彼人有自在力。』彼人亦念：『我從彼生，彼化作我，彼於我身有自在力。』以是因緣，一切衆生生我見想。善男子！陰界入等衆生世界、國土世界，皆是十業因緣而有。善男子！菩薩二種：一者在家、二者出家。出家菩薩能觀如是十業道者，是不爲難；在家觀者，是乃爲難。何以故？在家之人多惡因緣所纏遶故。」

講記　佛接著講火劫，當火劫開始時，眾生希望離開欲界世間，免受火燒。火劫開始時並不是一剎那間就燒到初禪天去，而是從地獄開始漸漸的往上燃燒。人間的燃燒是從一個太陽變成兩個太陽，兩個太陽起來以後就永遠沒有晚上的清涼了；接著三個太陽、四個太陽，最多達到七個太陽，大火就全面燃燒而燒到初禪天去。三界中只有四禪天沒有災患，三禪天以下都有災患：火災燒到初禪，水災崩壞二禪天，風災把三禪天的宮殿全部吹壞，只有四禪天是安穩的。從世間法來說四禪天是安穩的，但仍然不免受苦，因爲還在三界中輪迴不能出離，未來世中就免不掉三禪天以下的痛苦。火災從人間往上漸漸燒到四王天、忉利天、焰摩天、兜率天、化樂天、他化自在天，但是在往上燃燒的過程中，在人間或欲界天中，都會有人厭離欲界而發起了初禪。

初禪的證得，主要不在定力，主要是在五欲貪愛斷了，初禪就發起了。由於這種眾生的內心因緣而生起，不是外力促成的；當眾生覺得欲界不可愛，因爲有火災、水災、風災而不可愛樂，所以捨離欲界的五欲貪愛，由於這個內因緣的關係而發起了初禪。所以當他得到初禪時，希望有緣的眾生也可以同樣證得初禪，遠離欲界的痛苦，所以就大聲唱言：「初禪寂靜，初禪寂靜。」阿含經中的說法是：有人生往初禪天了，所以在空中出聲唱言：「初禪寂靜，初禪寂靜。」所以眾生就修初禪。這就是說，證得初禪的人往生初禪天，就向欲界中人大聲唱呼：「初禪寂靜。」所以人們就修初禪，捨報都捨離欲界境界而生到初禪天去。「生初禪地」，地就是境界，所以初禪天有許多人了。當水劫來時，初禪天一樣會被淹；火劫來時初禪天照樣會被燒壞，所以初禪仍然不是安樂之地，有人知道這個道理，又進修二禪，想要離開初禪天。

我們在增上班的《瑜伽師地論》中講過，爲什麼火會燒欲界及初禪天？都是因爲欲界的慾火所燃。欲界中人有五欲的貪愛，五欲貪愛就是火，被慾火所燃燒，因此欲界六天和人間、地獄都要被燒壞。可是初禪天離欲界五欲，爲什麼也會被火所燒？是因爲初禪鄰於欲界，池魚之殃而跟著被燒。爲了離開火劫痛苦，得要修二禪；因爲火燒不到二禪天，有人知道這個道理，就尋找初禪的過患，求證二禪。初禪有什麼過患？初禪不是有五支功德嗎？一心、覺、觀、喜、樂，有什麼過患呢？有：

鄰於欲界。初禪主要是離欲而得，所以說爲離生喜樂定，其實初禪的定境並不很好。想要遠離初禪天就得修二禪，就得尋找初禪中的過患；初禪有覺有觀，那就是叢鬧，就應該離開五塵，所以一心修定，得離五塵覺觀。由於無覺無觀的內因緣而修得二禪，捨報往生後就大聲唱言：「二禪寂靜，二禪寂靜。」初禪天的眾生聽了以後，就修二禪而往生二禪天。

爲什麼初禪寂靜還不夠？還要修二禪寂靜呢？大家各自思惟，由定中思惟清楚以後轉進二禪。有很多人禪定修不好的原因就是沒有**思惟觀**的能力，所以在定中不知道什麼該捨、什麼該離、什麼該取，也無法離開語言文字相，就永遠證不到二禪了！定境中如何轉進的內容完全不知，怎能證得禪定？這個轉進的內涵，將來正覺寺建好了，開枯木禪課程時再來講。在禪定中的轉進都不用語言文字的，只是一個簡擇慧的作意而已。眾生終於瞭解初禪中的覺觀是喧鬧的境界（對二禪地來講，初禪眞是太鬧了），所以修止而把五塵覺觀滅了，終於獲得二禪了，就捨初禪身而生到二禪處，火劫就跟他無關了，火災燒不到他。這時下至阿鼻地獄，上至初禪天都沒有任何一個眾生存在，連初禪天都燒壞了。

佛說四天下外面有由乾陀山，這是七金山之一，說這裡有七個太陽，眾生福德因緣的力量導致只有一個太陽出現，靠著這個太陽使百穀草木成熟，讓眾生可以食用，維持生命。可是當火劫現起時，七個太陽全部出現，把一切百穀草木、山河大地、須彌山王、一直到初禪天燒得通紅。這時二禪天的眾生們看見火災，大家都很害怕：「會不會漸漸的燒到我們二禪天來？」但是有的二禪天人很早就生到那裡去，早就見過火災了，所以就向後生者說：「你們不要恐怖，我過去曾經見過這種火災，只燒到初禪天那裡就停了，不會來到這裡，大家安心吧！」二禪天人才算安心了。這就是講，從壽命十歲增到八萬歲，再從壽命八萬歲，每一百年再減一歲，減到眾生壽命只有十歲；經過這樣一個增劫、減劫（一個小劫）後，火災的熱還沒有停息，還是燒燙的，這時就從中間禪的地方（中間禪是初禪天與二禪天的中間，叫作中間禪處。中間禪處無法讓眾生安住，四禪八定的一一禪、一一定，上下之間都有個未到地定）這個中間禪處是在二禪天下面、初禪天的上面；從中間禪處開始降注大雨，這大雨要降一個小劫，經壽命一增一減的過程，雨終於下完了。這時眾生業行因緣力的緣故，由這個業力來執持水輪不會散掉，水下有七重風雲撐住這個水。七重風雲，如果以現在的天文學來講，你可以說它是星雲漩系中互相牽扯的引力及動力，使得水輪不會散失掉。雨停止以後，水上生出一層膜；諸位可以想像煮豆漿，豆漿涼了以後上面結成一豆膜，就拿來做豆包。做豆包的人就拿棍子從側邊撥開，它一定是四方形的整排，裡面都是豆漿；從第一格開始，拿棍子撥開以後，棍子放進去，把它捲成一層皮捲起來，捲好拿起來就是一張豆皮掛上去，再拿一根從第二格再拿，最後一格拿完了，第一格又有豆皮了，又可以拿了，豆皮就這麼做。你就想像那時水上浮著一層厚厚的膜，猶如牛奶煮熟時表面凝結就稱爲乳肥；那時的水面吹風以後凝結一層厚厚的水膜，就是那時人類的食物，在原始佛法的阿含經典中說是地蜜、地肥。

本來眾生初來人間時是會飛的，也都各有身光照明的；那時有人很好奇，沾一下嚐嚐看，覺得很好吃！傳說出去以後大家都來吃；吃得越多的人身體越重，就飛不起來了，不貪吃的人仍然可以飛。那時還沒有太陽，眾生色身有光，不需要太陽，也不需要太陽來熟成百穀草木。本來就生到這裡來的眾生都是能飛行，但是貪吃地蜜、地肥（乳肥）身體就越來越重，身體就變得越粗糙沈重而不能飛翔了。

在四天下中，須彌山王漸漸浮出水面，水開始往下沉澱凝結；本來只瀰漫的水氣，漸漸的開始沉澱凝結，須彌山王出現了，水中自然就有一切不同種類的種子。這是火災轉變爲水災而再生成世界的過程。當世界生成初禪天時，二禪天中有人因爲福德較少而使壽命較短，就捨壽下生到初禪天來；他的壽命無量歲，他身上自然有光明；當他一個人下生到初禪天來，都沒有人與他作伴，覺得很寂寞，所以就想：「我在這裡獨處了這麼久，如果我有福報的話，希望有人可以一樣生到這裡來與我作個伴。」起了這個念頭以後，果然不久就有二禪天眾生薄福命盡，業因緣故而生來到初禪天來，他看了就很歡喜，心想：「這個人眞是我化生的。」其實他哪有能力化生？但他以爲自己生起了念頭就會有人來初禪天中出生，是他所化生，所以他想：「這人是我所創造的，所以我對這個人有大自在力，他得要聽我的。」天主教的耶和華一樣是這麼想的，他只是一個眾生而已。這是初禪世間壞掉以後重新形成時的情形，由先來的人當大梵天，接著來的就當梵輔天，最後來的就都是梵眾天，初禪三天就是這樣界定的，這是往下界出生時。

若是往上界出生就不一樣了，若是大梵天的壽命結束而下墮了，人間剛好有人喜歡初禪天的境界，他在人間發起初禪時是剎那間遍身發，並且不退失，他就可以去當大梵天；所以我有資格當大梵天，但是我不要，我沒有興趣；我也可以到二禪天去，但我還是只想在人間，道業增長很快：我不斷的爲佛教、爲眾生努力，佛也不斷的加持，日進千里，爲什麼不要？我爲什麼要去色界天？當大梵天有什麼好？假使初禪善根發時是剎那間遍身皆發，不是運運而動再漸漸遍身的，那你死後就可以去當大梵天；如果那時只有你一個人是遍身發起初禪，而且捨報前一直都沒有退失，就有資格去當梵天王。但你們將來若是初禪遍身發，請記得我的話，千萬不要喜歡色界天，因爲那是障道因緣，千萬不要去，只要證得禪定而能幫助道業成長就好了。

第一位來到初禪天的人不知道事實，誤以爲後來的人是他所化生的，所以他就敢大言不慚的講：「你們後來初禪天中出生的人都是我所生。」他就自稱天父。後來他去覲見 佛陀，佛就當面問他：「**梵眾天、梵輔天，都是你化生的嗎？**」他倒不敢承認了，他說：「**其實不是我生的，可是大家都說是我生的，我也沒辦法，我還是繼續當我的大梵天。**」這在阿含中有記載，而且事實也正是這樣。後來的天人也不知道自己是業盡而下生到初禪天來，還以爲眞的是大梵天所生，就想：「是他化生了我這個初禪天人，當然我應該要聽他的，所以他對我有自在力。」由於這個因緣，初禪天眾生就生起了我見。若是單獨一個人，不會分別你我的；但是現在有第二個天人生出來了，初禪天中就有你、我了。後來者說：「**你是大梵天，你於我得大自在；我是梵輔天、梵眾天，我於你不得自在，我要聽你的。**」這是初禪天中第一次出現了我見。可是 佛開示說：「**其實沒有人是被誰所創造出生的。**」

你們以前總是想：「**我是媽媽生的。**」自大的女人就會說：「**一切男人都是女人的兒子。**」沒有人能反駁嘛！但妳的孩子是你生的嗎？其實妳沒辦法創造他，妳只是提供環境及物質等外緣給他而已，其實每一個人都是自己的如來藏所創造而出生的。所以說生有兩種，自因生與外緣生。所以佛又開示說：「其實五陰、十八界、十二處、六入等眾生世界及國土世界，都是十業因緣而有的。」正因爲有十善業道，所以有諸天、人；有十惡業道，所以有三惡道，沒有任何眾生可以離開十善業道、十惡業道而出生的。只有佛弟子能與十善業道相應而遠離十惡業道，只有佛弟子能遠離十善業道而捨報入無餘涅槃。其他所有眾生都不能離開十種善惡業道因緣，所以導致諸天境界及人間與三惡道境界的出現，所以一切世界都因眾生的十業因緣而有。

接著佛總結說：「善男子啊！菩薩有兩種：一種是在家菩薩，另外一種是出家菩薩。」佛不斷的重複說：菩薩有兩種，說有在家菩薩與出家菩薩。「出家菩薩現前觀察十種善惡業道，是比較容易的，因爲有比較多的時間及不受干擾的環境來做觀行；在家菩薩要做這種觀行就比較困難」，因爲一早起來就要爲世俗職業謀生而忙碌。像我這樣四十幾歲就退休的人還是不多的，我退休時人家都不信：「你還這麼年輕就退休了？」我說：「對啊！夠吃、夠喝就行了，道業比較重要。」所以就結束世間法。如果是上班族，朝九晚五加上出門跟下班回家的來往時間，再扣掉洗澡、吃飯及睡覺八個鐘頭，能剩下多少時間呢？所以我寫書比你們讀書快，這是正常的，因爲我的時間比你們多。可是我的時間如今也不夠用了，因爲希望做更多的事情，希望寫更多的勝妙法義出來讓大家都得到利益，時間就越來越不夠了。所以在家菩薩要深入觀察這十個善惡業道的因緣確實是比較難。修定也一樣，往往上座後不斷轉進，轉進到昨天所進入的最好境界時，時間又到了，又要下座了！每天就只有這麼多時間，除非道糧準備好了，提前退休，否則還眞不容易修定。我是福報好，所以那時破參以後，我有好幾年時間修定，早上吃飽了動一動，上佛堂一坐，到中午該吃飯時才下座；中午吃過飯走一走，一點多又上三樓佛堂去打坐，這一坐就要到天暗了才會出定，下來又吃晚飯；那時過得好愜意，眞的是寫意人生。沒想到爲了幫助大家得法，弄到今天抽不了腿，再也沒時間爲自己修定了，眞的沒料到。

你如果道糧準備好了，是可以退休了；但是如果道糧沒有準備好，該盡的義務還沒有盡完，那你就安分守己，再辛苦的爲五斗糧奔忙。假使希望下輩子也能像我這樣，那要怎麼做？應該修福！而修福最快的方法就是護持正法。就好像挑了一大擔麻去賣，賣不了多少錢的；如果挑了一樣重量的黃金去賣，那就鐵定不一樣了！同理，在正法中植福或造善業，業果都是特別大的；同樣一件事情，在正法中做的果報是絕對不同的。譬如同樣是一件殺業，殺了一個流浪漢，與殺了一個王子，果報絕對不同的；所以護持正法來修集福德是很快速的，這輩子把福德修夠了，下輩子就可以跟我一樣四十幾歲就退休了，此後多的是時間，不必發愁任何事情而可安心的修行，道業增長就會更快。到那時再出來法布施，福德又更大了。菩薩的道就是這樣一世一世的滾雪球，一直滾下去，越滾越大、越滾越輕鬆。光靠一世的努力，一定拚不過來的；就好像年輕人剛進入社會，存第一個十萬元是很困難的，可是十萬塊錢存成了以後，一百萬就比較容易了，接著存一千萬又更容易了，錢滾錢，越來越快。但是也要會滾，如果滾到外道法中去，全部都會滾掉。由此緣故說，在家之人有許多惡因緣。

但是出家了就沒有惡因緣嗎？還是有啊！有些人出家了， 佛還在世，但他偏偏遇上了提婆達多，遇上了善星比丘、六群比丘，那又該怎麼辦？同理，你進了同修會就一定不會有惡因緣嗎？也是有啊！有人就是因為惡因緣而跟著惡知識一起破法：謗阿賴耶識不是如來藏。這也有啊！但是若以世俗法來講，在家人的惡因緣是比較多的，因為想學佛時卻有家人拉著，不讓你學，你的障礙就很多。不說家人的障礙，光說每天為五斗米奔忙，能有多少時間剩下來學佛？出家比較少這種惡因緣，但現在卻也不一定，如果出家了，你說：「**師父呀！我要去正覺同修會共修**。」我告訴你，十之八九要被臭罵一頓。現代的出家人未來在正覺學法能學得順利，大概是十五年後的事；現在雖然遮障比較少一點，還是很多的。有很多年輕法師想要來學，但是上面不准，沒有辦法。所以如果有人問我：「**我去出家好不好？**」我一定贊成，但是有個條件：最好悟了再去出家。否則就得出家後自己當住持，沒有人管得了你，學法就沒事。現在的環境與　佛講這部經的時期已經有所改變了！因為現在是末法。正法時代是在家人惡因緣多，出家人沒什麼惡因緣；但末法時在家、出家同樣都有惡因緣，所以我說諸位在家、出家菩薩真的很難得。

〈羼提波羅蜜品〉第二十五

【善生言：「世尊！佛先已說檀波羅蜜、尸波羅蜜，菩薩云何而得修集忍波羅蜜？」佛言：「善男子！忍有二種：一者世忍、二者出世忍。能忍飢渴寒熱苦樂，是名世忍。能忍信戒施聞智慧，正見無謬，忍佛法僧、罵詈撾打惡口惡事，貪瞋癡等悉能忍之；能忍『難忍、難施、難作』，名出世忍。善男子！菩薩若值他人打罵輕賤，毀呰惡口罵詈，是時內心無加報想，菩薩雖作如是忍事，不爲現在，但爲後利。有善報之，惡則不反。善男子！有是忍辱非波羅蜜，有波羅蜜非是忍辱，有是忍辱是波羅蜜，有非忍辱非波羅蜜。是忍辱非波羅蜜者，所謂世忍；聲聞緣覺所行忍辱是波羅蜜非忍辱者，所謂禪波羅蜜；亦是忍辱亦波羅蜜者，所謂若被割截頭目手足，乃至不生一念瞋心。檀波羅蜜、尸波羅蜜、般若波羅蜜非忍辱非波羅蜜者：所謂聲聞緣覺持戒布施。」】

講記 接下來講羼提波羅蜜，羼提就是忍。佛法中常常講無生忍、無生法忍。無生忍，在三賢位的菩薩七住位開始就有無生忍了，二乘聖人也有無生忍，可是無生法忍只有諸地菩薩才證，也就是有了道種智才算是。忍的意思就是能接受、能安住，佛法的忍（安住）要透過精進修行才能得到。若是能安忍於眞正的佛法而又是到彼岸，這就很難得；因爲一般大師們所謂的忍都是依錯誤的見解而忍，眞正的佛法境界是不容易安忍的。能忍而又已到彼岸，很難得，因爲能忍者不一定能到彼岸。波羅蜜就是到彼岸：到解脫的彼岸。善生菩薩爲我們請問：「世尊啊！您已經先說過布施、持戒波羅蜜：布施到彼岸、持戒到彼岸。可是菩薩要怎麼修行才能『修忍到彼岸』？」佛說：「善男子啊！忍有兩種：一種是世間法上的忍，第二種是出世間法的忍。能忍受飢渴寒熱苦樂，叫作世間法上的忍。」能有世間法的忍就能安住於世間法中，不會常常鬧自殺，因爲不能忍於世間法，所以就鬧自殺。「能安忍於對三寶的正信，安忍於戒法，安忍於布施、多聞、智慧，並且具有正知見，不會產生錯誤的觀念，能於三寶生忍；對於世間人的大聲辱罵乃至搗住毒打等事，對於貪瞋痴也能安忍而不犯，並且還能忍受世間人難以忍受的惡事，很難做的布施也能去做，這些都叫作出世間忍。」佛說：「如果遇到別人打罵或輕賤，乃至以非常惡劣的言語大聲辱罵，但我們心中不願以同樣的事情加於對方而回報，沒有報復的想法。這樣做並不是為了眼前的利益，而是為了後後無量世的利益；所以眾生對我們有善行時，我們就回報他們；但如果對我們有惡事，我們不會反過來回報他們。」

為什麼這事情和修證忍波羅蜜有關？接下來 佛就開示四句差別：有人所做事情是忍辱，但沒有波羅蜜；也就是有忍辱而不能到彼岸，沒有與解脫相應；有人是有解脫相應，但是沒有忍辱；有人是有忍辱也有到彼岸的解脫受用；有人是既沒有忍辱，也沒有到彼岸。佛解釋這四句差別：既是忍辱，但不是到彼岸的，這是世間法上的忍。譬如我們佛教有慈濟功德會，外道也有很多行善團體，包括基督教的救世軍；他們出去為眾生做事，有時眾生誤會了還罵他們，甚至於有人很惡劣的罵：「你為何送我這麼少？你眞可惡！」送人財物還要挨罵，但他們大多忍下來了，可是這種忍叫作忍辱而非波羅蜜，因為這是世間法上的層次，與解脫無關。當然往往會有人不服氣：「我們證嚴上人講：只要努力布施，每天很歡喜而永遠不退失，這樣就是證得歡喜地的初地菩薩。」你們去讀她的《心靈十境》，她的書中就是這麼講的，這就是把佛法淺化、世俗化。不說初地，光說波羅蜜就好：波羅蜜至少要斷我見或我執的。去爲眾生布施，每天歡歡喜喜的做到很累，晚上還歡喜的睡著了，有沒有斷我見呢？（大眾答：沒有。）沒有！因爲仍然認定識陰中的意識爲不滅法，我見仍然沒有斷，我執就更甭提了！所以只是世間忍，與出世間忍無關，所以稱爲忍辱而非波羅蜜。

第二種是聲聞緣覺所行的忍辱，是波羅蜜而非忍辱。聲聞、緣覺所修的禪，這是指禪觀而不是講禪定，但無妨把禪觀再加上禪定來說，他們都是波羅蜜而非忍辱；因爲聲聞緣覺不修忍的，眾生瞋罵時，阿羅漢也會瞪他一眼的，但菩薩不會瞪人。爲什麼聲聞緣覺所行的法是波羅蜜而非忍辱？因爲他們是出世間法上的忍，忍的是自我虛妄：意識心虛妄，我見斷了。這個不容易忍，而他們能忍；接著是對自己的執著斷除了，俱生而有的自我執著也斷了，所以他們可以捨棄自我而出三界，所以是到彼岸；他們的禪觀是在這上面用心的，所以聲聞禪不是講四禪八定的禪定。四禪八定是共外道也共大乘的，不是聲聞人獨有的權利；既然是共外道，顯然不是聲聞禪、緣覺禪。聲聞禪與緣覺禪的禪觀不共外道，但是共菩薩，因爲菩薩也修這種禪觀。二乘人的禪觀是什麼？聲聞人以四念處的觀行法來觀察四聖諦：如何是苦？如何是苦集？如何是苦集滅？想要達成苦集滅的方法就是苦滅的道。是以四念處的方法來觀行這四聖諦，這是聲聞禪的禪觀。但是緣覺從十二因緣去起觀，不用四念處觀的。這種現觀自我虛妄的禪觀而能安忍於自我的虛妄，不再認意識爲常住心，即是聲聞、緣覺所行的忍。他們能安忍於這種禪觀所得的結果：我完全是虛妄的。因此他們有波羅蜜，但沒有忍辱，因爲不面對他人而忍，這就是二乘人的禪波羅蜜：有波羅蜜而無忍辱。

第三種既是忍辱也是波羅蜜，如同 釋迦菩薩沒有成佛之前，被歌利王割截頭目手足而不生一念瞋心；因爲有無生法忍，所以能一念瞋心都不生起。因爲轉依成功了：依如來藏的本來自性清淨涅槃，所以不起一念瞋心。如來藏根本不生氣，所以意識心及意根隨著如來藏而不生氣，一念瞋心都不生起。諸位都要學這個，也許有人說：「唉呀！這個很難，哪有可能？」可能的。但也許有人說：「唉呀！這個太簡單了！

這有什麼難。」你聽到了就當面罵他：「你這人眞的傲慢，竟然認爲你能做得到。」「我爲什麼做不到？你憑什麼輕視我。」就生氣起來了！這就是反躬自省的能力還不夠。你們要學著習慣於別人的侮辱，習慣了就沒事。你們站在我的立場來想想看：我辛辛苦苦把妙法寫出來送給大家，結果他們被我救出我見深坑了，還回頭來罵我。你們看網站上面多少人罵我？有時今天某甲下載一張給我，明天某乙又下載一張給我，我都把它當作是理所當然的，我是應該被罵的，所以就沒氣可生了。因爲人家本來是開悟聖者的身分，我這些書寫出來以後就把他的開悟聖者身分剝奪了！無比神聖的開悟聖者身分被剝奪了，你說他們氣不氣？當然氣啊！我寫了好多書辨正他們的法義錯了，他們上網站罵個幾句，也是理所當然的嘛！既然理所當然，那你還氣什麼？所以我心中都不會生起一念的不愉快，原因就在這裡。因爲我先接受了，接受就是忍；你不接受，所以你不能忍；忍就是接受，大家都要學著接受。

我以前也曾告訴諸位一句很好用的話：「眾生本來如是。」既然眾生本來如是，他們亂罵你也是正常的，不罵你才是非常呢！所以你就得要接受，接受了就不會生氣。你救了他，他還要反咬你一口，而你能接受，那就是修忍成功了。可是世間人做不到，譬如媽媽在廚房煮得滿頭大汗，終於煮好了，大聲的叫喚：「兒子！吃飯了！」兒子覺得媽媽口氣不好，就不吃晚飯了。他自己去外面吃了！只因一句話聽得不爽快，他就不接受，所以難忍。忍不容易修，但是諸位要學著修，因爲忍這一關若能通過，你的道業將會增長很快；因爲完全不會被情緒所影響，一直都住在一種很沉穩、很深沉的內心境界中，心是不會妄動的；如果說心會動，只有一樣會使你動，那就是法樂，大家要學這個。有這個功夫，無生法忍就容易成功；當然無生法忍一定要配合般若實相的種智智慧才有辦法成功，但是如果這個出世間忍，包括佛教界對你們的辱罵，都要能接受，那你就有辦法成功。所以當年 釋迦菩薩被歌利王割截頭目手足，不生一念瞋心，這是要有智慧作依歸的，否則就很難做到，所以既是忍辱，也是波羅蜜。

第四種：有布施波羅蜜，也有持戒波羅蜜，也有般若波羅蜜，可是他修這三個波羅蜜時，既不是忍辱也不是波羅蜜，那就是聲聞乘的凡夫所修的。聲聞緣覺菩提法中的凡夫們，也修布施、持戒、智慧，期望能到解脫的彼岸；但他們修布施波羅蜜、持戒波羅蜜，但其實都無法與解脫相應，無法安忍於斷我見的境界，所以既非忍辱也不是波羅蜜。諸位也許想：「**聲聞緣覺的見道，只不過是斷我見，那種見道的智慧境界是很容易安忍下來的。**」但我告訴你：那只是諸位容易忍，因爲你來到會裡，兩年半的禪淨班，親教師不斷告訴你觀行的道理與方法，也把正確觀念告訴你：爲什麼離念靈知是緣生緣滅的法，不是眞實心。以許多道理一一舉證，你這樣兩年半熏習，自己又實際上去觀察，當然可以斷我見。但是會外的人，你要叫他斷我見，那是非常困難的；把斷我見的內容告訴他們，他們是安忍不來的。

想想看我們寫出來的書已經有四十幾本了（這是2004年時，今已六十餘本），但你們看，還有好多法師居士們繼續在網站上不斷的爭執說「離念靈知就是眞如心」，我見始終死不掉，可見凡夫很難安忍於斷我見的智慧中。離念靈知是要以如來藏爲因，還要有身根、意根、法塵及業種爲緣，這離念靈知才能出生的；如果離念靈知是眞如、是眞心，那麼這些助緣更有資格說是實相了，那麼實相就會有五個了，問題就很大了！可是我們把這個道理在好多書中不斷的講、不斷的講，可以說已經重複再重複了！有時我都寫得煩了：已經講過好多遍了，還得要繼續講，真是寫到煩了。可是他們的我見還是斷不了，還是認定離念靈知是眞心，無法忍於「離念靈知心虛妄」的正理，你說我見哪有這麼容易斷？我見斷了就是初果人，我把初果送到他們手裡，他們還不要，還不斷的丟掉，你想這個斷我見的二乘忍容易嗎？不容易啊！

最近我們游老師的《眼見佛性》出版了，難道慧廣法師他沒有讀過我那些書嗎？他常常上網在讀的，可是到今天爲止，仍然還是執著離念靈知，還是斷不了我見；對我們所說的「離念靈知是緣生緣滅的法」，他不能生忍；他如果能生忍，今天就已經初果人了，就不會繼續寫文章爭執說離念靈知心才是眞如心。我們還要再等他幾年，讓他慢慢去思惟觀察，最後確定：「唉呀！我以前認爲離念靈知是眞心，還眞的是錯了。」那時我就要恭喜他，說他是初果人了，到那時他就成爲初果聖僧了，就不是今天的凡夫僧了。光是斷一個我見都很難安忍，何況說證得如來藏，能認定、接受，堅定不移的安忍下來，這都是很不容易的。所以聲聞、緣覺的凡夫們所修的持戒與布施，乃至他們若有人修般若波羅蜜，既都不是忍辱也不是波羅蜜，因爲對於斷除我見的境界相、智慧相，他們不能忍，因爲對於如來藏這樣的平凡實在而又功能無邊，他們都不能安忍，所以這一些人所修的檀波羅蜜、尸波羅蜜、般若波羅蜜，既非忍辱也不是波羅蜜；只有菩薩證悟之後所修的檀、尸、般若才叫作忍辱波羅蜜，因爲能夠眞的安忍不退了。

【「善男子！若欲修忍，是人應當先破憍慢、瞋心、癡心，不觀我及我所相、種性常相。若人能作如是等觀，當知是人能修忍辱，如是修已心得歡喜。有智之人若遇惡罵，當作是念：『是罵詈字不一時生，初字出時後字未生，後字生已初字復滅；若不一時，云何是罵？直是風聲，我云何瞋？我今此身五陰和合，四陰不現則不可罵。色陰十分和合而有，如是和合念念不停；若不停住，誰當受罵？然彼罵者，即是風氣。風亦二種：有內有外，我於外風都不生瞋，云何於內而生瞋也？世間罵者，亦有二種：一者實、二者虛。若說實者，實何所瞋？若說虛者，虛自得罵，無豫我事，我何緣瞋？若我瞋者，我自作惡，何以故？因瞋恚故生三惡道。若我於彼三惡道中受苦惱者，則爲自作自受苦報。』是故說言：一切善惡皆因我身。」〕

講記 佛爲我們開示修忍的要領：想要安忍於世間法中或無生法中，應當先破除憍慢心、瞋心及癡心。破憍慢心，在世間法上就能忍，在出世間法上也能忍。有許多人不能接受我的法，不是因爲他笨，而是因爲他有憍慢心，這有兩種人；一種人是：「我出道比你蕭平實早，我爲什麼要信你的。」我以前接觸過幾位居士都是這樣，有的居士也蠻有名的，但都是這樣。另外一種是因爲他出家了，他想：「你一個居士，懂什麼？」有憍慢心就無法接受勝妙的正法。有瞋心也無法生忍：「本來離念靈知就是眞心，我本來就是開悟的聖人。你蕭平實寫書出來，都把我推翻掉了，我現在徒弟都跑掉了，徒弟心中都想我是大妄語，這還得了！你蕭平實眞可惡！大家都說離念靈知是眞如，偏偏你說不是，你就特別厲害？」所以起瞋了，因此他無法忍。他們如果能生起忍法，我寫那麼多書出來，也有十來年了，若肯接受我書中的正理而且好好去參，也許都已經破參了，都有般若智慧了。但是瞋心起來時，反正就是要對我罵到底，就是因瞋而障道。有人眞的是愚癡，你不斷的爲他說明：離念靈知五位中必定會間斷，所以是生滅的意識心。甚至於用心所法爲他說明：離念靈知的心所法與意識心的心所法是完全相同的，這種心就只能有一個，那就是意識。但他們還不信，這叫作癡。

也有人是崇拜名師：**「我師父是大法師、大禪師，你不過一個小居士，你懂什麼？我師父說能聽、能知的離念靈知只要不打妄想，那就是眞如心；而這個離念靈知能見、能聞、能嗅、能嚐、能覺、能知之性就是佛性，所以六識心的能知、能覺之性就是佛性。我師父講的絕對沒錯，你一個小居士，你懂什麼？」**你再怎麼說明，他都不信；你好意把書送給他，希望他發起聞法的般若、觀照的般若，但是他根本就不願意讀，不讀就沒辦法救他啦！就好像一位醫術很精湛的醫師想要救病人，但因爲他沒有大名氣，所以他把藥拿給病人，但是病人根本不吃，反而說：**「你又不是名醫，我爲什麼吃你的藥？」**所以免費送上門來的救命藥都不要，所以病就好不了，這叫作癡心。總括而言，不能走進正覺同修會來見道，原因不外貪瞋痴。佛最厲害，都說明清楚了。

能破憍慢心、瞋心和癡心的人就能修忍：能忍世間法，也能忍出世間法。能破掉這三個惡心，就不會在我與我所等法相上面用心。許多人與了義正法不相應，都是因爲落在我與我所中。我所就是我的名聲、我的名聞、我的利養、我的眷屬……等；落在我所上，就與了義法不相應。落在我所中的原因，都是執著於見聞覺知的意識我，捨不掉自我眞實的邪見，老是認爲見聞覺知的我就是眞實心，所以無法像菩薩一樣修忍。菩薩修忍，都不在我與我所上面用心，但凡夫們會這樣，許多凡夫眾生的種性是常，因爲還沒有修道性、菩薩性、解脫性，我執、我見煩惱很重而無法轉變，所以種性是常。凡夫的知見會使他們永遠執持著凡夫的知見，在可見的未來數劫中都不可能轉變。如果能破掉憍慢心與癡心，凡夫知見就可以捨棄，就能安忍於無我、無我所的正知正見。

可是有許多大法師、大居士們，你向他們說：「你的我與我所的執著怎麼都還捨不掉呢？」他們會說：「我都捨掉了啊！」對你堅稱說他都已經捨掉了。那你對他說：「離念靈知就是我見的我，就是眾生我、就是識陰的我，你要捨掉。」他說：「不！這是眞如心，不能捨掉啊！」他把離念靈知抱得緊緊的，正是標準的我見者，卻堅持說他已經斷我見了。你看，就好像一個愚癡的孩子，他把一個乾掉的狗屎當作玩具在玩，你告訴他說：「這是狗屎，應該要丟掉！你應該去找玩具來玩。」他說：「我就已經拿著玩具在玩了，我沒有拿狗屎啊！」你跟他說：「你手上拿的不是玩具，是狗屎。」他說：「不！這是玩具，不是狗屎。」現在的大法師們正是這樣，所以眞的是愚癡、無明。你們要不斷的爲他們感嘆嗎？也不需要啦！你再多施設一些方便，讓他們十年、三十年後能知道那是狗屎就好了，不需感嘆！因爲五濁惡世的眾生「本來如是」。如果我見是那麼容易斷的，那豈不是一般人都已經是初果：初果人滿街跑了！但實際上不可能，佛在世時也沒有辦法做到初果人滿街跑，何況是末法時的現在？你們能斷我見，覺得很容易，但眾生不一定容易；所以未來之世，仍然會繼續有很多人堅持離念靈知是眞如。由這裡就知道：你自己能眞實斷除我見，遠離三縛結，眞是彌足珍貴，千萬不要輕視這一點，不要妄自菲薄。

「菩薩不觀種性常相」，種性是可以改變的，你們以前是凡夫種性，但如今已經不是凡夫種性，也不是無種性人；已經發起菩薩性了，才能信受解脫道之上還有佛菩提道，聲聞種性是沒有辦法信受的。只要聲聞種性一日不除，在佛菩提道上永遠都會被聲聞種性所遮障；所以種性常相，在世間（特別是末法的時代）是很平常的現象。如果有人能像佛這一句話一樣作現前觀行，破除憍慢、瞋心、癡心，也不觀我及我所相、種性常相，確實觀行，就可以知道他確實能修忍辱波羅蜜。能這樣確實修忍波羅蜜以後，心中自然會生起歡喜心乃至進入初地。

所謂的極喜地，不是每天手舞足蹈、笑呵呵的樣子；極喜是在深沉的心中安住，不形於外的；他只是現前看到自己的般若智慧，竟然世間沒有人或只有極少數人能像自己一樣生起深妙的法樂。雖然覺得自己在人間很孤獨而沒有知音，但是心中的喜是永遠都不會消失掉的；因爲他有般若的智慧，而般若的智慧並不足以使他達到極喜地，還必須有一切種智分證的智慧，才能到達極喜地。可是極喜地的一切種智是要從如來藏所含藏種子的觀行實證而來的；離開如來藏種子觀行的實證，就不能得到種智，就進不了極喜地。可是這種子觀行的智慧，得要有基礎：親證如來藏。若是連如來藏在哪裡都不知道，哪有可能證知如來藏的種子？所以入初地的第一個前提就是親證如來藏，再進修相見道位的般若別相智慧，再進修一切種智而發起初分的道種智，才能進入初地。不是每天很歡喜作善事就是初地的歡喜地了。那是愚夫的歡喜，不是初地的極喜。唯有能這樣去修觀的人，才能眞正的修忍辱；眞正修忍辱的人才能心得歡喜，才有忍辱也有波羅蜜。

但是，在世間忍中還無法作到時，該怎麼辦？總得給個方便法，佛就教導我們方便法說：「**有世間智慧的人，如果遇到別人惡口罵詈，他心中應該這樣想：『對方罵我的那些字詞不是同時出生的』**」，譬如大罵：「你是忘八蛋！」忘八是指對方忘了八德，也是無恥的人。他罵我的這五個字又不是五字同時出現，當他罵「你」時，「是忘八蛋」四字還沒有出現，那他的罵就與我無關；當他罵「忘」時並不是在講我啊！罵的是「忘」啊！「八蛋」也還沒有出現，那也與我無關，我何必生氣？所以「罵詈五個字不一時生」，沒有人罵人時能五個字一起出現，一定都有先後；既然如此，有什麼關係？「當第一字出現時，後面的字沒有罵出來；當後面的字出現時，前面的字又已經過去了，又不是一時罵我，那怎麼叫作罵呢？既不是罵，是什麼？是風聲！既然是風吹的聲音，我何必生氣？」還有一個方法，佛說：「他正在罵我，但我只是五陰和合，他罵我時是罵我這個色身；可是我的受想行識，他罵不到，只能罵這個色身。」比如他罵：「蕭平實是渾蛋！」可是他只能罵到色身，心是罵不到的；即使是覺知心，他也罵不到，「四陰不現則不可罵」，所以他罵到的只是色身，「色身又是十分和合而有，不斷的生住異滅，念念生滅不曾停頓過，那他罵的是這一刹那的色身？還是下一刹那的色身？當他五個字罵完了，已經不是這一刹那的色身了，而他所罵的前幾刹那的色身已經念念生滅而過去了，那就隨他去罵吧！」

「而且他不管怎麼罵，都只是風出入的氣息。」罵的聲音從哪裡來？是因爲嘴巴、舌頭、牙齒加上肚子，肚皮吸了氣，鼓出來，才有這個罵。「風氣不外兩種：一個內，一個外。身外的風一直吹，我都不生氣了，何況是人鼓出來的風氣，我又何必生氣？」既然是內風，我就不必氣了。你看！佛陀教了很多忍辱的方法，隨便選一樣來用都得受用。

「再說世間法上的罵，有兩種：一種是眞罵，一種是假罵。」眞罵是我們做錯事了，確實該罵；既然是應該給人家罵的，那就接受了。該被罵而不肯接受，那眞是無恥。既然應該給人家罵，那就接受，接受了就沒有瞋心生起。「如果是假罵，譬如他罵我是殺人惡犯，可是我沒有殺人啊！那他罵的是那個殺人者，是別人，與我無關，我又何必生氣？如果我因此而生氣，我就和他一樣在造惡業，我如果生氣、造惡業，會使我墮落三惡道。」瞋心最重的是旁生類的狗，狗最會生氣，動不動就要吠人，狗最有瞋心！最愛殺生的人死後就去當貓類眾生，貓最愛殺生，當狗則是喜歡生氣的人。特別是捨報時，「如果沒有智慧，當仇家來到面前當眾數落，數落時最可惡的是加油添醋，亡者心中氣死了，這一氣可就落到三惡道去了。我們何苦那麼愚癡？跟隨怨家的言語而生氣？如果我愚癡的由於這個緣故而生氣、墮落三惡道去受苦惱，那就是自己做了瞋的惡業，所以自受苦報。」如果人家罵的是假話、誣賴、栽賊的話，那些栽贓的事情都與我們無關，若是因此而生氣墮落三惡道，那可眞的是冤枉，可不要去當那個愚癡者：成爲自己生氣，自己受惡報，反而是與對方無關了！他害死人還不必拿刀，他眞聰明，我們爲什麼偏要當笨人？所以佛說：「一切善惡皆因我身。」如果我們不隨著人家的好話、惡話而心動，就不會有惡報在我們身上出現。

所以忍辱總共有兩方面：一是世間忍，一是出世間忍。世間忍諸位都知道，可是出世間忍有小乘、大乘的不同。在小乘法來說，能接受五陰的每一陰、十二處、六入（見聞知覺性）、十八界（包括離念靈知的意識界）每一法都是緣生緣滅法，都沒有常住不壞性；有這種現觀的見地，就是二乘聲聞菩提的見道。這個見道有兩個道（到）：一個是到達的到，一個是菩提道的道，意思是一樣的，也就是對於我見斷除的正知見已經眞實到達了、正確的完成現前觀察了，這叫見道。實證就是修道：如何把我所的貪著除掉，對自我的貪著也跟著減少了，薄貪瞋癡了，就是二果；再斷五下分結了，五上分結也斷了，那就是解脫道的完成，是阿羅漢，這就是二乘法的忍：聲聞菩提的忍。

可是二乘法還有一個因緣觀，佛世時諸阿羅漢都從佛聽聞而觀修，能觀察生老病死苦。緣覺則是自己有智慧觀察：此因爲彼緣，此有故彼有，此生故彼生；因爲生所以有老病死憂悲苦惱，因爲有所以生。一直往上推溯：因爲無明才會有身口意行出現，有身口意行就會有下一世的名色出現。再一直往上推，推到無明，無明從哪裡來？無明總不會憑空無因而生，總不會從虛空生，無明原來是含藏在眞識中，是從眞識中出生的，所以佛在十因緣法中說無明等法都是：齊識而還，不過彼識。正因爲有一個眞實心才會有無明存在，虛妄而無自性的無明不可能獨自存在，因爲無明是與覺知心及意根相應的法，當然是依附於心而存在，不可能獨自存在，也不可能是在虛空，那當然是依眞識而存在，才會被覺知心及意根所緣而產生流轉生死的作用；可是眞識在哪裡？我不知道！因爲我不是菩薩，我是緣覺；但我知道無明了，把無明滅盡了，不再讓十二因緣中的識緣名色的六識心再生起了，所以捨壽後寧願讓自己死掉滅失而不再投胎，就出三界生死了！這就是因緣觀的忍，是二乘菩提的第二種忍。這種忍很難使凡夫接受，所以才說是忍；不能忍於讓自己滅失的人，就是有我而非實證無我的人，就沒有二乘菩提的無生忍，一定會再投胎而有世世的生死。

大乘菩提，除了這兩種忍以外，還要進而找到實相心第八識——如來藏。找到了如來藏而能接受，確定沒有錯而能安忍，現觀祂的本來無生、本來涅槃、本來清淨、本來恆具種種自性，確定後能安忍而轉依祂的如是眞如性；這是忍於覺知心與意根以外的另一個心本來就無生，不是錯悟者想要將永遠有生有滅的覺知心變成未來永遠無生，大不相同；也與二乘法中滅掉蘊處界及六入的「將滅止生」修法不同，在大乘法的這種法忍中，已經包含了二乘菩提的兩種忍，絕無絲毫衝突，並且更加深妙廣大，能發起般若智慧及諸地的無生法忍，這就是大乘的無生忍。初證如來藏時，大乘法的人無我已成就了，大乘的人無我與二乘的人無我是不同的，是更廣妙的，這也是忍。悟後再進修般若的別相智，再進修一切種智，成就了諸地的無生法忍，這也是忍。所以，忍這個法，其實沒什麼可以玄想的，忍就是接受的意思；對於二乘無我的智慧境界，對於大乘人無我與法無我的智慧境界，能接受就是忍成就了：得無生忍、無生法忍。

種種在三界中受苦，其實都是自作自受，在未來的無量世中，如果想要遠離惡劣的共業，在共業中仍不受苦報，就應該修忍；若能加上供養三寶……等善淨業，就可以免除共業的困擾；這是我們在五濁惡世中可以由自己決定及確實加以免除的業，成為別業，也就是共業之中有別業。所以持戒而不犯瞋、慢、愚痴，並且修種種善淨業，自然就會有別報：在共業之中有別報而不受痛苦。這是我們講戒經的目的所在，也希望大家在戒經上的聞熏可以得利，使未來無量世的菩薩道順利成功。

【「善男子！生忍因緣有五事：一者惡來不報、二者觀無常想、三者修於慈悲、四者心不放逸、五者斷除瞋恚。善男子！若人能成如是五事，當知是人能修忍辱。若人軟言淨身口業，和顏悅色先意問訊，能觀一切苦樂因緣，當知是人能修忍辱。若能修空三昧，觀諸眾生悉是無常受苦等想：彼罵辱時，能觀罵者如狂如癡、稚小無智；當知是人能修忍辱。智人當觀：勝我者罵，我不應瞋，何以故？我若瞋者，或奪我命；

若不如者瞋，亦不應報，何以故？非疇匹故，我若報者辱我身口。譬如有人授毒與他，人無責者；如其自服，人則嗤笑；我亦如是，若瞋彼者，當於未來受大苦惱，一切聖人悉當責我；以是因緣，我身若被截斫分離，不應生瞋。應當深觀往業因緣，當修慈悲憐愍一切：如是小事不能忍者，我當云何能調衆生？忍辱即是菩提正因，阿耨多羅三藐三菩提即是忍果，我若不種如是種子，云何獲得如是正果？」】

講記 佛說：能生起安忍之法的因緣有五種。想要對衆生給我們的惡事上面生起忍辱法，這叫作眾生忍，簡稱生忍。想要發起「生忍」，有五件事要做：第一、惡事來加於我們身上時，不以惡事回報。這很不容易，一般人都是想「善有善報，惡有惡報」，不願意惡人沒有惡報，但他們不會動手報復，這算是中等人。如果是上等人，他心裡想：「不論善惡，我統統用善法回報他們。」這就是上等人。如果是下等人，心中就想：「爲什麼老天不懲罰他？老天眞是不公平！」希望給惡人惡報。他因爲學佛了，不想自己動手，但希望老天懲罰惡人：「颱風來了，爲什麼不淹死他？」這就是佛法中的下等人。如果是世俗人，氣起來，乾脆拿了刀自己去殺了，不等老天施報了，這就是世俗人，已經不是佛法中人了。所以我們學菩薩行，應該是惡來不報，並且希望自己可以提升上來：惡來善報。譬如別人謗你的正法是惡法，但是你希望破斥他以後，另外開給他一條路：說明斷我見的方法與道理。如果將來他眞的斷我見了，你還得要讚歎他：「某某人現在已是聲聞初果，應受供養。」這叫惡來善報，才算是大乘法中的上等人。如果他罵過來，你也一樣罵回去，你就失了菩薩的格。如果人家上網亂罵一通，可別理他；因爲你理了他，你就失格了。失格的行爲當然是惡來惡報，使你與他成爲同路人了，所以菩薩也得要注意自己的身分。

惡來不報，只是一般善人；如果要當上品人，惡來時你就說明道理給他聽，並且詳細的說明而發心引導他進入正法。佛專幹這種事，外道開口罵　佛：「瞿曇不算大士，我如果去見他，只要幾句話就會讓他無法開口回答。」常常有外道這樣說。有人回來向　佛報告，佛明天早上托缽前特地提早去找外道：「你有沒有這麼講？」外道因爲是公開說的，不好否認，也有證人，只好承認有說，　佛就用他的法破他的法。這外道說：「眞厲害！是用我的法來破我的法，可見瞿曇眞的是大師。」然後就請問：「瞿曇！你有什麼法？」佛就爲他說法，先說人天善法，漸漸說到二乘解脫道，後來外道得法眼淨，見法得法，心無所畏，聽完了就開口請求：「大師！悔過！世尊！悔過！我能否在你法中出家成比丘？」佛就說：「善來比丘！」他當下就成阿羅漢了。這種例子在四阿含中屢見不鮮，太多了！一千二百大阿羅漢幾乎有一半是這樣來的。本來個個都是心高氣傲，後來都成爲佛弟子，佛就是以這種善淨心來回報外道的惡心；正因爲如此，所以才能有一千二百五十位阿羅漢，幫助佛陀弘法。這都是因爲佛心無瞋，只是把惡緣作爲弘法因緣來度他們。我們一直都是這樣在做，諸位也應當如是學：惡來不報，還加上給予善報的細說佛法，不論他們是否藉破法來逼使我們細說正法而套取佛法的修證，只要能利益他們就行了！能這樣做，眾生忍一定可以成就。

第二、要觀無常想，才能獲得生忍。當眾生罵辱於你，你觀察眾生五陰虛妄，自己五陰也虛妄；罵者是空，被罵者也空，辱罵這件事情也就空了！因爲一切都是刹那變異，無常不住。這樣如實觀察，就可以生忍。第三、要修慈悲心，才能生起忍法。如果能以悲心來看待對方，覺得他很可憐，我們應該如何來幫助他們離開無明之苦？有了悲心，然後生起慈心，願意給對方在法上得安隱快樂，這就是慈。有慈有悲，對於五濁眾生就覺得堪忍。如果慈不夠，悲也不夠，就不堪忍受五濁眾生，捨報時：「我發誓絕不再來娑婆度眾。」只有覺得眾生堪忍，才敢發願再來。末法時代大德因此越來越少，眞的大德不見了，就會有越來越多的凡夫冒充大德，原因就在這裡。悟後不願再來此界人間，就是因為慈與悲不夠，所以無法生忍：不能忍於眾生的惡劣。

第四、心不放逸就能生忍。如果一心在法上用功，任別人怎麼誹謗，他都不關心；當他完全不關心時，對眾生就能安忍，因為認為學法、證法才是最重要的。就像你們正在參禪時，一直無法破參，乾脆把職業辭掉，在家中努力用功參禪，等破參以後再考慮找職業。我們會中有很多人都是這樣，這就是心不放逸。但這並不是我們所鼓勵的，不辭職也是一樣可以證悟的，只要有眞善知識教導。一般人無法接受的失業這件事情，他心甘如飴的接受，並且是主動辭掉的。同理，如果專心在法上用功，還有什麼不能忍的呢？這是心不放逸而生起眾生忍。第五、斷除瞋恚就能生忍。如果能把瞋恚心除掉，對眾生也就可以接受，心就能安忍，所以斷除瞋恚也是生忍成就的因緣之一。佛說，如果有人能成就這五件事，我們就知道他是能修忍辱行的人。

如果有人以柔軟語來淨除身口的業行，待人接物時總是和顏悅色。和顏就是臉色安祥，不橫眉怒目；悅色就是表情很歡喜。「先意問訊」是見人來了就主動問候對方：是不是需要提供服務？並且請問他：「近來好不好？」這叫作問訊。譬如問：身體好嗎？事業順利嗎？子女好不好教？乖不乖巧？這是對世俗中人的問訊。佛陀住世時，問訊並不是一個動作，現在佛教界爲何弄出一個動作說是問訊，很奇怪！問訊不是動作，一切弟子遠行回來見了 佛，禮拜之後一定要問訊：「這幾個月（或這幾年）來，世尊是否身心輕利？弟子好不好教？眾生容易度否？」這才是問訊。先要問 佛身體好不好？有沒有身心輕利？再問眾生易度否？要問問你離開這半年中， 佛世尊生活上有沒有不便？眾生好不好度？是不是一切順心？這才是問訊。所以問訊，不是一個動作，而是請問最近道業上、度眾上順不順利？先意是說，自己要先主動想到而先作這件事。如果有人能和顏悅色，對眾生先意問訊；並且能觀察一切苦惱的因緣：何等因緣會產生苦受，何等因緣會產生樂受，能觀察苦樂因緣的人就能修忍辱行。他知道未來被報復殺害的苦受，是由今天不能忍受惡人加於自己的小侮辱；未來受樂，是因爲今天施給眾生安樂而得到回報；懂得深觀未來苦樂的因緣，一定能修忍辱行。

如果能修空三昧，也能修忍辱。空三昧是三三昧中的第一個。大乘法有三三昧，二乘法也有三三昧；二乘法的三三昧是講空、無相、無願，或者空、無相、無作，意思是一樣的。空是二乘三三昧中的第一個，也就是觀察諸眾生都是無常，而且眾生其實一直都在苦難之中。也許有人不信：「**眾生哪有一直在苦難？你看那些孩子們不都在 KTV 唱歌，唱得好快樂？又唱又跳的歡笑。**」但是又唱又跳而歡笑，本身就是苦，因爲它們是無常，無常所以是苦，總不可能三天三夜又唱又跳又笑吧！跳上一個鐘頭就累呼呼的了！就算只是那一個鐘頭，也是苦！因爲是行苦：身口意行念念無常，無常則是變異，變異則是苦，終歸於空，這就是二乘法的空三昧。在這裡暫且不講大乘法的空三昧。

還要觀察：當眾生無理罵辱我們時，你冷眼旁觀，看對方是不是像一個發狂的人？是不是一個愚癡人？當他氣得跳腳、大聲吆喝時，真的跟狂人一樣，你就當作正在看一個狂人在表演狂戲，那你就不是愚癡人了！當他表演一個狂人的模樣給你看時，不就是愚癡人嗎？難道我們也要跟著愚人來表演愚痴相嗎？有智慧的人不用互罵的方式解決問題，而用說理來解決問題；所以狂人在那邊罵，只能把事情弄僵了！弄僵事情的人當然是幼稚小兒。如果有人能這樣觀察，我們就知道他是能眞正修學忍辱行的人，不會退失於忍辱行。

這些前提講過了，佛又進一步開示：「有智慧者應當觀察，如果對方是勝過我的人，他若罵我，我不應該起瞋心，爲什麼呢？假使氣到後來控制不了，起瞋而做了回應，對方可能把我命都奪走了。」譬如出門時遇到一個彪形大漢，他也許喝醉了酒，或者心行不好，看見誰都要辱罵；你若不能忍受，與他理論，也許他一拳打死你，就像武松以拳頭打死老虎一般：我們若起瞋，「或奪我命」，有可能奪去我的性命，那我就別修道了，所以不該起瞋。佛說：「如果遇到不如我們的人」，譬如小孩子十歲了，調皮不懂事，在家裡被父母罵了，跑出家門在路上哭，你好奇看了他一眼：「爲什麼這小孩子在這邊哭？」可是小孩子牽怒，罵將起來：「看什麼看！」你不應該回報他，因爲身分不對等，如果在那邊與他對罵，別人會笑你：「唉呀！一個好好的大人跟小孩子在那邊對罵，眞愚痴。」人家會說你是不是精神有問題。「如果回罵了，將會污辱我的身口，所以不應該回罵。就好像說，有人把毒藥送給一個人，大家不會罵他把毒藥送給對方，因爲已經告訴對方這是毒藥。」毒藥也許可以拿來做別的用途，譬如消毒；其實我們用的消毒水本身就是毒藥，只是把它稀釋以後叫作消毒水。「拿到毒藥的人若善於運用就沒事，如果不善於運用，把它拿來吃了，人家就會笑：『你這個愚癡人。』」可是贈送毒藥的人不會被嘲笑是愚痴。我們也一樣，如果有人把瞋毒送給我們，我們不必接受，也不必起瞋，還給對方就沒事了，不要自己拿來吃。「如果我們因爲對方送來的瞋毒，就接受而生起大瞋心，未來將會領受大苦惱。而且一切聖人也會責備：『你既然學佛了，爲什麼和那些愚癡人一樣起瞋心呢？』一切聖人都會責備我們。由於這個因緣，我們眞正修道的人，縱使身體被砍乃至斷手斷腳，也不應該起瞋心。」如果頭被砍了，更不應該起瞋，因爲意識隨後就滅失了，想瞋也起不了瞋，所以都不應該起瞋心，生起瞋心的結果是將來墮落三惡道。如果是有大福德而在捨報時生起大瞋，死了就去阿修羅道；若沒有大福德而起大瞋，死了去當厲鬼；如果稍微有一點福德，死時起大瞋，就去當虎狼；所以學佛人應該懂得：不論什麼時候都不應起瞋心。

「也應該深入觀察往世種種善惡業的因緣，也應當修慈悲，以慈心與悲心來憐愍一切。如何修悲？應當要這樣想：『像這些世間法上的小事假使都不能忍受，我們還能當什麼菩薩？又如何能調伏眾生進入佛法呢？而且忍辱是修成菩提的正因』，因爲忍有眾生忍與法忍，所以忍是佛菩提道的修行正因、覺悟的正因。「『無上正等正覺是修忍所得到的果實』」，忍可以成就無上正等正覺，就是忍果；忍可以成就無上正等正覺，都是從生忍和法忍得來的，所以說無上正等正覺就是忍果，「『既然知道這個道理，卻又不肯種下生忍、法忍的種子，未來要如何獲得無上正等正覺的正果呢！』」

【「善男子！若有智人樂修忍辱，是人常得顏色和悅，好樂喜戲，人見歡喜，睹之無厭；於受化者，心不貪著。智人見怨以惡來加，當發善願：『願彼怨者未來之世，爲我父母兄弟親戚，莫於我所、生憎怨想。』復當觀察：『若人形殘、顏色醜惡、諸根不具，乏於財物，當知皆從瞋因緣得，我今云何不修忍辱？』以是因緣，智者應當深修忍德。善男子！菩薩摩訶薩修忍辱時，常樂觀察生死罪過，樂修法行，勤於精進讀誦書寫如來正典，供養師長有德之人，能瞻病苦；修於慈悲，憐愍一切，見苦惱者能令遠離。常樂出家，乃至盡壽持戒精進，攝持六根，不令得起煩惱因緣。寧捨身命，終不毀戒。若他有事樂爲營理，常有慚愧樂讚忍德，爲調衆生堪忍衆苦，於怨尚能忍於惡事，況復親所？能忍二瞋：一衆生瞋、二非衆生瞋，捨己樂具、令衆得樂，不念多惡、不忘少善。遠離兩舌，前後默然不說彼短；說煩惱過，令衆得離。他所不喜不爲說之，淨身口意、了諸罪業。若客煩惱因緣作罪，作已慚愧，心生悔恨。善男子！菩薩二種：一者在家、二者出家；出家菩薩修淨忍辱，是不爲難；在家修忍，是乃爲難，何以故？在家之人，多惡因緣所纏遶故。」】

講記　佛說：「如果是有智慧的人，他一定會樂於修忍辱行；他一定常常容貌都是歡歡喜喜、快快樂樂的，並且喜歡在快樂的境界當中安住，當作是一種遊戲；所以任何人見了他都歡喜，都不會討厭看見他，並且喜歡跟他永遠在一起工作、安住。有智慧的人對於被他度化的人們，心中都不起貪著，不會因爲眾生離開，他就難過。有智慧的人看見怨家以惡事加諸於自己，不會以惡心回報，反而應該發起善願：『願怨家在未來世成爲我的父母兄弟親戚，不要在未來世仍然對我產生厭惡及怨心。』並且還應當觀察：『如果有人生來色身殘缺、顏色醜惡，並且五根不具足，又加上錢財一直都很缺乏，應當知道他是往世瞋心的因緣而得到這樣的果報，我如今爲何不肯修忍辱？』由於這個因緣，有智慧的人應該很深入的修習安忍的德行。」

佛又說：「菩薩摩訶薩修忍辱時，常常樂於觀察生死的罪過」，換句話說，對於明心而證悟般若的人，不該常常貪著增長生死的事情。什麼是增長生死的事情？今天有一百萬元存款，卻還想著：我明天再去賺兩百萬元。一年的薪水可以領到一百萬，還不滿足：「希望我明年、後年都可以領到兩百萬元。」當然要去巴結上司，希望趕快升官。同理，出家以後弄到一片山林，本來已經建好的寺院，覺得還不夠大：「我再想個好辦法來勸募，弄個一百公頃土地，蓋個世界第一大的寺院。」這都是助長生死的業行，這就是不能觀察生死的罪過，這種人一定不是菩薩摩訶薩，一定是凡夫菩薩。所以，你們看廣欽老和尚，很多人要增建承天寺，他反對；後來拗不過，就說：「好吧！你們想要建，就自己去建吧！」所以他有智慧，如果錢不夠時就不能拉著老和尚出來作人頭說：「高僧哩！大家捐錢來。」所以他有智慧，因爲他知道什麼是生死的罪過。「生死流轉當中有許多罪過，要免掉生死中的種種罪過，就要樂修法行。所以證悟後應當專心在法上用功進修，不該在增長生死的事情上用心，應該樂修法行。並且要精勤於精進讀誦、書寫如來正典，還要做一件事：供養師長、有德之人。假使師長有德之人有病苦時，要慇勤瞻顧。對一般人，應該修慈悲心來憐愍他們；看見眾生有苦惱時，應該爲他們開示佛法，讓他們遠離苦惱。假使佛教不興盛了，你還得要發個大心，常常樂於出家；」如果佛教很興盛，出家人很多了；我們就不用出家，自己好好用功。但在沒有人願意出家時，你可要發心出家住持正法，不然佛教的表相就滅了，所以應該要常樂出家；「乃至盡形壽嚴持出家戒和菩薩戒而精進修行，攝持六根，不要讓自己有生起煩惱的因緣。寧可棄身捨命，也不因爲被威脅利誘而毀犯戒法。假使衆生有事情，我們也樂於爲衆生做事。並且常常要有慚愧心，樂於讚歎能修忍的菩薩們」，不管他的忍是衆生忍或是法忍，只要別人有忍德，我們就應該懷著慚愧心來讚歎對方。「在度衆生的過程當中，也不要埋怨說自己做得太辛苦，應該堪於忍受種種的苦惱；因爲修忍辱行的人，對於怨家尚且要能忍於種種惡事，何況對於親近自己的衆生，爲什麼不能忍於種種的苦惱呢？」

「修忍的菩薩應該忍兩種瞋：第一種是衆生瞋，第二種爲非衆生瞋。衆生瞋是惡劣衆生無端羞辱時，菩薩得要能忍，這是忍衆生瞋。」「非衆生瞋」是不因爲法太深奧、太難懂，就起瞋不學了。同修會中每年都有這種人，學到後來氣自己：「我怎麼參禪都參不出來，不參了！

不學了！」回老家吃老米去了，每年都有這種人，禪淨班一結束，眼看自己還沒有消息，就於法起瞋而退失菩提心了！但是 佛說：「菩薩必須能忍於非眾生瞋。」除此以外，「應當把自己所喜歡的受樂之具捨棄送給眾生，讓眾生得快樂。並且不要回憶眾生以前對我們是如何的可惡，假使眾生對我們有一些小小的善行，我們千萬要記得，要為眾生隨喜。還要遠離兩舌，讓兩方能和樂安住；並且前前後後都不說雙方的過失，不加以宣揚，免得造成和合僧團的分裂。還要為眾生宣說我見煩惱及我執煩惱的過失，也說明我所煩惱的過失，乃至為眾生宣說上煩惱的過失，讓眾生都可以離開煩惱。」能這樣作，才叫作菩薩而稱為摩訶薩。

換句話說，悟後就是要做這些事，你如果悟了以後不能做這些事，那怎麼叫作摩訶薩呢？只能說是一直原地踏步，一直停留在菩薩見道的眞見道位，都還沒有進入相見道位中修行；一旦進入相見道位，就要為眾生做這些事。除此以外，「別人所不喜歡的，不要把它說出來。」譬如某人學佛以前做了不光采的事，你是他的老朋友，但你卻當眾把它抖露出來，他就會覺得很難過，這種事情不要做。「還要清淨自己的身、口、意業，要了知種種罪業爲什麼會產生；瞭解以後就不會去做了。假使是從客塵上的煩惱因緣而作的罪，作了以後應該要有慚愧心，並且心中要悔恨自己爲什麼會鬼迷心竅去作了這種事。」客塵煩惱是在我所上產生的煩惱，不是在我見與我執上產生的煩惱；也就是在五塵、五欲上貪著，所以產生了煩惱而作了不好的事。「萬一作了，應該慚愧、自責其心，心生悔恨。」這樣才能稱爲菩薩摩訶薩。

接著佛作了一個結論：「善男子啊！菩薩有兩種：一種是在家菩薩，第二種是出家菩薩。出家菩薩修行清淨的忍辱行，這是比較容易的，因爲惡因緣比較少；但是在家菩薩修清淨的忍辱行就很困難了，因爲在家菩薩們有許多惡因緣所纏繞的緣故。」

〈毗梨耶波羅蜜品〉第二十六

【善生言：「世尊！菩薩摩訶薩能修六波羅蜜，誰爲正因？」「善男子！若善男子善女人，已生惡法爲欲壞之，未生惡法爲遮不起，未生善法爲令速生，已生善法爲令增廣，勤修精進，是名精進。如是精進即是修行六波羅蜜之正因也，是勤精進能脫一切諸煩惱界。善男子！若能受於三惡道苦，當知是人眞實能修毘梨耶波羅蜜，平等修集、不急不緩。」】

講記　毘梨耶是音譯，意爲精進。精進波羅蜜是精進到彼岸。菩薩道必須六度具足，不能偏廢，並且每一度其實都含攝其餘五度。這個道理，我在破參前就曾經公開講過了！也不曉得是什麼原因，反正學佛後我就自己會知道：每一度都含攝其餘五度。破參前，我曾經在別的道場中講過，不曉得他們的錄音帶還在不在？精進波羅蜜，是證悟的菩薩們修六波羅蜜的正因；如果六度不精進修學，那是不可能成就的；就像一壺水，燒一分鐘就關掉一個鐘頭，那你燒上十年也燒不開的；所以學佛一定要精進，否則三大阿僧祇劫要變成三萬個大阿僧祇劫，所以精進是到彼岸的正因。

佛說：「有一個法叫作四正勤，菩薩摩訶薩們證悟之後要學：已生惡法要把它壞滅；未生的惡法要遮止，讓它不能生起；未生的善法，要想辦法讓它趕快生起；已生的善法要使它迅速的增長廣大。這樣精勤的修行，才叫作精進。」這就是四正勤，又名四意端，是精勤修行正法的四種方法。換句話說：惡法未生時就應當要遮止，已生的惡法要趕快滅除；善法未生時要趕快發起，已生的善法要讓它增長廣大。

佛說：「這樣精進修行，就是六度波羅蜜的正因；這樣勤勞精進，能使人脫離一切煩惱的境界。善男子啊！如果能忍受三惡道的苦，而仍然不會退轉於六度波羅蜜，我們就知道他眞正能修精進到彼岸；並且能平等的修集六度，不偏於任何一度；而且不會太急躁，也不會太過於寬緩的精進修行精進波羅蜜。」一般人學佛有個大毛病，剛開始全心全神投入，可是不久就退回家中去唱卡拉OK了，不再學佛了。學禪、念佛都一樣，這種人很多，所以淨土宗有一句話很有名：「念佛一年，佛在心田；念佛三年，佛在眼前；念佛十年，佛在西天。」越念越遠，到後來都沒有佛了，淨念都不見了。很多人學禪也一樣，剛開始很努力學；

學到後來就懈怠了，十年後根本不參禪了。這事兒古時就很多，所以常常有出家眾作禪和子，參到十年以後說：「我已經不作參禪僧了，現在只作個粥飯僧。」只是平常過日子吃粥吃飯，不參禪了，這叫作懈怠，沒有四正勤了。不過末法時期學佛學到退轉了，我們應該體諒，因爲這個年代，你要找證悟的人很難啊！找來找去，所有善知識始終都是教人取證離念靈知，都落在意識心中。有的人還沒有悟，或者自以爲悟以後，不久就已經知道離念靈知錯了，像李元松老師就是這樣，這個人值得欽佩。他知道自己悟錯了，所以後來乾脆就自稱信佛人或念佛人，求生極樂世界（編案：當時平實導師尚不知道李老師曾經廣寄致歉函承認自己悟錯了），所以不再弘法、也不再參禪了，因爲悟不了嘛！但這種事情，在末法時代我們應該體諒，因爲沒有眞正的善知識來指導的緣故，那些大名氣的大師們也都悟錯了的緣故，才會導致佛子們不能持續的精進。可是像法時代的學佛人如果也這樣，那就該責備了！因爲古時證悟的禪師其實也不少，不少，不像現在是絕無僅有的可憐狀態。

所以說，能平等的修集六度波羅蜜，這很不容易。一般人學佛都有偏頗，以前有許多大法師說（當然都是私下講的，這也是我親耳聽聞）：「念佛的人心性比較好，肯護持正法道場；學禪的人比較自私，不如念佛人肯大力護持寺院道場。」十年前各寺院幾乎都一樣，最努力護持的都是念佛會的成員，可是禪坐會的學員們護持都不踴躍。各道場都這樣，眞的很奇怪！大法師們私下這樣講，這是我親從大法師的嘴裡面聽到的，不是輾轉聽來的，但是卻與我們這裡不一樣，來我們這裡學念佛也學禪，可是都很努力護持，我想一定有原因。大概是因爲現在大家比較有智慧，在確定是不是正法以前，都先聽聽看、學學看，不當作眞的一回事；所以去他們那邊學禪時大概不很踴躍捐輸，原因可能是如此吧！話說回來，一般人確實不是平等修集六度波羅蜜的，他們去到各大道場，往往是想學禪、求悟，可是對於布施、持戒、忍辱並沒有努力在修，或者禪定有努力在作，有精進學禪、學般若，可是布施、持戒、忍辱卻不修，因此就會產生六度不能平等修集的現象，要悟就會很難。

我們每年禪三審核都是平等審核，所以每一組都要審核、簽呈上來，不是某人能憑一己的好惡來單獨決定的。有人在第一關就被親教師刷掉了，有人到了第二關，教學組依照共修管理辦法，不符合錄取標準而被刷掉了，因爲他缺課太多，後面還有許多組都要一一審核。爲什麼要這樣層層審核？因爲六度必須要平等修集，若六度沒有平等修集，不必到我這一關就已經先被刷掉了！最後來到我手裡，先把前面已經沒通過的拿掉，通過親教師和每一組審核的人，我再來挑選。但是還是有人會被我刷掉，因爲名額有限，一定會有遺珠之憾；那就有耐心一點，多報幾次，機會就增加了，但前提是要先注意六度的平等修持；若只精進修般若度，報名一百次也沒有機會，因爲違背了 佛平等修集的開示。

六度一定要平等修集而不能偏廢，不能專精一度，光修般若波羅蜜，而不修布施、持戒、忍辱、精進，還是無法被錄取的。偏修一度就無法不急不緩，遲早會退轉的；有人專修布施波羅蜜，後來就像《優婆塞戒經》講的：因爲財物布施完了，所以他無法再布施，布施波羅蜜就修不下去了，其他五度又不想修，結果就偏廢了。所以學法應該要細水長流，我們一向不鼓勵大家把所有家產都賣了，一次捐進來；因爲我們覺得這樣做，將來會有痲煩；要是有哪個學員將來生活過不下去，我們會裡的規矩及章程又無法撥款幫助他生活，他也可能不會接受，這樣一來大家心中都會很難過，所以希望大家學法及護持時都能不急不緩。有人專修般若波羅蜜，一天到晚想要悟，問題是其他五度都不具足修，都偏廢了，那我們也無法錄取他；所以一定要注意這八個字，六度波羅蜜一定是「平等修集，不急不緩」，這樣道業反而容易迅速成就。如果太急，道業會有遮障；太過寬緩就變成懈怠，精進波羅蜜也不能成就。

【「精進二種：一正、二邪。菩薩遠離邪精進已，修正精進；修信、施、戒、聞、慧、慈悲，名正精進。至心常作，三時無悔，於善法所不生知足，所學世法及出世法，一切皆名正精進也。菩薩雖復不惜身命，然爲護法，應當愛惜。身四威儀，常修如法；修善法時心無懈息，失身命時不捨如法，若能到於六事彼岸，悉是精進之因緣也。若自讀誦、書寫、思惟十二部經，名『自爲法』勤行精進；若能以是轉化衆生令調伏者，名『爲他法』勤行精進。若爲菩提，修菩提道，布施持戒，多聞智慧，修學世法，供養父母、師長、有德之人，修舍摩他、毘婆舍那，讀

誦、書寫十二部經，復能遠離貪恚癡等，名『為菩提』勤行精進；如是悉名為正精進，是名六波羅蜜之正因也。善男子！懈怠之人不能一時一切布施，不能持戒、勤行精進、攝心念定、忍於惡事、分別善惡，是故我言：六波羅蜜因於精進。〕

講記　精進有兩種：第一種是正精進，第二種是邪精進。什麼是邪精進？現在佛門有很多人一天到晚打坐求一念不生，甚至於有法師寫書說：「如果能一個小時、兩個小時都一念不生，那就叫作開悟。」這還是很有名的商務印書館印出來的。二十年來的佛教界都這樣修，誤以為一念不生時就叫作開悟；都認為能長時間住在一念不生境界當中，就是證得開悟境界，所以每天努力打坐求一念不生，這其實是邪精進。還有一種人把《妙雲集、華雨集》抱著一直啃，啃到書都爛了，然後出門講得頭頭是道，說他是在精進度化眾生，結果講的都是兔無角論、無因論，具足斷常二見；這樣一天到晚在宣揚人間佛教，很努力在做，可是佛與諸大菩薩們都不可能為他們這樣精進而點頭，都只能搖頭，因為是邪精進；越努力弘揚就與佛法真義違背得越嚴重，所以叫作邪精進。可是有誰知道這些都是邪精進呢？

更具體的代表，就是西藏密宗努力弘揚雙身法。我們已經把《狂密與眞密》貼上網路去了，現在他們乾脆在台灣也不再隱晦了！以前是很隱密的傳，現在乾脆在台灣公開發行雙身法的修行方法了！他們認爲那是精進修行，但其實是邪精進。所以我們要把《狂密與眞密》的書籍上架，讓諸位少量多次的放到會外流通處去，就是要讓佛弟子們知道那是邪精進，希望警覺他們別走錯了路，免得違犯十重戒，成就地獄罪以後還以爲是在精進。我們花很多錢這麼做的原因，就是想要救護藏密學人免除地獄罪。所以精進的正與邪一定要分清楚，可是眾生無知，不能瞭解；我們既然知道了，就有義務要讓他們瞭解。如果我們知道而不做應當做的事，不想幫助藏密學人瞭解雙身法的嚴重破戒、犯地獄罪，坐令他們繼續邪精進以後捨報下地獄，那我們就是無慈、無悲。無慈無悲的人怎麼能稱爲菩薩摩訶薩呢？所以才要籲請諸位發心救救那些被喇嘛們誤導而在破戒及毀壞正法的人。

菩薩摩訶薩知道正精進與邪精進的分際以後，當然就能離開邪精進，從此以後當然就是正精進的修行者。正精進的修行者應當修正信、布施、持戒、多聞、智慧、大慈、大悲，才是正精進波羅蜜的修行者。並且對菩薩六度應當以至誠心常常努力來修行，二六時中絕不後悔，於一切善法都不會生起滿足的想法，並且在所學的世間法及出世間法上都以善心、清淨心來修學；這樣做，不論是在世間法或出世間法上來修，都稱爲正精進。我們身爲大乘行者，不應該有聲聞人的心態；聲聞心態是：除了修學佛法，世間什麼法都沒興趣了，那就變成消極；所以有人出了家躲到深山叢林去，只受供養而自修，根本不管眾生能不能在佛法上得到利益，這就是聲聞，不是菩薩。菩薩不厭惡世間法，菩薩有一個特性：身證出世間法而不壞世間法，深觀世間法的過患，但不遠離世間法，而且是不壞世間法而證菩提，這與聲聞人大不相同。

聲聞人是要壞世間法才證菩提的，因爲聲聞法要先斷我見，還要斷我執；斷我執以後，世間一切事都不掛念，只想要遠離世間一切事。但菩薩不然，證得菩提之後不遠離世間一切事，也不遠離眾生，常與世間眾生同事共處而自利利他，最後與眾生成就佛道，所以菩薩也學世間法。如果菩薩證悟後再去夜間大學讀書，我們也應當隨喜。因為本來只有高中畢業，若沒有學士、碩士、博士學位，眾生可能會看輕你，不易弘法，因此而想再取得博士學位，那也很好。菩薩不因證得出世間法就毀壞世間法，不因為開悟了就輕視家人，不因為證悟了就看不起家中二老。所以菩薩雖證菩提，但卻不壞世間法，這才是正精進。

「菩薩雖然不珍惜自己的色身性命，但是為了護持正法的緣故，應該要愛惜身命。」有少數同修們不太照顧身體，讓家人擔憂，這種作法不正確。不能因為你證悟了，斷了我見、我執，就不照顧色身、就糟蹋色身，日夜不停的做事。因為你對家人有責任，既然嫁了、娶了，對配偶就有責任；生養了孩子，對孩子就有責任；為人子女，對兩老一樣有責任，所以不能不愛惜身體。雖然為護持正法，隨時可以捨命，但若不是必要，就不必捨命：**「休息是為了走更長遠的路。」**愛惜身體是為了讓你的色身住世更長，可以為眾生、為佛教做更多的事。雖然正法危急存亡之秋，可以不惜身命；但若不是很緊急，不必一定要捨命才能救護正法，為了長遠的護持正法，應當要愛惜身命。行住坐臥中都應該注意是否如法。修菩薩行，乃至證悟了，不可惡行惡狀，也不要扭扭捏捏，更不要輕佻猖狂，應當如法安住，要有基本的四威儀。修善法時，心不要懈怠休息；縱使到了即將喪身捨命時，也應當如法安住；能這樣依六度波羅蜜而平等的修習六種到彼岸的法門，這就是精進的因緣。

「如果是自己精勤的讀誦、書寫經典（當然現在不用書寫而改用印刷，可以助印而達到書寫的目的），進而思惟十二部經，就是『自為法』而勤行精進，是自己本身為了證得正法而勤行精進。如果能以讀誦、書寫、思惟乃至親證十二部經的法義，迴轉過來度化眾生，讓眾生心得調伏，安住於法中，這叫作『為他法』而勤行精進。如果是為了菩提的親證而修菩提道：從布施、持戒、多聞、智慧以及在世間安住修學世間法，加上供養父母、師長、有德之人，有空閒時修止、修觀，讀誦、助印十二部經，還能遠離貪瞋癡，這叫作『為菩提』勤行精進。像這樣用功修行，都叫作正精進，正精進是六波羅蜜成就的正因。懈怠的人不可能一時之間願意布施一切人，懈怠的人也不可能會持戒，他不能勤行精進，也不能攝心正念而安住於心不動轉的境界中；他也不能忍於惡事，無法分別善惡，所以我釋迦牟尼佛這麼說：六波羅蜜——六種到彼岸——的正因就是精進。」

【「善男子！有勤精進非波羅蜜，有波羅蜜非勤精進，有亦精進亦波羅蜜，有非精進非波羅蜜。精進非波羅蜜者：如邪精進、善事精進、聲聞緣覺所有精進。有波羅蜜非精進者：所謂般若波羅蜜。有亦精進亦波羅蜜者：所謂布施、持戒、忍辱、精進、禪等五波羅蜜。有非精進非波羅蜜者：一切凡夫聲聞緣覺布施、持戒、忍辱、禪定、智慧及餘善法。善男子！菩薩有二種：一者在家，二者出家；出家菩薩修勤精進，是不為難；在家修進，是乃為難，何以故？在家之人多惡因緣所纏遶故。」】

講記 佛再作四句分別說：「善男子啊！有勤精進而不是波羅蜜，有波羅蜜但不是勤精進，有既是精進也是波羅蜜，也有非精進非波羅蜜。」第一種的精進而不是波羅蜜，是說精進而不能到彼岸，譬如邪精進、善事精進、聲聞緣覺所有精進，這三種都是精進而不能到彼岸。邪精進就是說用功的方法錯了，本來是想要成就佛菩提，就應該要證如來藏，結果卻是在蘊處界的緣起性空上面用功，認爲懂得緣起性空就是開悟，那是佛菩提上的邪精進。想要成就佛菩提，一定要從親證如來藏而現觀如來藏的眞如法性，然後進修一切種智，但藏密學人卻跟著喇嘛們在無上瑜伽的樂空雙運上面去求淫樂的至極享受境界，永遠不能成就佛菩提果的見道，更別說是成佛了！他們很精進的結果，如同宗喀巴說「**每天八時精進修行雙身法**（也就是每天最少要有十六小時努力修雙身法）**才是不犯金剛戒的人**」，這樣精進的結果卻是永遠都不可能到達彼岸的，都是邪精進。

第二種人也是有精進而無波羅蜜，就是世間善事的精進；現在最具體的例子就是慈濟，她們是善事精進。因爲證嚴法師既不斷我見，也不斷我執，也不在佛菩提上親證如來藏，而說光做善事生起歡喜心就能證得歡喜地——初地；但這叫作世間善事精進，後世只能得到人、天善果。如果他們沒有大妄語說：「**我已經十幾年很努力爲眾生做事，每天都很歡喜不退，所以證得歡喜地的初地聖位。**」如果不加上最後一句，正是善事精進，後世可得人天善果，未來世在人間時將會很有錢、很有福報；

但若加上最後一句，就變成大妄語業，死後要下墮地獄了！縱使因爲大福德而不受種種大苦，可是在那個環境中仍然是很苦的。他的福德很大，所以下墮地獄後比別人少受很多苦，可是仍然要受惡劣環境的痛苦，也無法成就佛道。而且離開地獄後要墮落畜生道去當人家的寵物，主人對牠比孩子還疼愛，因爲牠有大福報；但牠是愚癡的，如同大象掛瓔珞一般，這就是善事精進而加上自稱證得初地的大妄語果報，像慈濟功德會的證嚴法師一類人，就叫作有精進而非波羅蜜。

至於聲聞緣覺所有的精進爲什麼不是波羅蜜？他們明明已經解脫了，爲什麼不是波羅蜜呢？爲什麼不是到彼岸？我們已在《邪見與佛法》書中講過了，說他們不到彼岸。你們還沒有證得有餘涅槃、無餘涅槃，一明心就到了彼岸，因爲彼岸是什麼境界，你已經知道，已經親證了，所以說你已到彼岸。可是聲聞緣覺斷我執了，能取無餘涅槃了，卻還是不到彼岸；因爲他們入涅槃時，七轉識已經滅了，沒有覺知心與意根存在了，能有誰可以到解脫的彼岸？沒有聖人也沒有彼岸可以到。而你們現在可以住在如來藏的境界中，如來藏的境界你很清楚，你現前觀照到自己的如來藏無生也無死，正是無餘涅槃的彼岸；你現前這樣安住，就是已到彼岸；但二乘聖人入了無餘涅槃時，方便說爲到彼岸，其實他們的蘊處界都滅盡了，不可能親見涅槃的彼岸；當他們還活著時，彼岸是什麼境界？他們也不知道，因爲彼岸就是如來藏的自住境界，他們都不知道，所以他們有精進而沒有到彼岸。

第二種是有波羅蜜而非精進。就是有到彼岸，但不是精進。譬如有因緣明心證悟了，就知道解脫的彼岸是什麼境界，就是已經到了彼岸：知道彼岸就是如來藏的境界，如來藏沒有生死，那就是度過生死彼岸了；可是卻沒有精進，五度都沒有努力在修，只因爲因緣好，譬如大善知識是親朋故舊，交情很好，他一心想要幫我開悟；可是他幫我開悟了以後，我在布施、持戒、忍辱、精進、禪定上面都不努力，悟後只是混日子、享受成果，這就是有般若波羅蜜，但沒有精進。他去上課聞熏妙法回來，既不思惟所聞妙法，善知識寫的書也不詳讀，勝妙經典也不研讀，每天混日子，可是上課時一定會來，這叫作有波羅蜜而沒有精進。

第三種，「有亦精進亦波羅蜜者」，這種人很精進，也有到彼岸。譬如破參了以後，布施、持戒、忍辱、精進、禪定都很努力在修，就是亦精進亦波羅蜜。第四種，「非精進非波羅蜜」，是一切的凡夫們，既然還沒有開悟，當然就沒有到彼岸；但是也不努力進修其餘五度，有人邀約就來聽聽經，回家了就忘光光了，聞法後也不去努力思惟。又如聲聞緣覺所修的布施、持戒、忍辱、禪定、智慧及其餘的善法，也都叫作非精進、非波羅蜜，因爲沒有努力在修；如果有努力修，你就會破參；因爲沒有努力修，所以無法破參，所以凡夫所修的五度及般若波羅蜜，都叫作非精進、非波羅蜜。聲聞緣覺也是一樣，他們縱使在世時精進修五度乃至修智慧，也只是聲聞法中的智慧，所以不是精進也不是波羅蜜。這就如印順派的法師與居士們，努力修學佛法的結果，不但不能證如來藏而現觀祂的眞如法性，也不能斷我見，不能斷我執，所以再怎麼精進修行都不是精進，也沒有波羅蜜。佛依照舊例而作結論說：菩薩有兩種，一種在家，另一種出家。出家菩薩勤修精進也修波羅蜜，比較容易；在家要修波羅蜜也修精進，這就很困難；因爲在家人有很多的負擔，有許多惡因緣所纏繞的緣故。

〈禪波羅蜜品〉第二十七

【善生言：「世尊！菩薩摩訶薩修禪波羅蜜，云何禪定？」「善男子！禪定即戒、慈、悲、喜、捨，遠離諸結修集善法，是名禪定。善男子！若離禪定尚不能得一切世事，況出世事？是故應當至心修集。菩薩欲得禪波羅蜜，先當親近眞善知識，修集三昧方便之道——所謂戒戒、攝諸根戒，斷於邪命、如法而住，隨順師教。於善法所不生知足，修行善時心無休息，常樂寂靜遠離五蓋。心樂思惟觀生死過，常修善法至心不廢，具足正念，斷諸放逸。省於言語亦損眠食，心淨身淨，不親惡友不與惡交，不樂世事；知時知法，了知自身。觀心數法：若有喜相、愁相、瞋相、軟相、堅相，知已能除，猶如金師善知冷熱，不令失所。樂甘露味，雖處世法身心不動，猶如須彌不爲四風之所傾動。正念堅固，亦見知覺有爲多過。若人樂修如是三昧，不休不息，當知是人能具足得；譬如攢火，以不息故，火則易得。」】

講記　菩薩第五度講的是禪定，但是禪宗的禪那，其實是般若靜處，與禪定是不同的。很多人喜歡「禪」這個字，所以斗大的禪——三斗大或四斗大的禪字——掛在客廳中，但是知道什麼叫禪嗎？都不知道！看到禪就想到打坐，大多把禪誤會成禪定了，這個誤會蠻嚴重的。我們十來年不斷的說禪宗的禪是般若，不是第五度的禪定；講了十來年，到最近這一、兩年，才終於有些道場開始在轉變，他們三、四年以前都是在一念不生上面用功，大家都把定當作禪宗的禪，也把公案當作狗屎一樣；現在終於有人開始重視公案了，這倒是好消息：終於懂得禪是般若，不是打坐修定，終於有一點點進步了。修禪定而到彼岸，這句話中的禪講的才是禪定，有時又名爲靜慮。禪定爲什麼叫作靜慮？因爲禪定的修法，其中有很多岔路，修禪定時，在四禪八定的境界中應當如何轉進，當下所住的境界是什麼？也都要了知，所以必須有靜慮的心行。

如果不能了知有覺有觀、無覺有觀、無覺無觀等三三昧的內容差別，也不知道四禪八定互相之間有什麼差別，每天就只是打坐而想要證得四禪八定，就是盲修瞎練；邪精進修定的結果，不必三、五年就得要住進榮民總醫院的長青樓去了。這種人很多，據那邊精神科醫生的說法，大約有一半精神病患是學佛人。但其實眞的是在學佛嗎？不然！都是跟隨附佛法外道學禪，都是以定爲禪而貪求定境有爲法，所以修出毛病來的，但都把帳記在佛教的頭上，說是學佛學成精神病患。所以，即使是禪定的境界，也要先有所了知才好修行；在不懂的狀況下就努力修，會出問題的。有人可能不服氣：「**蕭老師！你這樣講不對！我們有大師教導，哪裡會出問題？**」我告訴你：就是會出問題，正因爲大師們有過失，所以學人就會出問題；只是過失不在學者，過在教者。這是因爲有兩個問題大師沒有解決，所以座下的徒眾們習定就會出問題了。

第一個問題是他們沒有教導眾生：禪定是有境界的有爲法，什麼樣的境界應該捨棄，應該如何取證眞實的禪定境界，都沒有教導。爲什麼沒有教導？因爲他本身也不知道禪定的境界，更不知道其中的變化、轉折，因爲他們都沒有親證。這些大法師、大居士們號稱有禪定的，有哪一個人曾經像我這樣把禪定親證的過程與內容講出來？都沒有！反而是偷偷讀了我的書以後才開始講，所以他們有過失。他們不知道所有禪定中的一切境界都是意識相應的有爲法，所以無智慧事先告誡學者遠離境界法的貪著。第二、他們本身沒有證量，如何能指導弟子親證有覺有觀三昧？又如何指導別人如何轉入無覺有觀、無覺無觀三昧？乃至在二禪中應該如何轉進到四空定？他們都沒有親證的證量，連禪定修證的理論也都不懂，徒眾們跟著學習修定，跟著努力打坐，當然是盲修瞎練，所以會出問題。我一直不隨喜大家在目前的階段修禪定，原因就在這裡；因爲修證禪定的前方便，我還沒有爲諸位講，而外面的大師們也沒有能力告訴諸位，你們自己偷偷去修，可能會修出問題來。到那時，修出問題來了，人家問說：「你在哪裡學禪？」你說：「我跟蕭平實學的。」那我可眞是倒楣，因爲我這幾年教的都是般若，沒有教禪定。最早期曾教過一段時間，但是目前沒有教，結果卻怪到我頭上來，那可眞是冤枉了，那是在毀壞正法啊！所以禪與禪定的分際，大家要先分清楚。

善生菩薩在此爲我們請問：「菩薩證悟之後，如何修禪定波羅蜜？」因爲他指的是菩薩摩訶薩，不是凡夫菩薩，所以一定是問悟後進修禪定的。佛說：「禪定就是戒、慈、悲、喜、捨，以及遠離諸結、修集善法，這叫作禪定。」所以，佛說的禪定是廣義的。換句話說，佛說的禪定，主要是在「心得決定」上面，也就是「心一境性」。廣義的禪定是要能安住於戒法之中而不搖動，也就是心得決定的意思。並且要修慈悲喜捨四無量心，緣於法界一切眾生而生起慈悲喜捨之心；這四種心要無量廣大，而且心能決定住於這四法中而不搖動。還要遠離諸結，藉著四禪八定的修法，把我執降伏。我執是很堅固的，但是經由見道之後來修四禪八定，可以在證得禪定的過程中把我執給除盡；並且要修集種種善法而不退轉，這也是廣義的禪定。所以，佛說的菩薩所修禪定，是廣義的說法，不是只侷限在四禪八定上面。

接著佛又開示說：如果離開禪定就不能成就一切世間事，何況出世間事。譬如學音樂，如果不很專心，你學不成就的；學插花也一樣，如果不專心，隨便插一插，也會插得不精緻，韻味也插不出來。所以，如果不專心就表示沒有禪定，連世間事都學不好，更無法修學出世間事；因爲修學出世間的種種行門，更需要專精一致，因此應當要至心修集禪定。換句話說，不論是多聞、熏習、參禪，都必須專心，心識不要散漫的隨意攀緣。

菩薩想要證得禪波羅蜜，應當先親近**眞正**的善知識，佛在這句話中的善知識特別加了一個**眞**字，當然不是指一般的善知識，特別指定是眞正的善知識。這是因爲假名善知識，古今一樣多。別說古時證悟的禪師那麼多，還愁沒有**眞**善知識嗎？但我告訴你，魚目混珠的假禪師遠比眞悟的還要多，只是那些魚目混珠的禪師，在後來多數沒有被寫入《傳燈錄、五燈會元、指月錄》中，所以看來好像不多；其實古來任何年代錯悟的禪師永遠都比眞悟的禪師更多，即使是已被寫入《傳燈錄：：》等禪史中的禪師們，就都是開悟的人嗎？不然！至少有三分之一是悟錯了的，我們都可以提出證據來。禪定的修證也是一樣的道理，常常有些附佛法的外道或佛門居士們號稱已經證得第四禪，也有人比較客氣一點，說已證得二禪，但是看他們寫的書、講的錄音帶，有誰曾經把禪定的證量寫出來？從來沒有！我們從來不標榜禪定，但我們卻可以不打草稿就講出來、寫出來；所以眞假善知識，自古以來比例都是很懸殊的，永遠是假善知識多，**眞**善知識少。

但是假善知識在當代都很有名，死後就沒名了；**眞**善知識活著時，往往沒什麼名氣，死掉以後反而很有名。具體的例子，譬如雪竇重顯禪師、羅山道閑禪師，他們活著時都不太有名的，羅漢桂琛也是一樣，都是死了以後大大的有名。這就像藝術家一樣，眞的很可憐！最高層次的藝術家活著時沒有多少人賞識，一生窮途潦倒；死了以後大家就競相收集他的名畫，因爲已經絕版了，不會再有新的作品了！結果都是收藏的人賺錢，他自己總是窮困潦倒。**眞**善知識也是一樣，假名善知識在當代都很有名，徒眾廣大，道場如雲，到處都有他的道場，因爲他很專心的經營；**眞**善知識往往只有一個小廟住著，他根本就不想經營大道場，但是等他死了以後，他的徒弟們大力弘揚開來，大家才知道：「原來他才是大善知識。」一般弘法的情形大多是這樣。所以修學禪定波羅蜜時，得要找證悟而且有禪定證量的菩薩來教禪定波羅蜜，才能到彼岸，否則禪定再怎麼修，都是到不了彼岸的，所以應當親近眞正的善知識來修集三昧方便之道，因爲想要證三昧，若沒有方便之道就無法親證。

菩薩想要得到禪波羅蜜，應當要先親近眞正的善知識，修集三昧修證的方便道；若不是**眞**善知識，不論是空、無相、無願三昧，或是禪的有覺有觀等三三昧，乃至種種的三昧修證，他都不可能會有方便法的。譬如不會游泳的人，你叫他下水救人上岸是不可能的事。必須是會游泳而且功夫非常好，才有可能下水救人。同理，想要學種種三昧，先得要有修證的方便；這個方便一定是眞正的善知識才會知道，沒有證得禪定的人根本就無法指導別人取證四禪八定；所以假名善知識不可能幫助別人證悟，不能幫助別人親證禪定。印順法師一直主張「凡夫的知見就可以行菩薩行，一樣可以成就佛道。」但菩薩所證的境界都是凡夫境界嗎？顯然不是！因爲三賢位的菩薩們，從七住位開始就已經不是凡夫境界了，而且不是凡夫的智慧，因爲連三明六通的大阿羅漢們都無法了知七住菩薩的般若智慧，當然不是凡夫菩薩了，所以稱爲別教中的賢位菩薩。

凡夫的菩薩行哪有可能證得賢聖菩薩的境界？而可以稱之爲成佛之道？同理，想要親證種種般若的實相境界及禪定三昧的境界，都必須要跟隨眞善知識來修學，才能修集三昧的方便之道，若沒有三昧方便之道就無法證得三昧。且不說禪定，單只是般若的一念相應證悟，我們爲了讓大家可以證悟，在禪三中要弄出多少神頭鬼臉，又撒土又撒沙，有時眞的是渾身羶腥、入泥入水，這樣才能有將近一半的人證悟而被印證，所以不是那麼容易的事情。因此，證悟或修證禪定的方便道，一定要先修學，然後才有可能證悟或親證禪定。但是要跟誰學呢？佛說要跟隨**眞**善知識學習。凡夫善知識無法幫你證悟，也無法幫你證得禪定三昧；因爲末法時代，從現在有寫書者的文獻來看，我們目前還沒有看到有一個人是眞正發起初禪的，更別說其他的禪定境界了。所以尋找眞善知識眞的很重要，跟錯了人，一生修行將會唐捐其功。

但是找到眞善知識修學正確的法以後就一定能獲得成功嗎？還是不夠的，所以修集三昧方便之道還有三個法要注意，第一是要有「戒」戒，換句話說，戒行要清淨；如果戒法都守持不好，顯然心地是還很污染的，又如何可能證得三昧？戒法守持不好就表示他的心識不斷的在攀緣，才會產生了違戒的事情。心不斷在攀緣時，連禪定三昧都不可能修證，更何況是般若的證悟？所以第一個事相是在有戒相的戒法上一定要守持好；不管心怎麼樣，至少身行、口行要不犯戒。若是戒法沒有守持好，身口犯了戒就會成爲性障，一定會障礙初禪；福德也就日減，當然不可能證悟。性障是消滅福德的最大原因，有人很努力布施作功德，但是卻因爲性障深重而使他的福德每天在漏失掉，所以叫作有漏善業。譬如很努力在把功德灌進寶瓶，但他沒想到寶瓶有一個破洞，一直流失功德，就會障礙三昧的修證。不但如此，還守持「攝諸根戒」；攝諸根戒就是攝律儀戒，要守護諸根，都不與惡法、惡行、惡心相應，就是菩薩三聚淨戒中的攝律儀戒。一定要讓覺知心安住下來，不亂攀緣，更不會在惡法惡事上用心，這就是我們所講的攝心爲戒：把心收攝住，不要去攀緣。以這個攝心而不亂攀緣作爲戒的一種，是最簡單的戒，但也是最難守持的戒法。如果能守攝諸根，心中不起妄想，一切非分之想、語文之想都不會生起，攝諸根戒就成功了。

修習三昧的第二個方便道是「斷於邪命、如法而住」；如果賴以活命的職業是對眾生不利的，這事情就不能做，譬如有人開酒廊、酒坊、釀酒廠、賣酒來賺錢謀生，這樣學法就不相應，無法證道，因爲這是邪命而活，與正道不相應。又譬如有人專門用神通讓人崇拜他，送錢給他，自稱能爲別人觀因果，以此來生活；或者用算命、卜卦等法謀生，都屬於維口食；除非以此作爲度眾的方便法，接引眾生入佛法中，否則也是邪命而活。維口食、方口食、下口食、仰口食，都是邪命自活。仰口食即是仰觀星宿而預言：「不久會有某某災害，你們大家都應該禳災祈福。」錢就來了，這叫仰口食。方口食，到處去關說，事情辦成就可以得到私人利益，這就是邪命自活。出家菩薩也不可以下口食，在家菩薩才可以；下口食就是嘴巴向下才能獲得食物，也就是耕作維生；出家菩薩不可以自己耕作，自己耕作是違規的，這叫作下口食。但是自從中國百丈叢林清規以後，就打破這個規矩了；這是因爲道場都在山林中，下山去托缽回山時已經是晚上了，中午無法回到道場吃午齋，所以就自己耕種，這是因應時空而改變；但古印度若是自己耕種，就成爲邪命而活，就會障道。又如有人專門做毒藥，賣給別人毒魚；或者有人專門做魚網，讓人家去網魚、網動物，都是邪命而活。菩薩絕對不可做這種事，要如法而住；這是第二種修集三昧的方便之道，這些事情看來好像跟三昧無關，但其實在冥冥之中自然會障道。

第三、要隨順師教：眞善知識指示邪見的內容了，就要把它丟掉，要轉變爲正知見。眞善知識指示不可喝的飲料，譬如你要修禪定，就不可以喝酒，喝了會障礙禪定；有的人不聽，每天繼續喝，禪定證境一定不現前。既然認定了一位善知識，他的教導就要遵從，否則心口不一、陽奉陰違，當然就無法證得三昧；所以第三個修集三昧方便之道就是要隨順師教，自作聰明常常會倒大楣；嚴重者就會謗法、謗眞善知識，恐怕下輩子都不曉得要淪落到哪裡去了。謗法謗賢聖的後果都是很嚴重的，因爲佛法中的修證法門與內容是三界中至高之法，在佛法中教導眾生親證佛法實相境界的善知識，也是三界中最高層次的善知識。謗諸天天主都有惡果報了，何況是謗阿羅漢？謗阿羅漢都有重大的惡果報，何況是謗菩薩？謗佛就更甭說了！所以不能隨順師教的人都是障礙自己三昧的修證，都是把三昧修證的眞正方便棄捨而想要以顚倒的方法來證三昧。所以親近善知識之後，一定要持戒清淨，也要斷於邪命，更要隨順師教，這就是親證三昧的方便之道，大家都要記得。

佛接著說：修禪的人於善法所不應該生知足想，佛大慈悲，當然如此教導。但我不這麼講，我一向都隨喜：如果有人明心了就希望離開，我總是隨喜，我講過很多次了；有人希望明心再加上見性了，然後再離開，我也隨喜；有人希望在得到初地的道種智以後才離開，我也隨喜；有人還沒有悟或悟錯了就先離開，我也隨喜，我都是隨喜。但是依據 佛的教導，於善法上不應該生知足想，應該繼續不斷的努力精進。所以菩薩三聚淨戒，有個攝善法戒，也就是一切應修的善法都要修，就是四弘誓願講的「法門無量誓願學」。我個人的立場雖然都是隨喜，但我還是希望大家於善法都不生知足想，要努力精進的修學。就好像在社會上逮到一個賺大錢的機會，沒有把它賺到荷包裝不下，絕不停止；因爲賺到大錢的機會不多，應該好好的把握。同理，在修證佛菩提道的無量世中能遇到一個可以讓你修到初地、二地智慧的正法，是很難遇到的，沒有幾世能有這種機會的，遇到了當然要好好把握！要隨順師教。

我從二千五百多年前在 佛座下出家以來，也才遇到兩次機會；一次是遇到 佛，另一次是九百多年前遇到 克勤大師，才只有這兩次機會！而且還是很努力修福德，才有這樣的成績。想想看：眾生們能有多少機會？所以 佛說「於善法所不生知足想。」遇到了眞能證悟的法，又是可以眞正修的初地、二地種智的正法，卻又失之交臂，眞是傻瓜！

佛說：修行善法時，心不可以休息，應該不斷的努力精進實修。並且要常常樂於寂靜、遠離五蓋。樂於寂靜是說不攀緣，沒事時心就安住下來，住在憶佛的淨念中，或轉依眞心的境界來安住，這叫作常樂寂靜。如果一天到晚向外攀緣，像六群比丘一樣，就沒有辦法證得三昧了！而且還要遠離五蓋，五蓋就是貪欲蓋、睡眠蓋、掉悔蓋、疑蓋以及瞋恚蓋，這五蓋都要遠離。並且要樂於思惟：思惟涅槃的究竟與清淨。還要思惟修證種種三昧時，五蓋爲什麼會障礙我們？障礙初禪的最重要因素就是瞋恚蓋和貪欲蓋。在我們同修會中，障礙初禪嚴重的不是掉悔蓋，因爲我們有方法讓你不掉也不悔，所以剩下的最重大障礙就是貪欲及瞋恚；所以貪欲及瞋恚重的人，都無法發起初禪的。將來正覺寺建好了，就要開始教枯木禪；如果想要得禪定，得要趕快把瞋恚與貪欲心斷除。還要常常觀察生死的過失，生死的過失就是瞋恚而導致下墮三惡道，就是因爲貪欲而世世在欲界中輪轉生死，也是爲了貪欲而造三惡業、下墮三惡道。生死之中令人擁有無窮無盡的苦惱，這些過失要常常去觀察思惟。

要常常以至誠心修種種善法，不要讓善法廢棄掉。並且要具足正念，沒有正念的人不可能發起禪定三昧，也不可能證得般若實相，想要開悟明心是不可能的，一定要有正念才有辦法明心。還要斷諸放逸，斷放逸就是讓心不掉散；若是每天花天酒地，或者一有空閒就要找人下棋，靜不下來；有人是喜歡每天上館子，家人煮的飯不想吃；總之就是追求享受，這就是放逸。如果放逸，心就不能在法上用功了，所以要斷諸放逸，才能專心在法上用功，否則三昧的親證就沒有希望。

「省於言語」，話不必多，一天到晚開講，無益於道業。有人喜歡講電話，一聊就聊到電話線快燒掉了。現在很多年輕人，不論何時何地，閒著無聊就講電話，有人月薪還不夠付手機話費。後來因爲同一個電話網內免費，有人就因此更要聊天了，但這都是掉散，對於修學三昧非常不利。修行就是要能安於寂滅的境界。別看我上座說法滔滔不絕，可是我在家裡一天說不到十句話，我同修說：「**你這個人到了外面說法，話很多；回到家，一句也沒有。**」不是沒有話題聊，而是因爲我有很多工作要做，這一世可能還是做不完，也許下一世再繼續完成，所以沒有時間可以閒聊。因此大家要學著安於寂寞，接著還要享受寂寞；寧可坐著一動也不動，觀賞風景都好，心中不起任何妄想，更不起貪；寧可這樣，也不要去打電話聊天。所以我不會主動打電話給別人，除非有事情。這叫作省於言語。等到你習慣了，你隨便沙發上一靠，坐著也可以修定，妄想也都不會起來；這樣來修定，事半而功倍：花五毛錢就買到兩塊錢的東西，省於言語的目的就在這裡。

「亦損眠、食」，不要貪睡，色身需要睡六個鐘頭，就睡六個鐘頭。有的人體質特異，他每天必須睡九個鐘頭，那就睡九個鐘頭，不要睡十個鐘頭，以能維持色身的健康正常為原則。有人貪睡眠的滋味，在賴床時領受睡眠的滋味，但是不要貪睡眠之法，因為無益於道業。食為什麼要損？因為吃太多了一上座就會打瞌睡，無法修禪定三昧，所以飲食能省就省。以後講禪定時會再告訴大家，這裡先不講它。「心淨身淨」：學佛人要求的是心清淨、身也清淨，不要常常燈紅酒綠，身不清淨，心也不清淨。「不親惡友，不與惡交」：想要修禪定，千萬不要親近惡友，也不要與惡事有交涉；若是交涉入惡事中，下輩子都不在人間了，還能繼續修三昧嗎？但是會與惡事交涉的原因，都是因爲親近了惡友。「不樂世事」：也不要對世間法產生喜樂心，因爲對世間法事物有喜樂心，禪定就沒辦法修，一定會不斷的生起妄想，不能制心一處的，所以要「不樂世事」。並且要知時知法，知時知法的目的在於了知自身，知道自己現在住於什麼境界當中。爲什麼要知時知法呢？因爲你修禪定三昧（這裡禪波羅蜜品主要是在講禪定），需要知道何時適合修，何時不適合。而且應該知道禪定的法如何修，不能盲修瞎練，否則修上半年就得準備去找榮民總醫院精神病房的醫生了！有很多人在長青樓進進出出，老是醫不好，都是因爲誤把禪定當作般若智慧的修行，所以應知時知法。

也要觀察自身的種種心數法。每天晚上都應反省：整整一天都爲了什麼事情而歡喜了幾次、生氣了幾次？這些都有心數可以計算的；又如今天爲什麼事情憂愁了幾次？又爲什麼事情起貪幾次？要觀察自己：今天心是柔軟相時比較多？或是堅硬相時比較多？都要觀察。知道了就要能修除不好的心數法。譬如打造金飾的金師們，他們要善於知道金子在什麼樣的溫度下來打造到何種程度，善於知冷熱，不令失所。如果不知這些道理，他一定打造不好金飾。修學三昧也一樣，要懂得什麼樣的時節因緣應該修什麼層次的禪定，不能在未到地定都未發起的狀況下就想證得第四禪，不能在五蓋未除的情況下想要得初禪，這都是不可能的；所以要善知冷熱，不令失所。

「樂甘露味」，禪定也算是世間法中的甘露。發起禪定者有身樂與心樂的受用，因此有禪定三昧的人雖然處在世間五欲中，不會被五欲所轉，猶如須彌山不被四風之所傾動一樣。並且可以使自己正念堅固，如果還沒有發起禪定，那就要設法自己增強正念，堅固的住在正念當中不被影響。並且還要看得出來：凡是有五塵中的知覺，就會有許多過失。修學禪定是不斷的棄捨，不是不斷的獲得。很多人都誤會禪定，以爲禪定的修證是越來得到越多的東西；不是的！反而是棄捨越多的東西；因爲連五塵中的覺知都全部要棄捨，所以要先懂得五塵中的種種覺知有許多過失，懂了以後才能把握住禪定修學的方向。如果有人能像前面所說的樂於修這種三昧而不休不息，就知道他將來可以具足證得禪定。除非他沒有時間修，假使有時間也有良好的修定環境，就可以具足證得禪定。如果前面所說的知見無法具足，縱使有時間也有好環境，他也無法具足證得禪定。能有這些正確知見，並且不休不息用功，就好像攢火一樣，因爲不停息就能使火容易生起，獲得了火苗。

【「善男子！若離三昧，欲得世法、出世菩提，無有是處！善男子！一切三昧即是一切善法根本，以是因緣應當攝心。如人執鏡則見一切善惡之事，是故三昧名菩提道之莊嚴也。受身心樂名爲三昧，不增不減名等三昧。從初骨觀，乃至得阿耨多羅三藐三菩提，皆名三昧。是三昧有四緣：一者從欲、二者從精進、三者從心、四者從慧，是四緣故得無量福，增一切善。復有三種：一者從聞、二者從思、三者從修，從是三法漸漸而生。復有三時：所謂生時、住時、增時。善男子！欲界之中有三昧子，是子因緣得三菩提。是三昧者有退、住、增，若在四禪，性則堅固。從初乃至非想非非想處，上地勝下，次第如是。根本禪中則有喜樂，非中間禪；六通亦爾，在於根本，不在餘處。是三昧名菩提莊嚴；因是三昧，能得學道及無學道、四無量心、三解脫門、自利利他無量神足、

知他心智，能調衆生，無量智慧，五根三昧轉鈍爲利，斷於一切生老病死；能得成就一切種智，見諸法性如羅縠視。」

講記　佛又開示：「如果離開了三昧而想要得到世間法智慧及出世間法的菩提，那是不可能的。」世間法是指四禪八定，都是三界中的有漏有爲法；由四禪八定而引生的神通，或者由欲界定、未到地定而引生的神通都是世間法，都是有爲法；如果離開了禪定的三昧，就不可能得到世間法的四禪八定。換句話說，如果想要發起神通，至少要有欲界定，這就是某些道教乩童有一些小神通的原因；大神通就不可能了，因爲他們連未到地定都沒有，神通就不可能大。至於因爲初禪而得更大的神通，乃至因有二禪而得的神通又更大了！一直往上類推，禪定境界越高時，發起的神通就越大。但是若想要得世間法的神通，至少要有欲界定；所以離開三昧而想要得到世間法，不可能的！至於出世菩提更是三昧，依智慧而心得決定；譬如斷我見以後不懷疑所斷而出生了智慧，那是出世菩提的三昧，對出世菩提法心得決定而不動搖。

三昧不一定都是禪定的定境，有許多三昧都是心得決定而稱爲三昧；譬如空、無相、無願三昧，有大乘三三昧，也有小乘三三昧；解脫道的斷我見，有空、無相、無作三昧；大乘法的開悟明心也有空、無相、無作三昧，所以也叫作三昧；這種三三昧是智慧，不是禪定；但它是出世菩提，不共世間法、也不共外道。因此離開三昧要得世間法或出世菩提，無有是處。

佛說一切三昧是一切善法的根本：如果心不決定，三昧就不可得。假使悟了如來藏而心生懷疑，三昧就無法生起，就會走錯路頭。二乘法的空、無相、無願三昧是一定要斷我見的，如果心不決定，又回去認離念靈知心，說這個意識心是常住法，他的解脫道三三昧就會退失掉，然後還自以爲更增上了！這樣想要得二乘法的出世菩提，就不可能了！同樣的，證得阿賴耶識以後，不能承認祂就是眞如法性的所依，不能承認祂就是如來藏，他的大乘空、無相、無願三昧也不能成就，大乘善法智慧也不能成就；所以一定要心得決定，然後智慧三昧才不會偏差。假使心不決定，接下去的一切知見、理論、行門都會跟著偏差，所以說一切三昧（心得決定）就是一切善法的根本。乃至世間法也一樣，如果於布施不能心得決定，善法根本就會失去：布施了半年以後退失了，心不決定於布施波羅蜜，半年後就不願意再做布施了，無法成就布施波羅蜜。所以 佛說：「以心得決定才能得三昧的因緣，應當攝心決定，永不轉移，才能成就種種善法。」

譬如有人拿著一面能分別善惡的智慧鏡子，就可以照見一切善事與惡事。同理，如果沒有智慧鏡，作惡事時還以爲是造善事，作善事時被別人一唬弄恐嚇就誤以爲是在造惡業，就會退轉於善事、行於惡事；所以應該有智慧能照見一切善惡之事、了了分明，這樣就說他已經心得決定，這個心得決定的三昧定境就是菩提道的莊嚴。如果沒有這種莊嚴，你在正覺同修會中悟了，出去會外被某大師恐嚇：「那是大妄語的惡業，你還跟他們共業，要下地獄啊！」沒有智慧鏡來照清楚善惡性，心中嚇死了，就退轉了！去年初（2003）不是有很多人被這樣恐嚇而退轉的嗎？後來我們爲他們證明：證悟阿賴耶識才是眞的證悟如來藏及般若，既不是惡業，也不是惡事的共業（編案：詳見《燈影、眞假開悟、辨唯識性相、假如來藏、識蘊眞義》等書的列舉與辨正）。但是他們始終不好意思再回來了！

所以智慧鏡很重要。但你本身要如何具有智慧鏡呢？那就得要親近眞善知識，還要多聞熏習。後面 佛還會再講這三法。

依禪定波羅蜜來說，親自領受身樂與心樂就是三昧。領受身樂是說初禪有身樂，三禪也有身樂，隨時隨地都在胸腔有樂受的覺受出現，這不是因爲貪著樂受而有，反而是離開樂觸的貪著才有這個樂受。心樂是說二禪之中得到寂靜的心一境性，不會有任何的散亂，也不會被五塵所干擾，所以得心樂；因爲這個緣故，所以能捨棄心樂的覺受，才能發起三禪的境界。三禪有身心二樂，這些都是「受身心樂」的三昧。至於「不增不減」是說第四禪的境界，又名「等三昧」，是因爲覺知心處於平等性中的緣故。第四禪中沒有樂受的增與減，不同於初禪到三禪，所以叫作等三昧。四禪完成之後，有的人還要加修不淨觀，也有人在證禪定前已先修不淨觀，也都是三昧；但不淨觀修學觀想完成之後，還要再修骨觀，又名白骨觀；白骨觀就是初骨觀，因爲白骨觀之後還要再觀想：進一步從白骨眉心觀想有一個小洞，小洞觀想完成之後再觀想它從小洞中向外放光，這就牽涉到一切處觀，這裡暫時不講它。因爲白骨觀之後還有應修的法，所以稱為初骨觀。還有許多三昧應該進修，不斷的精進，最後乃至證得無上正等正覺，就是般若三昧、金剛三昧及二乘的一切三昧，一直到最後證得無上正等正覺，成就佛地四智圓明，這都叫作三昧，因此佛所說的三昧是廣義的三昧。

三昧的證得，有四種緣：第一、從自己心中生起想要獲得三昧的善法欲，第二、從精進修行中去發起，第三、要從我們的意識心及意根和眞實心來得到三昧，第四、從智慧心而得。如果沒有善法欲，不可能得三昧，因為不會想要學法，所以善法欲是第一個條件；若沒有善法欲，就不會成為菩薩，更不可能成佛。第二、雖然有善法欲，也去聽聞熏習，但是沒有精進用功，那就不可能證悟智慧三昧，也不可能證得禪定三昧。第三、如果沒有意識心，就無法證得禪定；沒有意識心，你也不能開悟而得智慧三昧；如果沒有意根的思量、決定要開悟、要證禪定三昧，也不可能證得禪定及證悟；如果沒有如來藏實相心，也不會有一切禪定和智慧三昧可以讓你證得，所以說要從心得。最後、要有智慧：如果老是反其道而行，根本就不可能證悟。佛教界很多人自稱開悟，結果總是悟錯了；有很多人跟隨大法師求悟，結果都悟錯了，因爲智慧錯了就叫作邪慧。想要開悟，卻不知道八識心王中只有第八識才是不生滅法，才是如來藏，卻又否定了祂，如何能悟？想證得如來藏，卻都不知道如來藏的心性與意識妄心的心性有何不同，老是在意識心上面轉，結果當然不可能證悟。想要證得禪定，卻都以有所求的心，往相反方向在修，一直希望初禪的身樂趕快來，結果他就得不到。都不懂「不求樂才能得樂」的道理。都因爲邪慧的緣故，所以無法證得三昧；所以要有眞實的智慧作前提，才能發起世間法的禪定三昧及出世間法的智慧三昧。由於這四個緣故而證得三昧，就能得到無量福，會增加一切善業。

禪定也會使人得無量福，不單只是般若智慧的三昧。譬如想要生到初禪天去，得要有大福德，就是發起初禪。想要當初禪第三天的大梵天王，得要善根發時剎那間遍身具足，而且初禪永不退失。由此可以證明禪定的證量也是福德的一種，不單只有除性障才是修集福德。除性障會增長福德，但是禪定本身也是福德，所以禪定也會使你得到無量福。證悟有沒有無量福？有啊！證悟以後有實相智慧，智慧本身就有無量福：

你證悟之後弘法，誰敢不供養你？若不供養你，還能有大福德而得證悟之法嗎？雖然在家菩薩不受供養，但是誰不想供養你？跟你學法的人一定都會想供養。你若不受供養，那是你懂得惜福。你若出家而且證悟了，就不能拒絕人家供養。但是眾生想供養你，是因爲你有般若智慧。所以不管哪一種三昧，只要有所修證，都有無量福。經由這無量福而迴向，並且懂得把所得的供養轉施出去，做廣大的佛法布施，那你就可以增加更多的善業，未來世得到的福德就會更多。人家供養你，你得到的是世間財物，布施者未來世得到的世間財物雖然是無量倍，仍然是有數的；但你轉來用作法布施，福又更大了，因爲你供養出去的是佛法，所以福德更大，所以 佛說可以從這個無量福再增一切善。

想要得三昧，還有三種事要做，就是聞、思、修。聽聞以後爲什麼還不能成爲你的？因爲聽聞的法只是知識，聽聞之後要加以思惟，思惟以後才能被你眞的吸收而成爲你自心中的法。思惟之後知道了內容，可是實際境界仍然無法發起，所以得進一步實修，才能實際上取證；實際證得之後的智慧又不一樣了！經由聞、思、修三法漸漸而生的就叫作證慧，所以智慧有四種：聞慧、思慧、修慧以及證慧。

禪定修行及智慧三昧的修行，還可以分爲三個時節的不同，第一是剛出生時；譬如初禪剛發起時，即是生時。發起後還會有許多演變，這時還不知道，就是生時的智慧。剛悟時有智慧，但只是根本無分別智；後得無分別智還沒有發起，所以剛悟時叫作生時。接下來是住時，安住其中去領受祂、觀察祂，智慧就深了一些，這是住時的智慧。接著慢慢的增進，就是增時的智慧。所以三昧有三時的不同，禪定和智慧的三昧都一樣有三時不同。

欲界中有三昧的種子，若想要證得色界天的境界，並不是生到色界天去證，而是在欲界中把這三昧種子長養出來壯大了，捨報後才能生到色界天去。同樣的，欲界之中也有親證般若實相三昧的種子，都是本來就具足的。由於種子的因緣，我們可以得到「三菩提」——眞正的覺悟。禪定三昧有退、有住、有增，般若三昧也是如此；所以有些人悟後會退失，這才是正常的。如果有一種開悟的法永遠不會退失，我告訴你：那一定是常見外道法。譬如離念靈知的「證悟」者就不會退失嘛！因爲在人間覺知心會一直存在，直到入胎後才斷滅；認定離念靈知是眞如心的人太多了，一直都不會退失、不會懷疑；因爲這正是我見，我見的境界相是一切眾生都會接受的，永遠不會懷疑的。要眾生把自我否定，說自我虛妄，那可是很困難的。雖然佛門常常有人說自我虛妄，但卻仍然堅持離念靈知意識心是眞如心，證明他們仍然斷不了我見；所以證悟如來藏而不會再回到我見的意識心中，是很不容易的，所以有些人悟後會退失才是正常的。

因爲菩薩所證的法是不思議法，眾生難以思議就不容易接受，就很難生忍而安住下來，所以往往會退失。難以思議就難以信受，難以信受就會懷疑，懷疑就退失；所以禪定會退，般若也一樣會退；如果有一個法是不會退的，那一定不是眞實法，一定是同於眾生執著的意識境界。三昧也有住心，住就是悟了或發起禪定以後能保持住，暫時不想再前進了，這叫作住。增就是不斷的加以增長，越來越深妙，所以說菩薩法貪不絕，外道無法駁斥，退失者也無法駁斥，這叫作增。你們都不要妄自菲薄，有一些邪見者說：「阿賴耶識是生滅法。」那些邪見者想要轉走我們一位同修，但是轉不動；這位同修反而提出幾個問題來，那些所謂證量比蕭平實更高的人，被這位同修幾句話就問倒了，根本就無法回答，只好說：「記下來！記下來！我們回去研究。」爲什麼要記下來再回去研究？如今研究到兩年過去了，還是無法答覆；這表示我們這位同修不但不退、不但能住，而且有增，比他們的領導者更有見地，所以提出來的問題使他們無法回答，這就是增相。般若三昧如此，禪定也如此，也有退、住、增三相。有人發起初禪後，沒幾天就退得一乾二淨，再也發不起來；有人發起初禪以後可以安住，但是得要努力保持；這就是前面講的由上而發或由下而發有所不同，也有遍身發的，一定不退，這就是講初禪到三禪都有退住增的現象。如果發起之後能住，漸漸往上修，進到第四禪以後就一定不會退；除非轉到下一世去，由於惡因緣的轉變而退失掉，否則這一世絕不會退失，悟後得第四禪是不會退的。

至於這些禪定境界的勝劣差別，佛說從初禪乃至非非想定，都是上地勝過下地：上地勝下。換句話說，非非想定勝過無所有處，無所有處勝過識無邊處，識無邊勝過空無邊，空無邊勝過四禪，四禪勝過三禪，三禪勝過二禪，二禪勝過初禪，都是上地勝下，次第如此。至於禪定境界的喜樂，都要在根本定中才會有，我們在這裡不詳細說，只先作略說：身樂、心樂都在根本禪中才有，換句話說，在初禪、二禪、三禪中才會有身心之樂，在中間定（未到地定）都不會有樂。但是根本禪中的快樂也有差別，這叫作等至與等持的差別。你若入了根本禪，譬如二、三禪的等至位中，也是沒有喜樂的，只有在等持位中才有喜樂；但是初禪的等至與等持中都有喜樂，這裡不作詳細說明。至於得初禪後，想要證得二禪而得心喜湧動，先要經過中間禪，也就是初禪與二禪中間的定境；進入中間禪時要先把初禪捨掉，若不能捨掉初禪的執著就進不了中間禪，就得不到二禪；捨掉了初禪而在中間禪裡，當然就沒有喜樂可說了。三禪前的中間禪（三禪前的未到地定）也是一樣，二禪前的中間禪及初禪前的中間禪未到地定也是一樣，所以中間禪都沒有喜樂。

六通也是一樣，六通的發起一定要在根本禪定中發起，不在中間定，也不可能在四空定中發起。四空定中沒有神通可修可發起，只有初禪到四禪的根本定中才有神通可以發起，並且都是在根本定的等持位中才能發起，在等至位中不發起神通。如果有人說他發起神通，說是在等至位中發起，他一定沒有神通，是騙人的。一切有神通的人來到我這裡，都無法反駁我這一句話，都是在根本禪定中才會發起的。如果有人說：「我在非非想定當中發起神通。」你就一棒把他打死算了！那都是大妄語者。如果他說：「我在第四禪等至位當中發起神通而去另一個佛世界。」他也是個騙子，在等至位中不會發起神通的，只有在等持位中才能發起神通。如果他說：「我在三禪前，或者我在四禪前的未到地定當中發起神通。」那也是騙子，因爲只有根本禪的等持位中才能發起神通，才能讓神通現前。這些三昧（因爲上面講的主要是禪定，般若的三昧說得少，禪定波羅蜜主要是講禪定），這些三昧都是菩提的莊嚴，不是菩提的內涵，但它們可以莊嚴菩提。

譬如你出來弘法，有人得了你的正法，卻又無根誹謗你的正法，你如果每天用神通去他夢中向他開示，連續三天他就會回來懺悔、共修了。若不用神通去度化，你就很難度他回來；因爲那些人是愚人、是凡夫，度凡夫和愚人都要用神通，度你們就不用，因爲你們是學人，不是俗人；所以智者大師說：智慧度學人，神通度俗人。這就是說，禪定三昧可以莊嚴菩提，但不是菩提的內涵。可是有很多外道自稱開悟了！明心了！見性了！又自稱是幾地菩薩，又說是成佛啦！結果都是以神通或禪定境界當作菩提，都不曉得禪定及神通只是佛菩提的很多種莊嚴中的一種而已。爲什麼禪定能莊嚴佛菩提呢？因爲禪定能幫助大家得到有學道或無學道。譬如《阿含經》的記載，很多已經得到四禪八定的外道，佛只要幫他們斷我見就夠了，他們的我見一斷就立即成爲俱解脫的大阿羅漢。這是因爲證得非非想定時，已經把三界中的所有執著與貪愛捨棄了，也將自我的執著降伏了，只是因爲我見沒有斷而誤認覺知心爲涅槃心，所以不能證得涅槃；佛度他們時只要說明覺知心虛妄，意識、意根虛妄，他們懂得這個道理的當下，就成爲俱解脫的大阿羅漢，這就是經由禪定莊嚴而證得無學道。得有學道也一樣，譬如已得四禪者，雖然不能立刻成爲俱解脫，但是如果智慧夠好，在四禪中也可以證得俱解脫，這在《楞嚴經》中已經講過了。有的人智慧比較鈍，可以藉四禪獲得有學道：斷我見時成爲三果人。所以 佛說這些禪定三昧可以莊嚴菩提，能幫助大家得到有學道、無學道。

乃至在第四禪中想要修得四無量心也很容易，要得三解脫門（空、無相、無願）也都很容易，也可以藉此來利益自己、利益他人，乃至得到無量神足。無量神足就是原有的神通可以產生無量的變化，一般神通無法上身出水、下身出火，上身出火、下身出水。十八種神變是一般神通無法做到的，但若是由於禪定的具足再加上已得無學道，就可以有無量神足的示現，並且能有知他心智。知他心智並不是宿命通，而是了知別人解脫道證量的層次，了知別人佛菩提道證量的層次，這就是知他心智。因爲這些緣故，有了這些三昧證量就能調伏眾生，擁有無量的智慧。這種人的五根及三昧（五根是信、進、念、定、慧等善根：信根、精進根……乃至慧根）都可以轉爲五力，具有信力、精進力……乃至慧力。有了五力，就能轉鈍爲利，使鈍根的心性變成猛利的根性，因此就能斷除一切生老病死，甚至可以在佛菩提道中成就一切種智。

「見諸法性如羅縠視」，是了了分明看見一切法的自性。一切法是怎麼來的？體性如何？都可以了了分明而見，這就是佛地的境界。有道種智的菩薩們——諸地菩薩——也可以少分或多分了知諸法從哪裡來的，諸法的體性又是如何，都可以多少了知，就好像在手掌中觀察各類種子一般，都看得很分明。

【「善男子！智者應當作如是觀：一切煩惱是我大怨。何以故？因是煩惱能破自他，以是因緣，我當修集慈悲之心，爲欲利益諸衆生故，爲得無量純善法故。若有說言離於慈悲得善法者，無有是處。如是慈悲能斷不善，能令衆生離苦受樂，能壞欲界。是慈若能緣於欲界，名欲界慈。善男子！衆生若能修集慈心，是人當得無量功德。修慈心時，若能先於怨中施安，是名修慈。善男子！一切衆生凡有三聚：一者怨、二者親、三者中，如是三聚名爲慈緣。修慈之人先從親起，欲令受樂；此觀既成，都及怨家。善男子！起慈心時有因戒起，有因施起。若能觀怨作子想者，是名得慈。善男子！慈唯能緣，不能救苦；悲則不爾，亦緣亦救。善男子！若能觀怨一毫之善，不見其惡，當知是人名爲習慈；若彼怨家設遇病苦，能往問訊，瞻療所患，給其所須，當知是人能善修慈。

善男子！若能修忍，當知即是修慈因緣，如是慈心即是一切安樂因緣。若能修慈，當知是人能破一切憍慢因緣，能行施、戒、忍辱、精進、禪定、智慧，如法修行。若人修定，當知是人修梵福德；得梵身故，名梵福德。若人能觀生死過罪、涅槃功德，是人足下所履糞土，應當頂戴。是人難忍能忍，難施能施，難作能作，是人能修四禪、四空及八解脫。復作是念：一切衆生身口意惡，未來若受苦惱報者，悉令我受；若我所有善果報者，悉令衆生同我受之。如是慈悲，緣廣故廣，緣少故少。慈悲三種：謂下、中、上。復有三種：一者緣親、二者緣怨、三者緣中。復有三種：一者緣貪、二者緣衆生、三者緣非衆生。如是緣者悉名三昧，悲喜捨心亦復如是。」

講記 佛說：「有智慧的人應當這樣觀察：一切煩惱是我的大怨家。」所有煩惱都是怨家，世間人說煩惱，主要是生活上的煩惱；但我們學佛人不單如此，還包括我見、我執，也包括無法證得般若實相、無法證得佛地的一切種智，這都是煩惱。這些煩惱要想辦法消除掉，所以一切煩惱都是我們最大的怨家，「爲什麼呢？因爲這些煩惱都能破壞我們自己，也可以破壞別人；由於這個因緣，我們應當修集慈悲之心，因爲菩薩從大悲中生，不是單爲了利益自己而學佛，也是爲了利益眾生的緣故。」如果單只是爲了想要利益自己而學佛，他是不可能成佛的，要願意利樂眾生，使眾生與自己同樣得到實相法、解脫法的利益，都能究竟離苦得樂，這樣才是能成佛的人，才能稱爲菩薩。究竟的安樂眾生，並不是讓眾生在生死法中打轉得樂，因爲那不究竟；要能使眾生斷除我見、我執，同得無餘涅槃，才是眞快樂。更進一步的究竟樂，就是成佛。那就要教他們證得法界實相，而法界實相就是如來藏；但是證得如來藏時還不能成佛，還要教導他們證得一切種智；具足證得一切種智時就是四智圓明了，那才叫作成佛，才是究竟的安樂。所以，爲了要利益眾生的緣故，爲了要使眾生同得無量純善法的緣故，我們要修慈悲之心。

「如果有人說：『離開慈悲心也能得到善法。』這種說法不正確。因爲慈與悲能斷除不善之法，也能使眾生離苦得樂，並且能幫助眾生壞滅欲界種種法的貪著。」慈與悲是兩個法，慈是讓眾生得到快樂，悲是拔除眾生所受的苦惱。「如果修慈的人能緣於欲界眾生，這叫作欲界慈」；如果緣於色界眾生，叫作色界慈。能不能緣於無色界的眾生呢？不能緣！因爲無色界眾生只有心、沒有身，你找不到他；除非他退轉了，或者因爲自心種子的流注，使他轉入等持位中現起色界身，否則你找不到他，所以沒有無色界慈可說。「**緣於欲界眾生就是欲界慈，如果眾生能修慈心，他會得到無量功德。**」那就是修慈無量心。慈無量心在初禪中就可以修，初禪最適合修慈無量心，是因爲身樂及一心的緣故。二禪能修悲無量心，三禪最容易修喜無量心，四禪最容易修捨無量心，所以慈無量心不必境界很高，只要有初禪的證量就可以修了，怎麼修呢？「**先於怨中施安，這叫作修慈。**」這是初步，對怨家不作怨想；要於怨家身上修慈，這是於怨中施安。你若是在世間法中磨鍊他，也沒有違背慈心，譬如皇帝想要重用某人，總是先把他磨得悽悽慘慘的，看他反應如何？如果還是忠心耿耿，皇帝就認爲這個人可以大用，往往是被磨到最可憐的人後來當了宰相。　佛的意思是說，修慈的第一步是先於怨中施安，對怨家給予安樂。有人嘴裡不說，心裡老是想：「**那些破法的外道，護法神爲什麼都不動作？要趕快懲罰他們。**」這樣就不是修慈心了。

護法神的事，祂們會觀察因緣去做，不必你操心；你要做的就是在人間如何救佛門外道回入眞正的佛門，這才是你要做的事，不該起心動念想要護法神趕快把外道滅掉；這樣就不是修慈心，也不是護法神該做的事。護法神該做的是對治冥界鬼道眾生，譬如惡神、惡鬼；我們要做的是對治人們的愚痴，要設法轉變外道心性而眞正進入佛門，這是我們的義務，不能推給護法神；不然叫你出來弘法幹什麼？又何須你來護持正法？所以我們的觀念要有一點修正。所以修慈的第一步：於怨中施安。施給怨家安樂、無恐怖。

一切眾生有三大類：第一類是怨家，第二類是親人眷屬，第三類是不怨也不親；要對這三聚人都能修慈，才是眞正在修慈的人，所以這三聚人是我們修慈心時的所緣。如果沒有怨家，你如何修大慈？沒有不怨不親的人，你又如何修廣慈？要緣於這些人才能深修慈心，所以他們是慈心的所緣。修慈時比較容易修的是先從親人眷屬開始，一開始就要對怨家修慈，很難！所以先觀想親人受樂，如果一開始就需觀想怨家受快樂，一般人都觀不起來的，因爲不相應，所以先從親人開始，接著再觀想中人受樂；中人就是與我們既無怨也不曾對我們有恩的人，最後才觀想怨家受快樂的模樣，這是修慈心的先後次序。如果勉強自己先觀想怨家受樂，一般說來，慈無量心你修不好，所以它要有先後順序。起慈心時，有人是因爲戒法的緣故而生起，所以自己心清淨就發願：願一切眾生離苦得樂。觀想眾生受樂時，他就容易觀想成功。有人是因爲布施而生慈心，譬如對某個人布施久了以後開始有好感，因爲接受布施的人總是喜歡你，所以你以他爲緣來觀想他受樂之狀，就容易成功，這是因施而起慈心。如果能進一步「觀怨作子想」，把怨家當作自己的獨生子來觀想他受樂的模樣，若能觀想成功，是慈心觀的第一步成就。但這還不是慈無量心，除了三類人觀想完成以外，還要擴而大之：觀一村人都受樂，再觀整整一個鄉鎮，整整一縣、一國、一世界乃至整個三千大千世界眾生都受樂，這樣就是慈無量心成就。

慈無量心成就者，一定要慈無量心具足圓滿，才可以當大梵天王，並且他的初禪是善根遍身發而具足圓滿的。當你的慈無量心成就時，大梵天王的宮殿會震動、搖晃，他就會觀察欲界中有誰修成慈無量心，然後就會來找你麻煩，那時你要聲明：「我對你那個位子沒興趣，我想要的是佛法，所以你不必擔心。」他就不會再找你麻煩，否則你的慈無量心成就以後，大梵天王常常會來找你麻煩；除非他是菩薩去擔任那個職務，他是這樣想的：「沒有人要擔任這個差事，我就來當吧！」所以你不要因爲想要得梵天王的寶座而修慈無量心，你應該是以佛法爲中心而修，因爲它可以莊嚴菩提。但是慈心觀，只能繫緣眾生而不能救眾生苦；緣於眾生而修慈心觀，只是你的自心內境，眾生還是繼續在受苦、怨家還是繼續在苦，無法使他們離開痛苦，所以 佛說「慈爲能緣，不能救苦」。「悲則不爾」，悲就不一樣了，「亦緣亦救」；你如果修悲心，觀想哪個眾生受苦難，心中不願意他受苦難，就付諸於行動而救護他，這才是悲，悲是要付諸於行動的。所以慈心觀可以只作觀想所緣眾生受樂，但悲心是要付諸於行動。拔除親人的痛苦，要給他世俗法上的無憂；若是拔除佛子的痛苦，應該幫他斷我見，幫他明心開悟般若，並教給他一切種智的妙法，這都是要付諸於實行的，因此說悲不但緣於眾生，還要救他。爲什麼要緣？你不緣眾生，如何能救他？一定要與眾生接觸才能救護眾生離開痛苦，所以說亦緣亦救。

「善男子啊！如果能觀察怨家有一點點的善事，但是對他的惡事都故意忽略不見，這才是眞正習慈的人。」不要每天只看他的惡事，他有很多的善事都故意不看，這樣就不是習慈了。也許有人想：「這樣很不公平。」其實沒有不公平，習慈是對自己有利的事情，有什麼不公平？他縱使很嚴重的毀謗你，你也不計較，只看他以往的好處，你的慈心觀成就便使佛菩提道更進一步了，怨家卻仍然原地踏步、繼續流轉生死，有什麼不公平的？所以隱惡揚善是習慈的第一步。如果怨家遇到疾病或世間法上的痛苦，你就去向他問候訊息：「你最近好不好？聽說你有事了，我能不能幫你？」這才叫作問訊；並且看顧他的疾病，幫助他把病治好。如果是世間法上物資匱乏而產生痛苦，你就給其所須，怨家就消失了。在這事情上你也得到大福德，也有功德的增長，那你就是眞的懂得修慈者。慈能與樂：修慈心觀可以只緣而沒有行動，但是慈心觀修行的目的，是要轉變你的心性，後來一定會付諸於實行而給與眾生快樂。

如果能修忍，那就是修慈的因緣。一般人對怨家，往往咒他趕快死，這都是因爲不能忍的緣故；現在能反過來幫助怨家，就是對怨家已經能忍了！因爲能忍才能幫助他，所以忍是修慈的因緣，這種慈心就是一切安樂的因緣。若能修慈就沒有怨家，當然就得到安樂了。「如果能修慈，就知道他一定可以破除憍慢的因緣。」對怨家都能低聲下氣，被他人得罪了卻不去報復，反而去利樂對方，當然是離開了憍慢心才能做得到，當然是能修行布施、持戒、忍辱、精進、禪定、智慧而如法修行的。

如果有人修禪定，他就是修梵天的福德，因爲他捨報之後可以超過欲界天，得到色界天的天身，又名梵身。色界天爲什麼叫作梵身？梵身是清淨身。爲什麼是清淨身？因爲離開欲界的貪，已離男女欲了。色界天沒有男身與女身，都是中性身；如果你初禪善根發時是刹那間遍身全發，就懂得色界天身是什麼身了，身上沒有男女根，也沒有五臟六腑，所以是中性身，名爲梵身，這是修禪定而獲得的梵天福德。如果證得禪定了，又能觀察生死中的過失與種種罪業，也有智慧能觀察涅槃的功德（這樣的人在正覺會中不在少數，生死中有什麼過失，無量生死中會造什麼罪業，你們斷我見又明心之後已經能觀察了。如果斷我見及明心後仍然不能觀察、還會去造罪業，就表示你的我見斷得不夠徹底，我見還是藕斷絲連，只能算是解脫道中的向見道位而已。所以斷我見及明心後要能觀生死過罪，並且了知涅槃的親證者會有什麼功德。明心了就是親證本來自性清淨涅槃，爲什麼是本來就涅槃？爲什麼是自性涅槃？爲什麼是清淨涅槃？什麼又是涅槃？明心了就應當知道），如果你能這樣深入觀察生死中的過罪，也能深入思惟、觀察涅槃的功德，那你所踩過的沾了牛糞、狗糞的土地，都值得凡夫們頂戴於頭上。

佛陀這個說法是完全正確的，事實正是這樣。連阿羅漢都不知道本來自性清淨涅槃，而你已經親證了！這不是我誇大其辭，而是 佛的開示：「是人足下所履糞土，凡夫應該頂戴。」所以你們都不該妄自菲薄。因爲漸漸的（不是見道就馬上能做得到，要悟後起修），後來能修難忍能忍的法。怎麼樣難忍？最難忍的就是眞實心（未來佛地眞如的所依體），就是這個第八識心。一般人是無法忍的，你若爲他們明講如來藏的所在，並且說明如來藏就是未來佛地眞如的所依，他們是無法安忍的；但是你能安忍，這就是難忍而能忍。因爲難忍而能忍，接著就「視身外之物猶如糞土」，所以難布施的也就能布施了！爲什麼我會佩服諸位？原因就在這裡。一個安份守己的公務人員，一捐就是二十萬、三十萬、五十萬、一百萬元，這都是很難能可貴的；不是大企業家，而是做零工的人，一捐就是五千、三千元，都很讓我佩服，所以是難施能施。不是說一次拿出來五千萬、一億、兩億元，就叫作難施能施；若是手上有五百億、三百億元，死後又帶不走，孩子們也用不了那麼多，爲自己未來世的福德，所以他捐三億、五億出來，對他算是小錢；但是身爲領月薪的公務員，又沒有兼差，卻能一捐就五十萬、三十萬元，那眞是不得了！那要存多久才能有這些錢？能對正法這樣的護持，都是難施能施的人。又如有人其實很忙，但是聽到有需要義工時就趕來，都是難施能施、難作能作，一般眾生很難作得到；能這樣實修的人，動力是從哪裡來的？是因爲斷我見、證實相，所以生起希有難得之想而發起這種大心，所以好多人明心後就很歡喜的大力護持正法，這就是從深觀生死過罪，也從深觀涅槃功德而來，正因爲這樣努力護法的緣故，日漸增長福德、功德，他在此世或未來也一定可以修得四禪、四空定、八解脫。八解脫，這裏不解釋，以後我們會選一些《阿含經》來講，特地講原始佛法，那時再來解釋；因為八解脫講起來，不要說今天了，再加上三天也講不完，所以現在不講它。

菩薩證得禪定以後還會這樣想：「一切眾生身惡、口惡、意惡，未來如果面臨受苦報時，就讓我來代受。」但是，你不要在發起初禪到四禪以前就先發這個願，因為你受不了。你如果有了慈無量心，你可以發這個願，因為你有能力擔得起來。你若還沒有能力，可要掂掂自己的分量。但是若已經能修四禪、四空定、八解脫，就應該發這個願：「一切眾生身口意惡，未來若受苦惱報者，悉令我受。」觀世音菩薩就是這樣願意為眾生擔業，所以有求必應。「如果我曾修福，所有善果報可以在未來世中都與眾生一起享用。」菩薩不想全部留在身上，願意不斷的送給眾生，這才是聰明人，因為留在自己身上，都帶不到下下世去；發了這個願，對你只有好處，發了這個願而且去實行了，未來世就會有更多福德來與眾生共同享受。布施出去以後，未來世的福德增加幾千萬倍，對來世的你是大有好處的，所以菩薩的眼光都放很遠。發這個願的人，所緣的眾生會比較廣大；像這樣的慈與悲心，因為所緣眾生廣大，所以慈、悲就廣；如果所緣少，慈與悲就少。慈悲喜捨四無量心的所緣都是越廣大越好，到最後還要觀法界一切眾生都受快樂，慈無量心便成就；願拔除一切法界眾生的苦，悲無量心便成就；喜與捨也是這樣修，都要緣於無量眾生，都看所緣廣狹而定；所以說緣廣就廣，緣少就少。

慈悲有三品不同，下品人是緣於親人受樂，中品是緣於中人受樂，上品是緣於怨家受樂。下品是緣於親人受樂，中品是緣於一個三千大千世界眾生都受樂，上品是緣無量眾生都受樂。另外還有三種：緣於親人受樂離苦，緣於中人受樂離苦，緣於怨家受樂離苦。還有三種：緣於貪而起慈悲心，譬如希望親人快樂而沒有痛苦，是緣貪而生的慈悲；第二是緣於所看見的一切眾生，第三種是緣非眾生，譬如緣於眾生所需要的資財、天宮……等物，都不破壞而保持完整，讓擁有資財的眾生心得無畏、離不活畏、離貧窮畏。像這樣種種所緣而產生的慈心、悲心，都是三昧。慈心如此，悲心、喜心、捨心也都如此。

【「善男子！有禪非波羅蜜，有波羅蜜非禪，有亦是禪亦波羅蜜，

有非禪非波羅蜜。是禪非波羅蜜者：謂世俗禪、聲聞緣覺所有禪定。是波羅蜜非禪定者：所謂施、戒、忍辱、精進。亦是禪亦波羅蜜者：謂金剛三昧。非禪非波羅蜜者：謂一切衆生聲聞緣覺從聞思惟所生善法。善男子！菩薩有二種：一者在家、二者出家；出家菩薩修於淨禪，是不爲難；在家修淨，是乃爲難，何以故？在家之人多惡因緣所纏遶故。】

講記　佛說四句差別，將禪定波羅蜜作個總結：是禪而非波羅蜜，是波羅蜜而非禪，既是禪也是波羅蜜，非禪也非波羅蜜，共有四句差別。第一種、是禪定而不是波羅蜜，這是世俗人所修的四禪八定；外道或還沒有證悟的佛弟子所修的禪定，也是禪定而不能到彼岸。不但外道凡夫所修的禪定是如此，乃至聲聞、緣覺（阿羅漢和辟支佛）所證得的所有禪定，仍然是禪而非波羅蜜，因爲他們不能到彼岸。我說這話，那些原始佛法的法師、居士們都氣得要死，可是又無法反駁，因爲二乘聖人確實不到彼岸：他們能入無餘涅槃，可是不知道無餘涅槃。因爲入無餘涅槃就是自我死掉、滅掉了，意識、意根都滅掉了，才叫作無餘涅槃，所以是五陰全滅的，所以五陰是入不了無餘涅槃中的。無餘涅槃裡面是什麼？是如來藏。可是如來藏本來就在涅槃中，所以叫作本來自性清淨涅槃，所以佛說：「一切眾生本來常住涅槃。」原因就在這裡。

二乘聖人能入無餘涅槃，卻不能證得涅槃；他們解脫了生死，卻不到達解脫的彼岸。「到彼岸」要有人能到，二乘聖人入無餘涅槃時，人已經滅盡了，沒有聖人存在了，怎麼能到彼岸？所以他們證得禪定時還是不到彼岸的，因為在禪定境界中時仍然是在三界中，並沒有到解脫生死苦的彼岸，所以他們的禪定都不是波羅蜜；即使是俱解脫的證境也仍然如此，因為俱解脫阿羅漢也不知道無餘涅槃中是什麼境界，所以他們進不了無餘涅槃裡面。但我們不是，我們還活著，蹦蹦跳跳的、快快樂樂的就現前住在無餘涅槃裡面，就能現觀如來藏的自住境界即是無餘涅槃；這時自我仍在，而無餘涅槃的境界也同時存在，這才叫作波羅蜜，才是到彼岸。所以，世俗人及阿羅漢、辟支佛所有的禪定，都是禪定而不是波羅蜜，因為他們不到彼岸。

第二種、是波羅蜜而非禪定。譬如還沒有證得禪定的人，他們悟後修布施、持戒、忍辱和精進，可以到彼岸；譬如諸位，你只要找到如來藏而親證眞如法性了，接著修持布施、持戒、忍辱、精進，那你就是到彼岸而非禪定；因爲無餘涅槃中的境界，你已經親證了；雖然還不進入無餘涅槃，但你知道無餘涅槃中的境界相，你可以現前觀察，這是有波羅蜜的；可是你沒有四禪八定，所以叫作「是波羅蜜非禪定」。

第三種、既是禪定也是波羅蜜。這是金剛三昧。金剛三昧，在《金剛三昧經》中說存三守一：存三解脫、守一眞如。存三是心中存有金剛解脫、般若解脫、虛空解脫；證得如來藏時應該要懂得觀察這三解脫。爲什麼叫金剛解脫？是因爲如來藏無法可以滅祂，沒有人可以滅掉阿賴耶識心體的，只能把祂所含藏的不淨種子轉變清淨，但這個心體是無法可壞、性如金剛的，這叫作金剛解脫，從明心開始乃至到達佛地時都是金剛解脫。第二是般若解脫：有了般若智慧，證得本來自性清淨涅槃，知道解脫與法界實相，阿羅漢所不能猜測，叫作般若解脫。第三是虛空解脫，你親眼看見的一切眾生，他們的如來藏都是本來解脫，猶如虛空不可壞滅；沒有一法可以把虛空壞掉，所以如來藏絕對無法壞滅；小至一隻螞蟻的如來藏，你也無法把祂壞掉；因此不可壞的金剛性，所以對可壞的五陰可能被壞的事情，就沒有恐懼了，這就是虛空解脫。時時存著這三種解脫境界，這就是「存三」。守一是守住眞如一法：由這三種解脫來看自己的如來藏，也看一切眾生的如來藏，都同樣是眞如性，永遠是眞實性、如如性、不可壞性，如此現觀就是「守一眞如」，這叫作金剛三昧。請問：你們明心的人，能不能有這個金剛三昧呢？（大眾答：能！）是有這個金剛三昧啊！明心後隨時都可以存三守一嘛！這就是金剛三昧，這才是「亦禪亦波羅蜜」。這就是廣義的禪，而不是講四禪八定的禪。當你於法界實相已經心得決定，這定叫作金剛三昧。

第四、非禪非波羅蜜。這是指誰呢？佛說：是一切眾生及聲聞緣覺從聞及思所生的善法。換句話說，是指一切眾生和二乘法中的凡夫，因爲他們既不斷我見，也沒有證得禪定，所以非禪也非波羅蜜。

接著佛作一個結語說：「善男子啊！菩薩有兩種，一種是在家菩薩，第二種是出家菩薩。出家菩薩修清淨禪，這沒有什麼困難；但是在家菩薩想要修清淨禪就很困難了，因爲在家之人有許多惡因緣所纏繞的緣故。」出家菩薩修清淨禪比較容易，因爲惡緣遠離了！除非出家以後不斷的向外攀緣，否則就沒有什麼惡緣。出家後應該是無所事事，專門打坐修定、念經課誦、經行參禪；若是明心了就轉依如來藏而安住，所以沒什麼惡因緣。除非習性難改，自己到處去攀緣。但在家菩薩不同，每天朝九晚五上班做事，出門前還要爲孩子準備很多事物，上班前要順路送孩子去上學；下班了要先去接孩子，又送他去補習課業；等他們回家還要幫他們洗衣服，準備明天的事物，眞的很麻煩。時間眞的不夠多，所以在家人能修學正法都很難得，像諸位這樣精進，讓我眞的佩服。所以說，在家人惡因緣的纏繞很多，不容易修證清淨禪，出家菩薩修清淨禪就比較容易。

〈般若波羅蜜品〉第二十八

【善生言：「世尊！菩薩云何修淨般若波羅蜜？」「善男子！若有菩薩持戒精進多聞正命，修於忍辱憐愍眾生，心多慚愧遠離嫉妒，眞實了知諸善方便，爲眾受苦不生悔退，樂行惠施能調眾生，善知所犯輕重之相，勤勸眾生施作福業，知字知義心無憍慢、親近善友，能自利益及利益他，恭敬三寶、諸師、和上、長老、有德；於身菩提不生輕想，能觀菩提深妙功德；知善惡相，知世出世一切聲論，知因知果，知初方便及以根本，當知是人能得智慧。如是智慧有三種：一從聞生，二從思生，三從修生。從字得義，名從聞生；思惟得義，名從思生；從修得義，名從修生。能讀如來十二部經，能除疑網；能讀一切世論世事，能善分別邪正之道，是名智慧。能善分別十二部經：陰、界、入等，因果字義，毘婆舍那、舍摩他相上中下相，善、惡、無記及四顚倒，見道、修道，能善分別如是等事是名智慧。善男子！有智之人求於十力、四無所畏、大悲、三念處，常親近佛及佛弟子。世無佛法，樂在外道出家修學，雖處邪道，樂求正要，常修慈悲喜捨之心及五通道。得五通已，觀不淨想及無常想。能說有為多諸過罪。為正語故，教諸衆生令學聲論。能令衆生離身心病，樂以世事教於他人。所作事業無能勝者：所謂咒方、種種醫藥。能善求財，得已能護；用以道理，如法惠施。雖知一切，不生憍慢。得大功德，不生知足。能教衆生信施、持戒、多聞、智慧，知善、不善、無記方便，善知學行因緣次第，知菩提道及道莊嚴，知諸衆生上中下根；知外聲論，心不存著。知衆生時，隨宜調伏。知衆生世及國土世，知從具足六波羅蜜。」】

講記　《優婆塞戒經》最主要的是講布施與持戒，因為這是在家菩薩最重要的行門，所以後面的禪定、精進、般若波羅蜜說得不多；因為這是戒經而不屬於般若的經典，所以般若波羅蜜品講得比較少。善生又請問說：「菩薩應該如何修學清淨的般若波羅蜜多？」是問如何清淨的修行智慧到彼岸？般若有幾個意思，函蓋比較廣，不只是說世間法上的智慧而已；因為般若是函蓋三乘菩提妙義的，所以用智慧兩個字來翻譯並不恰當，就依照梵語直接音譯為般若。修學般若波羅蜜當然得要有一些條件及修行上要注意的地方，否則就無法親證般若。善生菩薩是有智慧的人，他知道這個道理，所以爲佛子們向 佛提出請問。如果不需要方法和條件就可以親證般若，應該古今一切佛門修行人都能親證般若了，但古今的事實是：絕大多數人都只能從字面上瞭解般若，眞實義都無法親證。到今天更是如此，可見般若的親證是非常困難的，當然一定需要有些方法和基本條件才有可能證入般若。

佛開示說：「善男子啊！如果有菩薩能清淨的執持戒法、精進修行，並且能追隨眞善知識多聞熏習，還要正命而活，不以邪命而活」，邪命而活，譬如出家人若是方口食、維口食、仰口食、下口食，都是邪命而活。但是對在家菩薩而言，下口食等就沒有限制了。換句話說，耕作農事或從事其他行業，只要是正當的謀生職業，對在家菩薩並沒有限制。在家菩薩的限制是以釀酒、殺生來活命，以及印度的搾麻油。印度搾麻油是把芝麻放著讓它生蟲，被蟲吃掉大約一半了，就連那些蟲一起烤了來搾麻油，這是傷害物命的，所以佛子們不許吃印度的麻油。但是在中國，芝麻如果長蟲就不用了，所以在中國，菩薩們若以搾麻油維生，就沒有限制了。「還要能修忍辱行，對五濁惡世的難忍眾生也得要接納、度化」，因為菩薩從大悲中生，以悲心憐愍無知的眾生；「心中還要多所慚愧，而且遠離嫉妒心。除此以外，對於戒律的開遮也要有所瞭解，善知方便。」佛法並非不近人情的，佛法不離十八界法、不離五陰與如來藏，所以在修學佛法的過程中常有開緣和遮止，這些方便也要眞實了知；但不能把開緣方便當作自己想做什麼惡事都可以隨意去做，那就變成隨便了。把開緣拿來隨便用，就不是眞實的了知善方便。

「還要發起大心，願為眾生受種種苦難，不會因此產生悔恨和退失的現象；而且樂於施恩與眾生，以恩德來調伏眾生。還要善於了知所犯戒行輕重之相，若是犯重戒，要知道如何懺及悔。」很多人懺悔時其實是有懺而無悔的，不能成就懺悔的功德。懺是發露，悔是後不復作；往往有人懺悔時，有悔而無懺，或者有懺而無悔，都不具足懺悔之法，都不如法；所以菩薩對所犯戒律輕重之相，要能確實了知，才知道如何懺悔；也要深入了知應該是對首懺或是對眾懺？這樣才能使身心清淨，才有證悟般若的條件。「要殷勤勸導眾生布施、造作福業。」眾生難以親證佛法，大部分原因是因爲缺乏福業。即使是往生極樂淨土都需要有三福淨業，何況是要親證般若的眞實義境界？所以應當勸他們施作福業。

「要了知三乘經典中的文字，以及文字所代表的眞實義，並且不因爲瞭解字與義的緣故而生起憍慢。還要親近善友」，就不會被惡友所影響而造作惡業，還誤以爲是在護持正法，福德才不會日日損減；「也能勸衆生如此修行，才能自利和利益他人。對於三寶、諸師、和上、長老和有德之人，都要恭敬及供養。」「對於自身所修證的菩提不生輕想」，這有兩個意思：第一是對自己能否親證菩提，不妄自菲薄，對自己有信心；第二是親證菩提之後，不生起輕易能得之想，才不會悟後退失菩提。

「證得菩提之後，還要能觀察菩提的深妙功德」：菩提叫作覺悟，覺悟是因爲親證如來藏而了知涅槃即是如來藏，而了知般若的眞實義就是在敘述如來藏的清淨、解脫境界。悟前無法如此觀察，就從表相上來觀察：菩薩們證悟以後發起了菩提實相智慧，他說法時與未悟者所說的法義有何差別？從這種表相上也可以觀察到菩提的深妙功德。再不然，從經典中也可以觀察到諸佛、諸大菩薩證悟菩提所發起的深妙功德。

「還要了知善惡相」，但是善惡相的了知，其實是最困難的；因爲眾生對於正法與邪法的分際往往無法分清楚，所以對佛法中的善相與惡相無法如實了知，因此要親近善友修學，才能如實了知善惡相。「還要了知世間法和出世間法的一切聲論。」換句話說，想要證悟般若，或者證悟般若以後想要使自己所證的般若越來越清淨，沒有雜染相，就得要了知世間、出世間的一切聲論。聲論和菩提的清淨相爲什麼會有關聯？因爲如果能有世、出世間的聲論，就可以用聲論來爲眾生說法；在說法的過程中會有功德出現：使自己的智慧越來越深妙，越來越廣大。「已知世、出世間一切聲論的人，悟後若能出世弘法，將會使自己所證的菩提般若轉更清淨，因此就可以知因知果。」因果是最難理解的，乃至等覺菩薩都無法究竟了知因果，只有諸佛才能究竟了知；所以因果的究竟了知，要從般若的證悟，加上一切種智的修集，才能更深入的了知。

「由於前面所說的熏習和多聞的緣故，漸漸能了知證悟般若的初方便及證悟般若的根本所在。」證悟般若的初方便就是諸位在禪淨班所熏習的兩年半課程所學的內涵。有這些初方便就會知道：原來般若的證悟就是要親證如來藏，才能證得如來藏的眞如法性，才是證眞如。在我們出來弘法以前，沒聽過有人講般若的證悟就是親證如來藏，所以我們出來弘法宣示說：「般若的證悟就是親證如來藏。」就有好多人出來批評攻擊，所以有些人講：「佛法有八萬四千法門，何必一定要證悟如來藏才叫作開悟？」但是他們不知道般若證悟的內涵是親證如來藏，不曉得如來藏是般若證悟的標的而不是法門；八萬四千法門都可以證悟如來藏，但如來藏不是八萬四千門之一，而是八萬四千門所證悟的內涵，所以說如來藏的親證就是般若的根本。所以諸位在這兩年半的過程中熏習下來，就懂得如何看話頭、如何參禪，也知道佛法的根本就是如來藏，就有一個基本的方向了。這些條件都具足了，佛說「當知是人能得智慧。」所以前面這幾行經文所講的條件若具足了，你去到禪三精進共修道場時，不悟也很困難。

如果去參加禪三，空手而回，就表示佛所開示的這些應有條件你還不具足，就轉到進階班去再多熏習；在進階班會比禪淨班講得深細廣泛一些。同時再自己檢討：佛開示的這幾行經文中，到底我還有什麼部分不具足？要自己檢討。檢討了之後，一一補足，下回禪三如果被錄取了，大概就可以證悟了。一般人聽到說「參加禪三的四天三夜共修就可以開悟了」，總是心疑：「說的比唱的好聽。」對一般人來講，證悟的事情，根本是想都不敢想的。但在我們會中，開悟明心只是剛剛入門而已，悟了以後還有許多深妙法等著你，一直到老死都學不完的。我們的法並不是只到明心爲止，後面還有很多大家要學的；這不曉得是諸位的悲哀？還是諸位的福報？要看你怎麼想。如果這麼想：「悟了以後功課還沒結束，學到老死還學不完，眞是苦命。」這樣想就叫作沒智慧，因爲他心中會覺得好悲哀：悟了以後還要一直學下去，沒完沒了。但我告訴你：佛菩提道就是這麼悲哀，你悟了以後還要修學將近三大阿僧祇劫才能成佛，所以當菩薩還眞的很悲哀。假使這樣想，那你來正覺同修會學法，就會學得很苦。可是有智慧的人不這麼想，他想：「悟了以後還有那麼多法可以讓我學，我眞是有福報。」那就表示你很有智慧，因爲這將會加速你成佛之道的進程，會比別人更快成佛。所以轉到進階班以後要依據　佛在這幾行經文所說的內容好好檢討，至少每週把這幾行唸一遍、思惟一遍，檢討自己爲什麼還沒有因緣可以證悟？能每週這樣做，我相信兩年內一定可以悟；除非陽奉陰違，只是唸一唸而沒有去做。

接著 佛說智慧有三種：第一種、從聞而生，就像諸位來這裡聽法；第二種、從思而生，是聽聞之後回去再加以思惟整理；第三種、從修而生，是思惟整理之後再去參禪，眞的找到如來藏了，發起眞如智慧了，這就是從修而生。「從字得義，就是從聞而生」，所以來這裡聽法，或者自己在家中閱讀經典都是從字得義。爲什麼要有聞慧呢？因爲兩個緣故：第一、不從眞善知識聽聞，往往會誤解經典字義的眞意；第二、從聞的目的是希望大家多聞熏習。多聞和寡聞的差異很大，且不說深妙法，光說淺的譬如「什麼是出家？」就有很多人弄不懂了。又如什麼是菩薩？或者什麼是法師？這些都有很多人不懂的。一般人聽到法師二字，一定會想成剃髮、著染衣、燙了戒疤，出家而住，叫作法師。其實不然，在阿含諸經中，法師是指能爲人說法的人，不是指出家人；出家人都叫作比丘、比丘尼，都不叫作法師。這些道理仍然有很多人不懂，都是因爲沒有多聞的緣故，所以多聞很重要。而且還得要跟隨眞善知識聽聞熏習，才能有聞慧；追隨假名善知識多聞，就變成邪慧。「聽聞之後自己思惟其中的眞實義，獲得眞實的瞭解，是從思惟而生的智慧。」如果不思惟，聽聞得來的都只是佛法的常識；經過思惟以後，才會變成自己的知識，佛法的正知見才會出生，才有辦法抓到正確的方向和方法，「如此修行就能親證實相的境界，叫作從修得義，是從修行而出生的智慧。」「能閱讀如來所說的十二部經，就能斷除種種對實相境界生疑、對涅槃生疑的羅網。」眾生都被種種疑惑網住，所以不能出離生死、也不能成佛。如果已經發起了般若修行上的智慧，就能直接閱讀十二部經，疑網就可以次第剪除，「並且能讀一切世間法中的論著，能了知世間法上的事相，也能善分別邪道與正道的差別，這就是智慧。」

「能善分別十二部經的意思，是說對於五陰、六入、十八界及因果等經文的眞實義，有了眞實的了知。」學佛人這麼多，可是證悟的人這麼少，原因都是對於五陰、六入、十八界沒有如實的了知。等而下之，則是對因果的道理沒有如實知，所以追隨破法者一起在破法時還以為是在護法、弘法呢！這眞是很冤枉的事！這種事在《佛藏經》中講得很清楚：無量劫前有幾億人、幾兆人在護持破法者，還都以爲正在護持正法、弘揚正法，並且追隨破法者一起努力誹謗及破壞唯一的正法；那些人經過幾十劫、幾百劫，到了 釋迦佛出現在人間時，他們離開地獄回到人間時還是繼續在謗法、破法，就這樣一直在三惡道中不斷的輪轉，這就是不能了知眞實因果的緣故。

「對於止觀的上中下相也要了知」，能眞實了知止與觀的上中下相才叫作有智慧的人。「止」不單單是禪定的境界，在佛法中的止與觀，止主要還是在講「心得決定」：於正法心得決定，於三寶心得決定，於無生的境界心得決定而能安忍，於一切法無生的境界心得決定而能安忍，這都是心得決定，叫作止，也就是舍摩他。毘婆舍那是觀察，對陰、界、入、因果來作觀行；但是其中的上中下相是很難區別的，而眞正有智慧的人要能加以區分及了知，這才是眞正的智慧，才可以說是能善於爲眾生分別十二部經的人。「對於善性、惡性、無記性及四顚倒，也要如實知；見道、修道也要善於分別，這才是眞實智慧。」善性、惡性和無記性，是一切眾生都離開不了的三性；因爲一切眾生在人間生活一定要有意識，而意識是與三性相應的，所以不能避免與善、惡、無記性相應。只有到達八地以後才會是善性而不與無記及惡性相應的意識心行，因爲七地以下都要留惑潤生，留惑潤生時在人間就無法避免會有少分的惡事，譬如下足行走時免不了有時不愼踩死蟲蟻，這也是惡性之一，所以善惡與無記是很難避免的，因此這裡說善惡和無記性也有上中下相，眞正能分別十二部經的人，對這三項能深入理解。

「四顚倒」有時又稱爲八倒，這四倒，諸位不必作筆記，我爲諸位說明了，你就會記得住了。說法要能讓人聽了就懂，懂了就不會忘；聽法時要聽讓自己聽了就懂的法，那才會有受用。這四倒，諸位只要記住四個字，你就懂了，就自動記住了：常樂我淨。常樂我淨是大乘法中非常重要的法相，也是久學佛子耳熟能知的法，這四個字相信諸位都聽過了。四顚倒就是對這四個字的眞實義起顚倒想：無常常倒或者於常常倒、於樂樂倒、於我我倒、於淨淨倒。也有人說：無常常倒，無樂樂倒，無淨淨倒，無我我倒。如果廣說爲八倒，你就反過來說，把常樂我淨套上去：非常常倒，常計非常；樂呢！非樂計樂，眞樂計苦；我呢！非我計我，眞我謗爲非我；淨呢！非淨計淨，眞淨謗爲非淨。這樣就是八倒，這樣聽了就懂了。

換句話說，四倒或八倒，都是在常樂我淨四字上面做了錯誤的認知，所以稱之爲倒。但是說懂，那是明心的人眞聽懂了，還沒有明心的人還是不能眞懂，不免要爲諸位稍微講解一下。「常」有兩種誤計：非常計常，常計非常，所以「常」就有兩種顚倒想。什麼是非常計常？非常，我們舉個例，諸位就懂了。在我們出來弘法以前，台灣一直到兩年前，大家都還說離念靈知就是眞如心，說祂是常。上平居士一直在謗我，但這一年多以來（編案：2003 到 2004 年間）已經不敢再公開說離念靈知是常；他現在也開始搞公案了，但因爲離念靈知在公案上面是永遠都搞不通的，所以現在不敢再講離念靈知心是常了。因爲我們講了很多道理，已經證明離念靈知非常。離念靈知要有因、有緣才能出現、才能運作，因就是如來藏及如來藏所含藏的意識心種子，緣就是意根、五色根和法塵，如果要再加一個，可以加上無明種子爲緣，要靠這些因和緣才能出生、才能運作的離念靈知心，當然非常。而且每天晚上都可以自我檢查：

睡著無夢時離念靈知還在不在？顯然是斷滅了。所以，把非常的、無常的離念靈知認作是常，那就是「無常常倒」，這是第一種。「常」的第二種顛倒就是「常計非常」，把如來藏阿賴耶識認定爲無常的生滅法，這就是「常倒」，把常誤計爲非常。常樂我淨的常就有兩種顛倒。

接著講「樂」：無覺無觀、涅槃寂靜，才是眞正的快樂。可是當你告訴眾生說涅槃中沒有覺、沒有知，無一法存在，無一法生滅，究竟寂滅，這個不生不滅的境界才是究竟的快樂。但眾生都不想要，他們說：「那不是跟斷滅一樣嗎？我都不在了，那還行？不行！我不要！」所以凡夫們都堅持要用離念靈知心去進入涅槃，想要在涅槃中生起種種的快樂覺受，不管是身樂還是心樂；他們認爲那樣才叫作樂，這就叫作「樂倒」。最具體的例子就是密宗的雙身法，還有具體的例子就是想要離念靈知去住在涅槃裡面，來覺知自己的存在，說這樣叫作快樂，這些都是「樂倒」，這叫作「樂計非樂、非樂計樂」。因爲雙身法的樂其實是苦，如果有人眞的去修過，依照宗喀巴《密宗道次第廣論》說的，每天連續十六小時與異性抱在一起，二根相入合修雙身法，這樣「精進」合修雙身法一個月就夠了！我告訴你：你一定維持不了一個月，三天就受不了了。所以藏密是「非樂計樂」的，這就是樂倒。

又如我們說：「**無覺無觀，無人無我，絕對寂靜，沒有六塵與覺知心的無餘涅槃，才是究竟的快樂。**」可是他們不接受，都想要有煩惱同時存在的淫樂境界覺受，妄說那才是眞實樂。他們不接受寂靜的眞實解脫樂，把究竟安隱的解脫快樂叫作無樂。究竟的快樂就是遠離生死輪迴，只有證得涅槃才能遠離生死生滅，但是涅槃中沒有六根、沒有六塵、沒有六識，這才是究竟的安隱，遠離生死與生滅性；只有究竟安隱才是究竟樂，但密宗讀了我們的書而知道這裡面都沒有淫樂覺受，將會認爲不是樂，因爲他們所謂的解脫樂是指證得雙身法第四喜的身觸樂受，所以「樂計非樂」，這就是樂的第二種顚倒，所以「樂」也有兩種倒。

「我」，如果你對一般學佛人說一切法空、一切法無我，他會接受；可是當他接受了以後，卻把無常的離念靈知認定是常住的我，是無我性的我，那就是「我倒」，把無常的、有我性的離念靈知心，誤計爲常住的、無我性的眞我，這就是第一種的「我倒」。我們告訴他：「**阿賴耶識**

心體常住不滅，離我性、離見聞覺知；斷了我執以後，祂改名異熟識，祂就是無餘涅槃本際。」他們說：「不！阿賴耶識是有覺知的、有我性的生滅法。」這就是把眞實常住的無我性的眞我，認定爲無常、認定爲非我，這就是第二種的「我倒」。密宗應成派中觀也說：「只要有如來藏我存在就是染污，就是有我；只有離念靈知心不執著自己時才是無我。」那就是「我計非我、非我計我」，也是「我倒」。所以，我爲什麼可以說阿賴耶識心體是眞我？因爲五陰、十八界全部都是無常法、都是可滅法，而離念靈知心包含在五陰的識陰中，只是識陰六識中的意識心；既然是可滅法，當然說祂是無常、無我啊！可是如果有一個法是五陰、十八界出生的根本，而這個法不含攝在五陰、十八界中，是常住不壞法，是金剛心，那可不可以稱之爲「眞我」？（大眾同答：可以。）當然可以啊！所以無我性是對五陰十八界講的，因爲無常所以無眞實我的緣故；無我不是對如來藏講的，因爲如來藏常住而沒有五陰我性的緣故，所以在《楞伽經》中　佛說二乘法只證無我、不證眞我。

「淨倒」：大乘法證眞我、也證無我，這樣才是佛菩提，不偏於無我一邊，這樣修證、實證的涅槃才叫作清淨法，二乘法的無餘涅槃不是究竟清淨的。所以涅槃是絕對寂靜的，涅槃之中沒有十八界法，才叫作眞實清淨，但這只是二乘法的清淨。大乘法的清淨是在人還沒有死掉之前就已經住在涅槃了（還沒有入無餘涅槃就已經在涅槃了）叫作本來自性清淨涅槃，所以佛說：「一切眾生本來常住涅槃。」這是大乘法的清淨相，這種清淨相才是眞淨。另外一種「我倒、淨倒」就是禪門禪宗的錯悟大師，你們看現在哪一個宣示開悟的道場不是這樣呢？都是把離念靈知或見聞知覺性認作是眞如佛性，但那是不清淨法，因為離念靈知一定會與善惡性相應的，所以不淨；只有離開善惡性的，永遠不落在善惡性中的如來藏才是究竟清淨法；但是他們把離念靈知認定是清淨法，那就是淨倒的另一種，因為把不淨法認定是清淨法，那就是淨倒。

四倒其實也就是八倒。四顛倒瞭解了，證悟就有希望了。證悟的人對四顛倒是親證的，瞭解四顛倒其實是什麼境界，是如實了知的。如實了知四倒、八倒的人，對於見道與修道就能善分別。他就能瞭解見道就是親證如來藏，就能了知般若經原來是講如來藏的清淨性、眞如性及祂所生萬法的染污性，原來萬法與如來藏是不一不異的，這樣就能住於中道觀裡面。由於這個見道，就知道原來二乘法的見道修道並沒有證到如來藏，只要把我見斷了、我執斷了就好，原來都是在世俗法的蘊處界上用心，就知道二乘的見道與修道了。有了見道的智慧，自然就知道二乘斷我見的見道以後，要如何才能出離生死，原來是斷我執。有了大乘的見道就知道原來見道以後就是要修道，修什麼道呢？修佛菩提道。當見道與修道的內涵如實了知，沒有遺漏，那就是通達般若了，就是初地菩薩了，所以說能善分別這些事相及佛法道次第，就是般若的智慧。

有智慧者不但如此，還要求證佛地的十力、四無所畏、大悲和三念處。但是這些都得要入地以後一步一步精進修行。所以悟後乃至進入初地了，都還要時常親近諸佛，並且有義務攝受一切佛弟子。假使未來人間已經沒有佛法了，而證悟的菩薩們又沒有離開胎昧的話，那就必須在外道法中出家修學；可是心中卻是尋求正道之法，也會對外道法發覺出許多過失；而且自己會常常修學四無量心，因為在外道法中，般若是不可能存在的，只好修四無量心，四無量心是通外道法的。外道中最推崇的就是五通道，修學世間法五種神通。得到五通以後，觀察不淨想及無常想，做九想觀。九想觀也是通外道的，無常想也通外道，但是不究竟；因爲佛法中的九想不淨觀修完後，還要轉入一切處觀及白骨觀，其中仍有進修的方法是不通外道的。外道的無常想也無法究竟，非常計常，落入常倒中。但是菩薩追隨外道修學之後，會比他們更深入證實和了知，並且能爲諸外道說明種種有爲法中有無量的過失。

也爲了不綺語的緣故，菩薩在無佛法的時代會教導眾生修學聲論；聲論不是講聲論外道那個聲論，聲論外道的聲論是錫克教，就是清海那個女人所講的從音聲中求法的聲論外道法；這裡講的聲論是以言語善巧辨正法義的論議之法，就是宗、因、喻等方法。菩薩在無佛法的年代，如何利益眾生呢？他教導眾生遠離身病和心病。因爲是在無佛法的年代，所以樂於用世間法來教導他人。菩薩因爲有往世所學的智慧種子存在，所以所做的事業沒有世間人能超越他，他能學習咒術醫方而且後來比別人精通，用來救度眾生。

菩薩得到財物之後能守護不失，配合世間法的道理，不違背世間常情來如法惠施給一切眾生。菩薩雖然後來知道一切法了，但不會生起憍慢之心；雖然得到有為法、無為法上的大功德以後，也不會生起知足之想，還能教導眾生信受布施、持戒、多聞、與智慧等法，並且了知善法、不善法和無記法；也善於教導眾生深入了知，具備了種種的方便；菩薩也善於了知修學世間、出世間法的種種修行方法、因緣和次第，也了知菩提道的內容及菩提道的莊嚴。不但如此，也能了知眾生三種上中下根性的不同。換句話說，在人間已經沒有眞正佛法住世時，菩薩縱使還有胎昧，年輕時跟隨外道學法，最後終將自己證悟菩提；證悟後反而破斥外道的種種過失，而且教導眾生親證菩提，把 佛的正法又延續下來，這就是證悟菩薩世世都應該做的事。

可是做這些事情好不好做？當佛法已經在人間消失了，你再來人間時只能跟隨外道修學。外道教給你的證悟法門一定是錯誤的，但是你要在錯誤的法中殺出重圍，自參自悟；悟了以後，還要破斥外道，引導眾生回到正法中來，這才叫作菩薩摩訶薩。如果只能跟著外道隨波逐流，就不夠格稱為菩薩摩訶薩。所以悟後要一肩挑起如來家業，並且要了知上中下根的眾生，隨機施教、應病與藥。想要如此做，一定要了知外道的聲論，知道他們是如何辨正法義的，也知道他們的宗旨：他會建立什麼樣的因，作什麼樣的譬喻，然後作什麼樣的辨正，最後作出什麼樣的結論，你都要知道；然後你才能破他，能破他的聲論，當然不會執著外道的聲論。有了這些智慧與自受用功德，就能了知眾生應當在何時調伏？上、中、下根人應該各在何時調伏？就能觀察時節因緣了。

寫書也一樣，一定要有次第性，如果把《狂密與眞密》提前五年出版，你試試看！一定是一場大風波，乃至今天不可能講《維摩詰經》啦！因爲我可能早就被藏密外道幹掉了。同樣的，大陸很多人希望我去弘法，也有大寺院住持寫邀請書來，我都不去，因爲不值得冒險，因爲還有很多工作沒做完，手頭上的計畫、工作太多了，爲佛教、爲眾生要做的事很多，現在還不能去。好多人寫信來抱怨說我爲什麼都不去，我說：「因緣還不成熟。」大陸要再等十來年，緣才能熟；哪一些眾生該什麼時候才能調伏，你要觀察因緣。台灣的佛弟子有大福報，因緣先成熟，我們就先度，大陸還要再等；因爲他們的福德還不夠，基本知見也還不具足，我現在去了也沒用，最多只是作一場演講；如果沒有被狙擊槍打死，就只是這麼講幾場回來，他們還是悟不了啊！悟緣還不足。菩薩要善於觀察因緣，如果逆勢而為一定是事倍功半。如果我們這十五年好好的把正法書籍流通過去（我們每個月送六十大箱去），點點滴滴去做，緣漸漸的會成熟，他們的時節因緣就是這樣。當你有智慧時，就會知道眾生調伏的時節因緣，就順著時節因緣去做，不必累得半死還度不了一個人。有了這些智慧就知道眾生世界、國土世界。眾生世界，在三賢位就能知道；但是了知國土世界，就要有無生法忍了。由於有這些智慧，就知道如何具足六波羅蜜。知道如何具足六波羅蜜，就懂得進修十波羅蜜，就可以依次第完成佛道。

【「善男子！有是智慧非波羅蜜，有波羅蜜非是智慧，有是智慧是波羅蜜，有非智慧非波羅蜜。是智慧非波羅蜜者：所謂一切世間智慧。聲聞緣覺所行智慧，是波羅蜜非智慧者，無有是義。是智慧是波羅蜜者，所謂一切六波羅蜜。非智慧非波羅蜜者，所謂一切聲聞緣覺施、戒、精

進。善男子！若人有能勤修如是六波羅蜜，是人名爲供養六方，能增財命。善男子！菩薩二種：一者在家，二者出家；出家菩薩修淨智慧，是不爲難；在家修淨，是乃爲難，何以故？在家之人多惡因緣所纏遶故。」說是法時，善生長者子等千優婆塞，發阿耨多羅三藐三菩提心。既發心已，即從坐起禮佛而退，辭還所止。】

講記　般若的四句分別：有是智慧非波羅蜜，有波羅蜜非是智慧，有是智慧也是波羅蜜，有非智慧非波羅蜜。第一種、是智慧而非波羅蜜：是講世間的所有智慧，世間人也有世間法的智慧，否則如何能在世間生活呢？譬如孔老夫子講：「學稼爲圃，吾不如老農、老圃。」他說：「學種田這個事情，我眞的不如老農夫、老園丁。」可見老農夫也有智慧：何時該種什麼，種下去以後何時又該做什麼，他們都知道。你要是問孔老夫子，他可是四體不勤、五穀不分的。我也是四體不勤、五穀不分，你若把五種穀物拿來，我還眞的分不清楚。世間人如果沒有智慧，又如何發明擴音機、電腦、視訊工程，這些也是智慧；只是這些智慧不能到達生死彼岸，所以說是智慧非波羅蜜。

第二種、聲聞緣覺智慧，如果說是波羅蜜而非智慧，這是講不通的，因爲聲聞緣覺能出離生死，就不能說他們沒有波羅蜜；如果有波羅蜜，那一定是有智慧，有智慧才能到生死的彼岸。如果他們沒有聲聞解脫道的智慧，如何能出離分段生死呢？所以一定是有波羅蜜也有智慧，所以不能完全說是波羅蜜而非智慧。那麼四句分別好像在這第二句就不通了？但是從大乘法來講，說二乘聖人是波羅蜜而非智慧，也可以說他們是智慧而非波羅蜜，都可以通，大乘菩提就妙在這裡。所以二乘聖人來到我這裡，沒有說話的餘地。沒有人敢公開講這一句話，但我可以講，因爲事實確是這樣。如果二乘聖人說他有波羅蜜，我說：「你沒有波羅蜜。」他說：「我已經證得有餘涅槃了，我捨壽就是無餘涅槃，我已到彼岸了。」我說：「你沒有到彼岸，因爲你入無餘涅槃，十八界都滅了，所以你沒有到彼岸、沒有波羅蜜。」他也沒有辦法跟我講話，因爲事實是這樣；他很清楚知道：入無餘涅槃是十八界都滅，他並不存在了，怎能說他已到涅槃彼岸？但是遇到外道時，我說阿羅漢有到彼岸，因爲他已出離生死了，當然是到彼岸，所以要怎麼說都由我。

聲聞聖人說他有智慧，我說：「不！你沒有智慧。因為所謂的智慧是了知了實相，了知無餘涅槃中的境界，才叫作智慧，你那個智慧，在我看來不是智慧。」因為他入了無餘涅槃以後，裡面是什麼？他不知道。入無餘涅槃時他已經消失掉，他並沒有進入無餘涅槃，所以不知道涅槃中的境界；但是我現在還沒有入無餘涅槃，我就很清楚知道無餘涅槃中的境界，我看得清清楚楚，所以我有智慧，阿羅漢沒有智慧。我這樣說，他也無可奈何，因為他確實不知道無餘涅槃中的境界。可是如果遇到外道來說阿羅漢沒有智慧，我就反駁說：「不！他有智慧，他能入無餘涅槃；而你外道無法入無餘涅槃，你沒有智慧。」就看你從哪個層面來講。所以第二句「有波羅蜜非智慧」，我可以說得通；但是從凡夫、從外道來講，說阿羅漢是波羅蜜而非智慧，無有是義。

第三種、既是智慧也是波羅蜜，就是一切的六波羅蜜。六波羅蜜是說六住位滿心而證得如來藏。如果光修前五度而不修第六度，或是修第六波羅蜜，但是沒有證悟，就不能稱為智慧也是波羅蜜。所以，你們明心的人，自己可以反觀看看：你明心之後有沒有般若智慧？是不是已到彼岸？反觀之後就很清楚了。你明心以後觀察到彼岸就是如來藏自身的境界，如來藏自身的境界你已經親證了，當然就是到彼岸（波羅蜜）也是智慧。解脫生死的彼岸就是如來藏的境界，而如來藏的生死彼岸境界你已經親證了，當然就有波羅蜜，就瞭解法界實相；有了法界實相智慧，是阿羅漢所不知的，當然是智慧也是波羅蜜。

第四種、非智慧非波羅蜜，是一切修學聲聞緣覺解脫道而仍然沒有見道的凡夫。聲聞緣覺法中的凡夫都屬於非智慧非波羅蜜，因爲連二乘法的智慧都沒有，也不能到彼岸，他們所修的施、戒、精進都是凡夫人所行，都沒有智慧。在大乘法中修六波羅蜜，假使還沒有親證，也是沒有智慧的，因爲我見仍斷不了，實相也沒有親證，那就沒有智慧，也不知道涅槃彼岸的境界，所以也非波羅蜜。以上總共四句分別。

「善男子啊！如果有人能精勤的修證六波羅蜜，他才是能供養六方的人。」修六波羅蜜就是供養六方，不同於外道供養東西南北上下六方，作種種妄想上的供養，**「勤修六波羅蜜就是眞正供養六方，他一定能增財增命，世、出世間法一切具足。菩薩有兩種：第一種是在家菩薩，第**

二種是出家菩薩。出家菩薩修行清淨的智慧並不困難；但是在家菩薩要修行清淨的智慧卻很困難，因爲在家之人身邊圍繞著許多的惡因緣，會阻礙他在六波羅蜜的清淨修行。」佛說完了戒法的眞實義，善生長者的兒子以及隨從的一千位優婆塞都很歡喜，所以全部都發起了想要求證無上正等正覺的菩薩心，這時已經發起菩薩種性了，不會再迴入二乘法中修行了。然後從座而起，禮佛之後向佛告別，各自回家了。

《菩薩優婆塞戒經》講解到此就圓滿了，可是我還有幾句話要講，這些話當然是忠言逆耳，但「苦口的是良藥」，希望大家能聽進去，因爲對大家都會有幫助。《菩薩優婆塞戒經》講這麼久，不免有一些人無法全部聽入心中，所以無法眞正了知戒的眞實義；但是我希望大家聽了這麼多，能在有空時重讀一、兩遍，把戒的眞實義在心中生芽滋長；而且希望大家能從嚴檢點戒行，在同修們相處之中對自己從嚴要求。如果能從嚴檢點自己的戒行，佛道的進修一定非常快。能把戒律經由聞思修，把它跟修行合一，心一定會清淨，在佛道的修行上一定會非常快速的增進。像這種心地清淨的人，佛不加持，那要加持誰呢？可是持戒也不必被戒相所拘泥而持到很痛苦，持戒的目的是要讓我們進道迅速，所以應該持得很歡喜呀！結果持得很痛苦，就表示對戒的精神沒有如實了知。所以我要提示一點：持戒怎樣持得快快樂樂的？就是要以心地戒的精神來持。悟後以如來藏的本來自性清淨涅槃體性來轉依，來修正意識和末那的心行，這樣就不必死背那些戒相。

還沒有見道的人用一個方法也可以叫作心地戒，就是凡事都從事相的善惡上來作思惟與依止，只要認定是善法，覺知心就依止而行，這是意識心地的戒法。如果思惟觀察以後，認定其中有惡事，就把它排除掉，以善惡的判斷來作爲是否遵循的標準，那就不必死背戒相，也不必被戒條綁得渾身不舒服，好像被很多繩子綁著很難過，這就是 佛所說的心地戒的守持方法。大迦葉尊者問阿難尊者佛法大義，阿難尊者說：「**佛法很簡單，四句話就解決了。**」他說（請諸位看後面那兩幅字）：「諸惡莫作、眾善奉行。」就用這二句作爲戒的精神來持戒。如果能這樣的話，你就有辦法「**自淨其意**」，意清淨了不就解脫了嗎？我見、我執煩惱就斷了、就解脫了，所以 阿難尊者說：「**是諸佛教。**」不必死背戒相，凡是要做一件事情以前先判斷善惡，是善就奉行，惡就遠離，這樣把意清淨了以後，我執就漸漸會不存在了。都是因爲以自我爲中心，才會有惡心惡行出現，這個持戒的要領，請諸位記住，只有四句：「諸惡莫作、眾善奉行，自淨其意、是諸佛教。」能這樣持戒，你就是久學菩薩；如果還要依戒相一一繫縛自己不得自在，導致無法專心在道業上精進，那就是新學菩薩。請諸位記住，千萬要作久學菩薩，不要作新學菩薩。以下接著講《維摩詰經》，請大家翻開第一頁⋯⋯⋯⋯。（請另詳《維摩詰經講記》）

佛菩提二主要道次第概要表——二道並修，以外無別佛法

佛菩提道——大菩提道

十信位修集信心——一劫乃至一萬劫

遠波羅蜜多

資糧位

初住位修集布施功德（以財施爲主）。
二住位修集持戒功德。
三住位修集忍辱功德。
四住位修集精進功德。
五住位修集禪定功德。
六住位修集般若功德（熏習般若中觀及斷我見，加行位也）。

外門廣修六度萬行

見道位

七住位明心般若正觀現前，親證本來自性清淨涅槃。
八住位起於一切法現觀般若中道。漸除性障。
十住位眼見佛性，世界如幻觀成就。

一至十行位，於廣行六度萬行中，依般若中道慧，現觀陰處界猶如陽焰，至第十行滿心位，陽焰觀成就。

一至十迴向位熏習一切種智；修除性障，唯留最後一分思惑不斷。第十迴向滿心位成就菩薩道如夢觀。

內門廣修六度萬行

初地：第十迴向位滿心時，成就道種智一分（八識心王一一親證後，領受五法、三自性、七種第一義、七種性自性、二種無我法）復由勇發十無盡願，成通達位菩薩。復又永伏性障而不具斷，能證慧解脫而不取證，由大願故留惑潤生。此地主修法施波羅蜜多及百法明門。證「猶如鏡像」現觀，故滿初地心。

二地：初地功德滿足以後，再成就道種智一分而入二地；主修戒波羅蜜多及一切種智。滿心位成就「猶如光影」現觀，戒行自然清淨。

解脫道：二乘菩提

→ 斷三縛結，成初果解脫

→ 薄貪瞋癡，成二果解脫

→ 斷五下分結，成三果解脫

入地前的四加行令煩惱障現行悉斷，成四果解脫，留惑潤生。分段生死已斷，煩惱障習氣種子開始斷除，兼斷無始無明上煩惱。

圓滿成就究竟佛果

近波羅蜜多 — 大波羅蜜多 — 圓滿波羅蜜多

修道位 — 究竟位

三地：二地滿心再證道種智一分，故入三地。此地主修忍波羅蜜多及四禪八定、四無量心、五神通。能成就俱解脫果而不取證，留惑潤生。滿心位成就「猶如谷響」現觀及無漏妙定意生身。

四地：由三地再證道種智一分故入四地。主修精進波羅蜜多，於此土及他方世界廣度有緣，無有疲倦。進修一切種智，滿心位成就「如水中月」現觀。

五地：由四地再證道種智一分故入五地。主修禪定波羅蜜多及一切種智，斷除下乘涅槃貪。滿心位成就「變化所成」現觀。

六地：由五地再證道種智一分故入六地。此地主修般若波羅蜜多——依道種智現觀十二因緣一一有支及意生身化身，皆自心眞如變化所現，「非有似有」，成就細相觀，不由加行而自然證得滅盡定，成俱解脫大乘無學。

七地：由六地「非有似有」現觀，再證道種智一分故入七地。此地主修一切種智及方便波羅蜜多，由重觀十二有支一一支中之流轉門及還滅門一切細相，成就方便善巧，念念隨入滅盡定。滿心位證得「如犍闥婆城」現觀。

八地：由七地極細相觀成就故再證道種智一分而入八地。此地主修一切種智及願波羅蜜多。至滿心位純無相觀任運恆起，故於相土自在，滿心位復證「如實覺知諸法相意生身」故。

九地：由八地再證道種智一分故入九地。主修力波羅蜜多及一切種智，成就四無礙，滿心位證得「種類俱生無行作意生身」。

十地：由九地再證道種智一分故入此地。此地主修一切種智——智波羅蜜多。滿心位起大法智雲，及現起大法智雲所含藏種種功德，成受職菩薩。

等覺：由十地道種智成就故入此地。此地應修一切種智，圓滿等覺地無生法忍；於百劫中修集極廣大福德，以之圓滿三十二大人相及無量隨形好。

妙覺：示現受生人間已斷盡煩惱障一切習氣種子，並斷盡所知障一切隨眠，永斷變易生死無明，成就大般涅槃，四智圓明。人間捨壽後，報身常住色究竟天利樂十方地上菩薩；以諸化身利樂有情，永無盡期，成就究竟佛道。

七地滿心斷除故意保留之最後一分思惑時，煩惱障所攝色、受、想三陰有漏習氣種子全部斷盡。

煩惱障所攝行、識二陰無漏習氣種子任運漸斷，所知障所攝上煩惱任運漸斷。

斷盡變易生死
成就大般涅槃

佛子蕭平實 謹製
（二〇〇九、〇二 修訂）
（二〇一二、〇二 增補）

佛教正覺同修會〈修學佛道次第表〉

第一階段

＊以憶佛及拜佛方式修習動中定力。
＊學第一義佛法及禪法知見。
＊無相拜佛功夫成就。
＊具備一念相續功夫—動靜中皆能看話頭。
＊努力培植福德資糧，勤修三福淨業。

第二階段

＊參話頭，參公案。
＊開悟明心，一片悟境。
＊鍛鍊功夫求見佛性。
＊眼見佛性〈餘五根亦如是〉親見世界如幻，成就如幻觀。
＊學習禪門差別智。
＊深入第一義經典。
＊修除性障及隨分修學禪定。
＊修證十行位陽焰觀。

第三階段

＊學一切種智真實正理—楞伽經、解深密經、成唯識論…。
＊參究末後句。
＊解悟末後句。
＊透牢關—親自體驗所悟末後句境界，親見實相，無得無失。
＊救護一切眾生迴向正道。護持了義正法，修證十迴向位如夢觀。
＊發十無盡願，修習百法明門，親證猶如鏡像現觀。
＊修除五蓋，發起禪定。持一切善法戒。親證猶如光影現觀。
＊進修四禪八定、四無量心、五神通。進修大乘種智，求證猶如谷響現觀。

佛教正覺同修會 共修現況 及 招生公告 2016/1/16

一、共修現況：（請在共修時間來電，以免無人接聽。）

台北正覺講堂 103 台北市承德路三段 277 號九樓 捷運淡水線圓山站旁 Tel..**總機** 02-25957295（晚上）（**分機：九樓**辦公室 10、11；知客櫃檯 12、13。 **十樓**知客櫃檯 15、16；書局櫃檯 14。 **五樓**辦公室 18；知客櫃檯 19。**二樓**辦公室 20；知客櫃檯 21。）Fax..25954493

第一講堂 台北市承德路三段 277 號九樓

禪淨班：週一晚上班、週三晚上班、週四晚上班、週五晚上班、週六下午班、週六上午班（皆須報名建立學籍後始可參加共修，欲報名者詳見本公告末頁）

增上班：瑜伽師地論詳解：每月第一、三、五週之週末 17.50～20.50 平實導師講解（僅限已明心之會員參加）

禪門差別智：每月第一週日全天 平實導師主講（事冗暫停）。

佛藏經詳解 平實導師主講。已於 2013/12/17 開講，歡迎已發成佛大願的菩薩種性學人，攜眷共同參與此殊勝法會聽講。詳解 釋迦世尊於《佛藏經》中所開示的眞實義理，更爲今時後世佛子四眾，闡述佛陀演說此經的本懷。眞實尋求佛菩提道的有緣佛子，親承聽聞如是勝妙開示，當能如實理解經中義理，亦能了知於大乘法中：如何是諸法實相？善知識、惡知識要如何簡擇？如何才是清淨持戒？如何才能清淨說法？於此末法之世，眾生五濁益重，不知佛、不解法、不識僧，唯見表相，不信眞實，貪著五欲，諸方大師不淨說法，各各將導大量徒眾趣入三塗，如是師徒俱堪憐憫。是故，平實導師以大慈悲心，用淺白易懂之語句，佐以實例、譬喻而爲演說，普令聞者易解佛意，皆得契入佛法正道，如實了知佛法大藏。

此經中，對於實相念佛多所著墨，亦指出念佛要點：以實相爲依，念佛者應依止淨戒、依止清淨僧寶，捨離違犯重戒之師僧，應受學清淨之法，遠離邪見。本經是現代佛門大法師所厭惡之經典：一者由於大法師們已全都落入意識境界而無法親證實相，故於此經中所說實相全無所知，都不樂有人聞此經名，以免讀後提出問疑時無法回答；二者現代大乘佛法地區，已經普被藏密喇嘛教滲透，許多有名之大法師們大多已曾或繼續在修練雙身法，都已失去聲聞戒體及菩薩戒體，成爲地獄種姓人，已非眞正出家之人，本質只是身著僧衣而住在寺院中的世俗人。這些人對於此經都是讀不懂的，也是極爲厭惡的；他們尚不樂見此經之印行，何況流通與講解？今爲救護廣大學佛人，兼欲護持佛教血脈永續常傳，特選此經宣講之。每逢週二 18.50~20.50 開示，不限制聽講資格。會外人士需憑身分證件換證入內聽講（此是大樓管理處之安全規定，敬請見諒）。桃園、台中、台南、高雄等地講堂，亦於每週二晚上播放平實導師所講本經之 DVD，不必出示身分證件即可入內聽講，歡迎各地善信同霑法益。

第二講堂　台北市承德路三段 267 號十樓。

禪淨班：週一晚上班、週六下午班。

進階班：週三晚上班、週四晚上班、週五晚上班（禪淨班結業後轉入共修）。

佛藏經詳解：平實導師講解。每週二 18.50~20.50（影像音聲即時傳輸）。本會學員憑上課證進入聽講，會外學人請以身分證件換證進入聽講（此為大樓管理處安全管理規定之要求，敬請諒解）。

第三講堂　台北市承德路三段 277 號五樓。

進階班：週一晚上班、週三晚上班、週四晚上班、週五晚上班。

佛藏經詳解：平實導師講解。每週二 18.50~20.50（影像音聲即時傳輸）。本會學員憑上課證進入聽講，會外學人請以身分證件換證進入聽講（此為大樓管理處安全管理規定之要求，敬請諒解）。

第四講堂　台北市承德路三段 267 號二樓。

進階班：週一晚上班、週三晚上班、週四晚上班、週五晚上班（禪淨班結業後轉入共修）。

佛藏經詳解：平實導師講解。每週二 18.50~20.50（影像音聲即時傳輸）。本會學員憑上課證進入聽講，會外學人請以身分證件換證進入聽講（此為大樓管理處安全管理規定之要求，敬請諒解）。

第五、第六講堂　為**開放式講堂**，不需以身分證件換證即可進入聽講，台北市承德路三段 267 號地下一樓、地下二樓。已規劃整修完成，每逢週二晚上講經時段開放給會外人士自由聽經，請由大樓側面梯階逕行進入聽講。**聽講者請尊重講者的著作權及肖像權，請勿錄音錄影，以免違法；若有錄音錄影被查獲者，將依法處理。**

正覺祖師堂　大溪鎮美華里信義路 650 巷坑底 5 之 6 號（台 3 號省道 34 公里處 妙法寺對面斜坡道進入）電話 03-3886110　傳真 03-3881692 本堂供奉 克勤圓悟大師，專供會員每年四月、十月各二次精進禪三共修，兼作本會出家菩薩掛單常住之用。除禪三時間以外，每逢單月第一週之週日 9:00~17:00 開放會內、外人士參訪，當天並提供午齋結緣。教內共修團體或道場，得另申請其餘時間作團體參訪，務請事先與常住確定日期，以便安排常住菩薩接引導覽，亦免妨礙常住菩薩之日常作息及修行。

桃園正覺講堂（第一、第二講堂）：桃園市介壽路 286、288 號 10 樓（陽明運動公園對面）電話：03-3749363（請於共修時聯繫，或與台北聯繫）

禪淨班：週一晚上班、週三晚上班、週四晚上班、週五晚上班。

進階班：週六上午班、週五晚上班。

佛藏經詳解：平實導師講解。每週二晚上，以台北正覺講堂所錄 DVD 放映；歡迎會外學人共同聽講，不需出示身分證件。

新竹正覺講堂 新竹市東光路 55 號二樓之一　電話 03-5724297（晚上）

第一講堂：

禪淨班：週一晚上班、週五晚上班、週六上午班。

進階班：週三晚上班、週四晚上班（由禪淨班結業後轉入共修）。

佛藏經詳解：平實導師講解。每週二晚上，以台北正覺講堂所錄 DVD 放映。歡迎會外學人共同聽講，不需出示身分證件。

第二講堂：

禪淨班：週三晚上班、週四晚上班。

佛藏經詳解：每週二晚上與第一講堂同時播放佛藏經詳解 DVD。

台中正覺講堂 04-23816090（晚上）

第一講堂 台中市南屯區五權西路二段 666 號 13 樓之四（國泰世華銀行樓上。鄰近縣市經第一高速公路前來者，由五權西路交流道可以快速到達，大樓旁有停車場，對面有素食館）。

禪淨班：週三晚上班、週四晚上班。

進階班：週一晚上班、週六上午班（由禪淨班結業後轉入共修）。

增上班：單週週末以台北增上班課程錄成 DVD 放映之，限已明心之會員參加。

佛藏經詳解：平實導師講解。每週二晚上，以台北正覺講堂所錄 DVD 放映。歡迎會外學人共同聽講，不需出示身分證件。

第二講堂 台中市南屯區五權西路二段 666 號 4 樓

禪淨班：週一晚上班、週三晚上班、週六上午班。

進階班：週五晚上班（由禪淨班結業後轉入共修）。

佛藏經詳解：每週二晚上與第一講堂同時播放佛藏經詳解 DVD。

第三講堂、第四講堂：台中市南屯區五權西路二段 666 號 4 樓。

嘉義正覺講堂 嘉義市友愛路 288 號八樓之一　電話：05-2318228

第一講堂：

禪淨班：週一晚上班、週四晚上班、週五晚上班。

進階班：週三晚上班（由禪淨班結業後轉入共修）。

佛藏經詳解：平實導師講解。每週二晚上，以台北正覺講堂所錄 DVD 放映。歡迎會外學人共同聽講，不需出示身分證件。

第二講堂 嘉義市友愛路 288 號八樓之二。

台南正覺講堂

第一講堂 台南市西門路四段 15 號 4 樓。06-2820541（晚上）

禪淨班：週一晚上班、週三晚上班、週四晚上班、週五晚上班、週六下午班。

增上班：單週週末下午，以台北增上班課程錄成 DVD 放映之，限已明心之會員參加。

佛藏經詳解：平實導師講解。每週二晚上，以台北正覺講堂所錄 DVD 放映。歡迎會外學人共同聽講，不需出示身分證件。

第二講堂　台南市西門路四段 15 號 3 樓。

佛藏經詳解：每週二晚上與第一講堂同時播放佛藏經詳解 DVD。

第三講堂　台南市西門路四段 15 號 3 樓。

進階班：週三晚上班、週四晚上班、週六上午班（由禪淨班結業後轉入共修）。

佛藏經詳解：每週二晚上與第一講堂同時播放佛藏經詳解 DVD。

高雄正覺講堂　高雄市新興區中正三路 45 號五樓 07-2234248（晚上）

第一講堂（五樓）：

禪淨班：週一晚上班、週三晚上班、週四晚上班、週五晚上班、週六上午班。

增上班：單週週末下午，以台北增上班課程錄成 DVD 放映之，限已明心之會員參加。

佛藏經詳解：平實導師講解。每週二晚上，以台北正覺講堂所錄 DVD 放映。歡迎會外學人共同聽講，不需出示身分證件。

第二講堂（四樓）：

進階班：週三晚上班、週四晚上班、週六上午班（由禪淨班結業後轉入共修）。

佛藏經詳解：每週二晚上與第一講堂同時播放佛藏經詳解 DVD。

第三講堂（三樓）：

進階班：週四晚上班（由禪淨班結業後轉入共修）。

香港正覺講堂　**☆已遷移新址☆**

九龍觀塘，成業街 10 號，電訊一代廣場 27 樓 E 室。

（觀塘地鐵站 B1 出口，步行約 4 分鐘）。電話：(852) 23262231

英文地址：Unit E, 27th Floor, TG Place, 10 Shing Yip Street, Kwun Tong, Kowloon

禪淨班：雙週六下午班 14:30-17:30，已經額滿。

雙週日下午班 14:30-17:30，2016 年 4 月底前尚可報名。

進階班：雙週五晚上班（由禪淨班結業後轉入共修）。

增上班：單週週末上午，以台北增上班課程錄成 DVD 放映之，限已明心之會員參加。

妙法蓮華經詳解：平實導師講解。雙週六 19:00-21:00，以台北正覺講堂所錄 DVD 放映；歡迎會外學人共同聽講，不需出示身分證件。

美國洛杉磯正覺講堂　☆已遷移新址☆

825 S. Lemon Ave Diamond Bar, CA 91798 U.S.A.
Tel. (909) 595-5222（請於週六 9:00~18:00 之間聯繫）
Cell. (626) 454-0607

禪淨班：每逢週末 15：30~17：30 上課。

進階班：每逢週末上午 10：00~12：00 上課。

佛藏經詳解：平實導師講解。每週六下午 13：00~15：00，以台北正覺講堂所錄 DVD 放映。歡迎各界人士共享第一義諦無上法益，不需報名。

二、招生公告　本會台北講堂及全省各講堂，每逢**四月、十月**下旬開新班，每週共修一次（每次二小時。開課日起三個月內仍可插班）；但美國洛杉磯共修處之禪淨班得隨時插班共修。各班共修期間皆爲二年半，欲參加者請向本會函索報名表（各共修處皆於共修時間方有人執事，非共修時間請勿電詢或前來洽詢、請書），或直接從本會官方網站(http://www.enlighten.org.tw/newsflash/class)或成佛之道網站下載報名表。共修期滿時，若經報名禪三審核通過者，可參加四天三夜之禪三精進共修，有機會明心、取證如來藏，發起般若實相智慧，成爲實義菩薩，脫離凡夫菩薩位。

三、新春禮佛祈福　農曆年假期間停止共修：自農曆新年前七天起停止共修與弘法，正月 8 日起回復共修、弘法事務。新春期間正月初一～初七 9.00～17.00 開放台北講堂、正月初一～初三開放新竹講堂、台中講堂、台南講堂、高雄講堂，以及大溪禪三道場（正覺祖師堂），方便會員供佛、祈福及會外人士請書。美國洛杉磯共修處之休假時間，請逕詢該共修處。

密宗四大派修雙身法，是外道性力派的邪法；又以生滅的識陰作為常住法，是常見外道，是假的藏傳佛教。

西藏覺囊巴以他空見弘揚第八識如來藏勝法，才是真藏傳佛教

佛教正覺同修會　弘法行事表　2014/08/19

1、**禪淨班**　以無相念佛及拜佛方式修習動中定力，實證一心不亂功夫。傳授解脫道正理及第一義諦佛法，以及參禪知見。共修期間：二年六個月。每逢四月、十月開新班，詳見招生公告表。

2、**《佛藏經》詳解**　平實導師主講。已於 2013/12/17 開講，歡迎已發成佛大願的菩薩種性學人，攜眷共同參與此殊勝法會聽講。詳解釋迦世尊於《佛藏經》中所開示的眞實義理，更爲今時後世佛子四眾，闡述 佛陀演說此經的本懷。眞實尋求佛菩提道的有緣佛子，親承聽聞如是勝妙開示，當能如實理解經中義理，亦能了知於大乘法中：如何是諸法實相？善知識、惡知識要如何簡擇？如何才是清淨持戒？如何才能清淨說法？於此末法之世，眾生五濁益重，不知佛、不解法、不識僧，唯見表相，不信眞實，貪著五欲，諸方大師不淨說法，各各將導大量徒眾趣入三塗，如是師徒俱堪憐憫。是故，平實導師以大慈悲心，用淺白易懂之語句，佐以實例、譬喻而爲演說，普令聞者易解佛意，皆得契入佛法正道，如實了知佛法大藏。每逢週二 18.50~20.50 開示，不限制聽講資格。會外人士需憑身分證件換證入內聽講（此是大樓管理處之安全規定，敬請見諒）。桃園、新竹、台中、台南、高雄等地講堂，亦於每週二晚上播放平實導師講經之 DVD，不必出示身分證件即可入內聽講，歡迎各地善信同霑法益。

有某道場專弘淨土法門數十年，於教導信徒研讀《佛藏經》時，往往告誡信徒曰：「**後半部不許閱讀。**」由此緣故坐令信徒失去提升念佛層次之機緣，師徒只能低品位往生淨土，令人深覺愚癡無智。由有多人建議故，平實導師開始宣講《佛藏經》，藉以轉易如是邪見，並提升念佛人之知見與往生品位。此經中，對於實相念佛多所著墨，亦指出念佛要點：**以實相爲依，念佛者應依止淨戒、依止清淨僧寶，捨離違犯重戒之師僧，應受學清淨之法，遠離邪見。**本經是現代佛門大法師所厭惡之經典：**一者由於大法師們已全都落入意識境界而無法親證實相，故於此經中所說實相全無所知，都不樂有人聞此經名，以免讀後提出問疑時無法回答；二者現代大乘佛法地區，已經普被藏密喇嘛教滲透，許多有名之大法師們大多已曾或繼續在修練雙身法，都已失去聲聞戒體及菩薩戒體，成爲地獄種姓人，已非眞正出家之人，本質上只是身著僧衣而住在寺院中的世俗人。**這些人對於此經都是讀不懂的，也是極爲厭惡的；他們尙不樂見此經之印行，何況流通與講解？今爲救護廣大學佛人，兼欲護持佛教血脈永續常傳，特選此經宣講之，主講者平實導師。

3、**瑜伽師地論**詳解　詳解論中所言凡夫地至佛地等 17 師之修證境界與理論，從凡夫地、聲聞地……宣演到諸地所證一切種智之眞實正理。由平實導師開講，每逢一、三、五週之週末晚上開示，僅限已明心之會員參加。

4、**精進禪三**　主三和尚：平實導師。於四天三夜中，以克勤圓悟大師及大慧宗杲之禪風，施設機鋒與小參、公案密意之開示，幫助會員剋期取證，親證不生不滅之眞實心——人人本有之如來藏。每年四月、十月各舉辦二個梯次；平實導師主持。僅限本會會員參加禪淨班共修期滿，報名審核通過者，方可參加。並選擇會中定力、慧力、福德三條件皆已具足之已明心會員，給以指引，令得眼見自己無形無相之佛性遍佈山河大地，眞實而無障礙，得以肉眼現觀世界身心悉皆如幻，具足成就如幻觀，圓滿十住菩薩之證境。

5、**阿含經**詳解　選擇重要之阿含部經典，依無餘涅槃之實際而加以詳解，令大眾得以現觀諸法緣起性空，亦復不墮斷滅見中，顯示經中所隱說之涅槃實際—如來藏—確實已於四阿含中隱說；令大眾得以聞後觀行，確實斷除我見乃至我執，證得**見到**眞現觀，乃至**身證**……等眞現觀；已得大乘或二乘見道者，亦可由此聞熏及聞後之觀行，除斷我所之貪著，成就慧解脫果。由平實導師詳解。不限制聽講資格。

6、**大法鼓經**詳解　詳解末法時代大乘佛法修行之道。佛教正法消毒妙藥塗於大鼓而以擊之，凡有眾生聞之者，一切邪見鉅毒悉皆消殞；此經即是大法鼓之正義，凡聞之者，所有邪見之毒悉皆滅除，見道不難；亦能發起菩薩無量功德，是故諸大菩薩遠從諸方佛土來此娑婆聞修此經。由平實導師詳解。不限制聽講資格。

7、**解深密經**詳解　重講本經之目的，在於令諸已悟之人明解大乘法道之成佛次第，以及悟後進修一切種智之內涵，確實證知三種自性性，並得據此證解七眞如、十眞如等正理。每逢週二 18.50~20.50 開示，由平實導師詳解。將於《大法鼓經》講畢後開講。不限制聽講資格。

8、**成唯識論**詳解　詳解一切種智眞實正理，詳細剖析一切種智之微細深妙廣大正理；並加以舉例說明，使已悟之會員深入體驗所證如來藏之微密行相；及證驗見分相分與所生一切法，皆由如來藏—阿賴耶識—直接或展轉而生，因此證知一切法無我，證知無餘涅槃之本際。將於增上班《瑜伽師地論》講畢後，由平實導師重講。僅限已明心之會員參加。

9、**精選如來藏系經典**詳解　精選如來藏系經典一部，詳細解說，以此完全印證會員所悟如來藏之眞實，得入不退轉住。另行擇期詳細解說之，由平實導師講解。僅限已明心之會員參加。

10、**禪門差別智**　藉禪宗公案之微細淆訛難知難解之處，加以宣說及剖析，以增進明心、見性之功德，啓發差別智，建立擇法眼。每月第一週日全天，由平實導師開示，僅限破參明心後，復又眼見佛性者參加（事冗暫停）。

11、**枯木禪**　先講智者大師的《小止觀》，後說《釋禪波羅蜜》，詳解四禪八定之修證理論與實修方法，細述一般學人修定之邪見與岔路，及對禪定證境之誤會，消除枉用功夫、浪費生命之現象。已悟般若者，可以藉此而實修初禪，進入大乘通教及聲聞教的三果心解脫境界，配合應有的大福德及後得無分別智、十無盡願，即可進入初地心中。親教師：平實導師。未來緣熟時將於大溪正覺寺開講。不限制聽講資格。

註：本會例行年假，自 2004 年起，改爲每年農曆新年前七天開始停息弘法事務及共修課程，農曆正月 8 日回復所有共修及弘法事務。新春期間（每日 9.00~17.00）開放台北講堂，方便會員禮佛祈福及會外人士請書。大溪鎮的正覺祖師堂，開放參訪時間，詳見〈正覺電子報〉或成佛之道網站。本表得因時節因緣需要而隨時修改之，不另作通知。

佛教正覺同修會　贈閱書籍 目錄　2015/09/29

1.**無相念佛**　平實導師著　回郵 10 元
2.**念佛三昧修學次第**　平實導師述著　回郵 25 元
3.**正法眼藏—護法集**　平實導師述著　回郵 35 元
4.**真假開悟簡易辨正法&佛子之省思**　平實導師著　回郵 3.5 元
5.**生命實相之辨正**　平實導師著　回郵 10 元
6.**如何契入念佛法門**（附：印順法師否定極樂世界）平實導師著　回郵 3.5 元
7.**平實書箋**—答元覽居士書　平實導師著　回郵 35 元
8.**三乘唯識**—如來藏系經律彙編　平實導師編　回郵 80 元
（精裝本　長 27 cm　寬 21 cm　高 7.5 cm　重 2.8 公斤）
9.**三時繫念全集**—修正本　回郵掛號 40 元（長 26.5 cm×寬 19 cm）
10.**明心與初地**　平實導師述　回郵 3.5 元
11.**邪見與佛法**　平實導師述著　回郵 20 元
12.**菩薩正道**—回應義雲高、釋性圓…等外道之邪見　正燦居士著　回郵 20 元
13.**甘露法雨**　平實導師述　回郵 20 元
14.**我與無我**　平實導師述　回郵 20 元
15.**學佛之心態**—修正錯誤之學佛心態始能與正法相應　孫正德老師著　回郵35元
附錄：平實導師著**《略說八、九識並存…等之過失》**
16.**大乘無我觀**—《悟前與悟後》別說　平實導師述著　回郵 20 元
17.**佛教之危機**—中國台灣地區現代佛教之真相（附錄：公案拈提六則）
平實導師著　回郵 25 元
18.**燈　影**—燈下黑（覆「求教後學」來函等）　平實導師著　回郵 35 元
19.**護法與毀法**—覆上平居士與徐恒志居士網站毀法二文
張正圜老師著　回郵 35 元
20.**淨土聖道**—兼評**選擇本願念佛**　正德老師著　由正覺同修會購贈 回郵 25 元
21.**辨唯識性相**—對「紫蓮心海《辯唯識性相》書中否定阿賴耶識」之回應
正覺同修會 台南共修處法義組 著　回郵 25 元
22.**假如來藏**—對法蓮法師《如來藏與阿賴耶識》書中否定阿賴耶識之回應
正覺同修會 台南共修處法義組 著　回郵 35 元
23.**入不二門**—公案拈提集錦 第一輯（於平實導師公案拈提諸書中選錄約二十則，
合輯爲一冊流通之）平實導師著　回郵 20 元
24.**真假邪說**—西藏密宗索達吉喇嘛《破除邪說論》真是邪說
釋正安法師著　回郵 35 元
25.**真假開悟**—真如、如來藏、阿賴耶識間之關係　平實導師述著　回郵 35 元
26.**真假禪和**—辨正釋傳聖之謗法謬說　孫正德老師著　回郵 30 元

27.**眼見佛性**—駁慧廣法師眼見佛性的含義文中謬說
游正光老師著　回郵 25 元

28.**普門自在**—公案拈提集錦 第二輯（於平實導師公案拈提諸書中選錄約二十則，合輯爲一冊流通之）平實導師著　回郵 25 元

29.**印順法師的悲哀**—以現代禪的質疑為線索　恒毓博士著　回郵 25 元

30.**識蘊真義**—現觀識蘊內涵、取證初果、親斷三縛結之具體行門。
—依《成唯識論》及《惟識述記》正義，略顯安慧《大乘廣五蘊論》之邪謬
平實導師著　回郵 35 元

31.**正覺電子報** 各期紙版本　免附回郵　每次最多函索三期或三本。
（已無存書之較早各期，不另增印贈閱）

32.**現代人應有的宗教觀**　蔡正禮老師 著　回郵3.5元

33.**遠惑趣道**—正覺電子報般若信箱問答錄　第一輯　回郵20元

34.**遠惑趣道**—正覺電子報般若信箱問答錄　第二輯　回郵20元

35.**確保您的權益**—器官捐贈應注意自我保護　游正光老師 著　回郵10元

36.**正覺教團電視弘法三乘菩提 DVD 光碟（一）**
由正覺教團多位親教師共同講述錄製 DVD 8 片，MP3 一片，共 9 片。有二大講題：一爲「三乘菩提之意涵」，二爲「學佛的正知見」。內容精闢，深入淺出，精彩絕倫，幫助大眾快速建立三乘法道的正知見，免被外道邪見所誤導。有志修學三乘佛法之學人不可不看。（製作工本費 100 元，回郵 25 元）

37.**正覺教團電視弘法 DVD 專輯（二）**
總有二大講題：一爲「三乘菩提之念佛法門」，一爲「學佛正知見（第二篇）」，由正覺教團多位親教師輪番講述，內容詳細闡述如何修學念佛法門、實證念佛三昧，以及學佛應具有的正確知見，可以幫助發願往生西方極樂淨土之學人，得以把握往生，更可令學人快速建立三乘法道的正知見，免於被外道邪見所誤導。有志修學三乘佛法之學人不可不看。（一套 17 片，工本費 160 元。回郵 35 元）

38.**佛藏經** 燙金精裝本 每冊回郵 20 元。正修佛法之道場欲大量索取者，請正式發函並蓋用大印寄來索取（2008.04.30 起開始敬贈）

39.**喇嘛性世界**—揭開假藏傳佛教譚崔瑜伽的面紗　張善思 等人合著
由正覺同修會購贈　回郵 20 元

40.**假藏傳佛教的神話**—性、謊言、喇嘛教　張正玄教授編著　回郵 20 元
由正覺同修會購贈　回郵 20 元

41.**隨 緣**—理隨緣與事隨緣　平實導師述　回郵 20 元。

42.**學佛的覺醒**　正枝居士 著　回郵 25 元

43.**導師之真實義**　蔡正禮老師 著　回郵 10 元

44.**淺談達賴喇嘛之雙身法**—兼論解讀「密續」之達文西密碼
吳明芷居士 著　回郵 10 元

45.**魔界轉世**　張正玄居士 著　回郵 10 元

46.**一貫道與開悟**　蔡正禮老師 著　回郵 10 元

47.**博愛**—愛盡天下女人　正覺教育基金會 編印　回郵 10 元
48.**意識虛妄經教彙編**—實證解脫道的關鍵經文　正覺同修會編印　回郵25元
49.**邪箭囈語**—破斥藏密外道多識仁波切《破魔金剛箭雨論》之邪說
陸正元老師著　上、下冊回郵各 30 元
50.**真假沙門**—依 佛聖教闡釋佛教僧寶之定義
蔡正禮老師著　俟正覺電子報連載後結集出版
51.**真假禪宗**—藉評論釋性廣《印順導師對變質禪法之批判
及對禪宗之肯定》以顯示真假禪宗
附論一：凡夫知見 無助於佛法之信解行證
附論二：世間與出世間一切法皆從如來藏實際而生而顯
余正偉老師著　俟正覺電子報連載後結集出版　回郵未定
52.**假鋒虛焰金剛乘**—揭示顯密正理，兼破索達吉師徒《般若鋒兮金剛焰》。
釋正安 法師著　俟正覺電子報連載後結集出版

★ 上列贈書之郵資，係台灣本島地區郵資，大陸、港、澳地區及外國地區，請另計酌增（大陸、港、澳、國外地區之郵票不許通用）。尚未出版之書，請勿先寄來郵資，以免增加作業煩擾。

★ 本目錄若有變動，唯於後印之書籍及「成佛之道」網站上修正公佈之，不另行個別通知。

函索書籍請寄：佛教正覺同修會　103 台北市承德路 3 段 277 號 9 樓
台灣地區函索書籍者請附寄郵票，無時間購買郵票者可以等值現金抵用，但不接受郵政劃撥、支票、匯票。大陸地區得以人民幣計算，國外地區請以美元計算（請勿寄來當地郵票，在台灣地區不能使用）。欲以掛號寄遞者，請另附掛號郵資。

親自索閱：正覺同修會各共修處。　★請於共修時間前往取書，餘時無人在道場，請勿前往索取；共修時間與地點，詳見書末正覺同修會共修現況表（以近期之共修現況表為準）。

註：正智出版社發售之局版書，請向各大書局購閱。若書局之書架上已經售出而無陳列者，請向書局櫃台指定洽購；若書局不便代購者，請於正覺同修會共修時間前往各共修處請購，正智出版社已派人於共修時間送書前往各共修處流通。 郵政劃撥購書及 大陸地區 購書，請詳別頁正智出版社發售書籍目錄最後頁之說明。

成佛之道 網站：http://www.a202.idv.tw 正覺同修會已出版之結緣書籍，多已登載於 成佛之道 網站，若住外國、或住處遙遠，不便取得正覺同修會贈閱書籍者，可以從本網站閱讀及下載。 書局版之《宗通與說通》亦已上網，台灣讀者可向書局洽購，售價 300 元。《狂密與眞密》第一輯~第四輯，亦於 2003.5.1.全部於本網站登載完畢；台灣地區讀者請向書局洽購，每輯約 400 頁，售價 300 元（網站下載紙張費用較貴，容易散失，難以保存，亦較不精美）。

＊＊假藏傳佛教修雙身法，非佛教＊＊

正智出版社 籌募弘法基金發售書籍目錄 2016/11/11

1.**宗門正眼**—公案拈提 第一輯 重拈平實導師著 500元
因重寫內容大幅度增加故，字體必須改小，並增為576頁 主文546頁。比初版更精彩、更有內容。初版《禪門摩尼寶聚》之讀者，可寄回本公司免費調換新版書。免附回郵，亦無截止期限。(2007年起，每冊附贈本公司精製公案拈提〈超意境〉CD一片。市售價格280元，多購多贈。)

2.**禪淨圓融** 平實導師著 200元(第一版舊書可換新版書。)

3.**真實如來藏** 平實導師著 400元

4.**禪—悟前與悟後** 平實導師著 上、下冊，每冊250元

5.**宗門法眼**—公案拈提 第二輯 平實導師著 500元
(2007年起，每冊附贈本公司精製公案拈提〈超意境〉CD一片)

6.**楞伽經詳解** 平實導師著 全套共10輯 每輯250元

7.**宗門道眼**—公案拈提 第三輯 平實導師著 500元
(2007年起，每冊附贈本公司精製公案拈提〈超意境〉CD一片)

8.**宗門血脈**—公案拈提 第四輯 平實導師著 500元
(2007年起，每冊附贈本公司精製公案拈提〈超意境〉CD一片)

9.**宗通與說通**—成佛之道 平實導師著 主文381頁 全書400頁售價300元

10.**宗門正道**—公案拈提 第五輯 平實導師著 500元
(2007年起，每冊附贈本公司精製公案拈提〈超意境〉CD一片)

11.**狂密與真密 一～四輯** 平實導師著 西藏密宗是人間最邪淫的宗教，本質不是佛教，只是披著佛教外衣的印度教性力派流毒的喇嘛教。此書中將西藏密宗密傳之男女雙身合修樂空雙運所有祕密與修法，毫無保留完全公開，並將全部喇嘛們所不知道的部分也一併公開。內容比大辣出版社喧騰一時的《西藏慾經》更詳細。並且函蓋藏密的所有祕密及其錯誤的中觀見、如來藏見……等，藏密的所有法義都在書中詳述、分析、辨正。每輯主文三百餘頁 每輯全書約400頁 售價每輯300元

12.**宗門正義**—公案拈提 第六輯 平實導師著 500元
(2007年起，每冊附贈本公司精製公案拈提〈超意境〉CD一片)

13.**心經密意**—心經與解脫道、佛菩提道、祖師公案之關係與密意 平實導師述 300元

14.**宗門密意**—公案拈提 第七輯 平實導師著 500元
(2007年起，每冊附贈本公司精製公案拈提〈超意境〉CD一片)

15.**淨土聖道**—兼評「選擇本願念佛」 正德老師著 200元

16.**起信論講記** 平實導師述著 共六輯 每輯三百餘頁 售價各250元

17.**優婆塞戒經講記** 平實導師述著 共八輯 每輯三百餘頁 售價各250元

18.**真假活佛**—略論附佛外道盧勝彥之邪說(對前岳靈犀網站主張「盧勝彥是證悟者」之修正) 正犀居士(岳靈犀)著 流通價140元

19.**阿含正義**—唯識學探源 平實導師著 共七輯 每輯300元

20.**超意境 CD** 以平實導師公案拈提書中超越意境之頌詞，加上曲風優美的旋律，錄成令人嚮往的超意境歌曲，其中包括正覺發願文及平實導師親自譜成的黃梅調歌曲一首。詞曲雋永，殊堪翫味，可供學禪者吟詠，有助於見道。內附設計精美的彩色小冊，解說每一首詞的背景本事。每片 280 元。【每購買公案拈提書籍一冊，即贈送一片。】

21.**菩薩底憂鬱 CD** 將菩薩情懷及禪宗公案寫成新詞，並製作成超越意境的優美歌曲。 1.主題曲〈菩薩底憂鬱〉，描述地後菩薩能離三界生死而迴向繼續生在人間，但因尚未斷盡習氣種子而有極深沈之憂鬱，非三賢位菩薩及二乘聖者所知，此憂鬱在七地滿心位方才斷盡；本曲之詞中所說義理極深，昔來所未曾見；此曲係以優美的情歌風格寫詞及作曲，聞者得以激發嚮往諸地菩薩境界之大心，詞、曲都非常優美，難得一見；其中勝妙義理之解說，已印在附贈之彩色小冊中。 2.以各輯公案拈提中直示禪門入處之頌文，作成各種不同曲風之超意境歌曲，值得玩味、參究；聆聽公案拈提之優美歌曲時，請同時閱讀內附之印刷精美說明小冊，可以領會超越三界的證悟境界；未悟者可以因此引發求悟之意向及疑情，眞發菩提心而邁向求悟之途，乃至因此眞實悟入般若，成眞菩薩。 3.正覺總持咒新曲，總持佛法大意；總持咒之義理，已加以解說並印在隨附之小冊中。本 CD 共有十首歌曲，長達 63 分鐘。每盒各附贈二張購書優惠券。每片 280 元。

22.**禪意無限 CD** 平實導師以公案拈提書中偈頌寫成不同風格曲子，與他人所寫不同風格曲子共同錄製出版，幫助參禪人進入禪門超越意識之境界。盒中附贈彩色印製的精美解說小冊，以供聆聽時閱讀，令參禪人得以發起參禪之疑情，即有機會證悟本來面目而發起實相智慧，實證大乘菩提般若，能如實證知般若經中的眞實意。本 CD 共有十首歌曲，長達 69 分鐘，每盒各附贈二張購書優惠券。每片 280 元。

23.**我的菩提路**第一輯 釋悟圓、釋善藏等人合著 售價 300 元

24.**我的菩提路**第二輯 郭正益、張志成等人合著 售價 300 元

25.**鈍鳥與靈龜**—考證後代凡夫對大慧宗杲禪師的無根誹謗。

平實導師著 共 458 頁 售價 350 元

26.**維摩詰經講記** 平實導師述 共六輯 每輯三百餘頁 售價各 250 元

27.**真假外道**—破劉東亮、杜大威、釋證嚴常見外道見 正光老師著 200 元

28.**勝鬘經講記**—兼論印順《勝鬘經講記》對於《勝鬘經》之誤解。

平實導師述 共六輯 每輯三百餘頁 售價 250 元

29.**楞嚴經講記** 平實導師述 共 **15** 輯，每輯三百餘頁 售價 300 元

30.**明心與眼見佛性**—駁慧廣〈蕭氏「眼見佛性」與「明心」之非〉文中謬說

正光老師著 共 448 頁 售價 300 元

31.**見性與看話頭** 黃正倖老師 著，本書是禪宗參禪的方法論。

內文 375 頁，全書 416 頁，售價 300 元。

32.**達賴真面目**—玩盡天下女人 白正偉老師 等著 中英對照彩色精裝大本 800 元

33.**喇嘛性世界**—揭開假藏傳佛教譚崔瑜伽的面紗　張善思 等人著　200 元
34.**假藏傳佛教的神話**—性、謊言、喇嘛教　正玄教授編著　200 元
35.**金剛經宗通**　平實導師述　共九輯　每輯售價 250 元。
36.**空行母**—性別、身分定位，以及藏傳佛教。
珍妮・坎貝爾著 呂艾倫 中譯 售價 250 元
37.**末代達賴**—性交教主的悲歌　張善思、呂艾倫、辛燕編著 售價 250 元
38.**霧峰無霧**—給哥哥的信　辨正釋印順對佛法的無量誤解
游宗明 老師著　售價 250 元
39.**第七意識與第八意識？**—穿越時空「超意識」
平實導師述　每冊 300 元
40.**黯淡的達賴**—失去光彩的諾貝爾和平獎
正覺教育基金會編著　每冊 250 元
41.**童女迦葉考**—論呂凱文〈佛教輪迴思想的論述分析〉之謬。
平實導師 著 定價 180 元
42.**人間佛教**—實證者必定不悖三乘菩提
平實導師 述，定價 400 元
43.**實相經宗通**　平實導師述　共八輯　每輯 250 元
44.**真心告訴您(一)**—達賴喇嘛在幹什麼？
正覺教育基金會編著　售價 250 元
45.**中觀金鑑**—詳述應成派中觀的起源與其破法本質
孫正德老師著　分為上、中、下三冊，每冊 250 元
46.**佛法入門**—迅速進入三乘佛法大門，消除久學佛法漫無方向之窘境。
○○居士著　將於正覺電子報連載後出版。售價 250 元
47.**藏傳佛教要義**—《狂密與真密》之簡體字版　平實導師 著 上、下冊
僅在大陸流通　每冊 300 元
48.**法華經講義**　平實導師述　共二十五輯　每輯 300 元
已於 2015/05/31 起開始出版，每二個月出版一輯
49.**西藏「活佛轉世」制度**—附佛、造神、世俗法
許正豐、張正玄老師合著　定價 150 元
50.**廣論三部曲**　郭正益老師著　定價 150 元
51.**真心告訴您(二)**—達賴喇嘛是佛教僧侶嗎？
—補祝達賴喇嘛八十大壽
正覺教育基金會編著　售價 300 元
52.**廣論之平議**—宗喀巴《菩提道次第廣論》之平議　正雄居士著
約二或三輯　俟正覺電子報連載後結集出版　書價未定
53.**末法導護**—對印順法師中心思想之綜合判攝　正慶老師著　書價未定
54.**菩薩學處**—菩薩四攝六度之要義　陸正元老師著　出版日期未定。
55.**八識規矩頌**詳解　○○居士 註解　出版日期另訂　書價未定。

56.**印度佛教史**—法義與考證。依法義史實評論印順《印度佛教思想史、佛教史地考論》之謬說　正偉老師著　出版日期未定　書價未定

57.**中國佛教史**—依中國佛教正法史實而論。○○老師 著　書價未定。

58.**中論正義**—釋龍樹菩薩《中論》頌正理。

孫正德老師著　出版日期未定　書價未定

59.**中觀正義**—註解平實導師《中論正義頌》。

○○法師（居士）著　出版日期未定　書價未定

60.**佛藏經講記**　平實導師述　出版日期未定　書價未定

61.**阿含經講記**—將選錄四阿含中數部重要經典全經講解之，講後整理出版。

平實導師述　約二輯　每輯 300 元　出版日期未定

62.**寶積經講記**　平實導師述　每輯三百餘頁 優惠價 300 元 出版日期未定

63.**解深密經講記**　平實導師述 約四輯　將於重講後整理出版

64.**成唯識論略解**　平實導師著　五～六輯　每輯300 元　出版日期未定

65.**修習止觀坐禪法要講記**　平實導師述　每輯三百餘頁

將於正覺寺建成後重講、以講記逐輯出版　出版日期未定

66.**無門關**—《無門關》公案拈提　平實導師著　出版日期未定

67.**中觀再論**—兼述印順《中觀今論》謬誤之平議。正光老師著 出版日期未定

68.**輪迴與超度**—佛教超度法會之真義。

○○法師（居士）著　出版日期未定　書價未定

69.**《釋摩訶衍論》平議**—對偽稱龍樹所造《釋摩訶衍論》之平議

○○法師（居士）著　出版日期未定　書價未定

70.**正覺發願文**註解—以真實大願為因 得證菩提

正德老師著　出版日期未定　書價未定

71.**正覺總持咒**—佛法之總持　正圜老師著　出版日期未定　書價未定

72.**涅槃**—論四種涅槃　平實導師著　出版日期未定　書價未定

73.**三自性**—依四食、五蘊、十二因緣、十八界法，說三性三無性。

作者未定　出版日期未定

74.**道品**—從三自性說大小乘三十七道品　作者未定　出版日期未定

75.**大乘緣起觀**—依四聖諦七真如現觀十二緣起 作者未定　出版日期未定

76.**三德**—論解脫德、法身德、般若德。　作者未定　出版日期未定

77.**真假如來藏**—對印順《如來藏之研究》謬說之平議　作者未定 出版日期未定

78.**大乘道次第**　作者未定　出版日期未定　書價未定

79.**四緣**—依如來藏故有四緣。　作者未定　出版日期未定

80.**空之探究**—印順《空之探究》謬誤之平議　作者未定 出版日期未定

81.**十法義**—論阿含經中十法之正義　作者未定　出版日期未定

82.**外道見**—論述外道六十二見　作者未定　出版日期未定

正智出版社有限公司書籍介紹

禪淨圓融：言淨土諸祖所未曾言，示諸宗祖師所未曾示；禪淨圓融，另闢成佛捷徑，兼顧自力他力，闡釋淨土門之速行易行道，亦同時揭櫫聖教門之速行易行道；令廣大淨土行者得免緩行難證之苦，亦令聖道門行者得以藉著淨土速行道而加快成佛之時劫。乃前無古人之超勝見地，非一般弘揚禪淨法門典籍也，先讀爲快。平實導師著200元。

宗門正眼—**公案拈提**第一輯：繼承克勤圜悟大師碧巖錄宗旨之禪門鉅作。先則舉示當代大法師之邪說，消弭當代禪門大師鄉愿之心態，摧破當今禪門「世俗禪」之妄談；次則旁通教法，表顯宗門正理；繼以道之次第，消弭古今狂禪；後藉言語及文字機鋒，直示宗門入處。悲智雙運，禪味十足，數百年來難得一睹之禪門鉅著也。平實導師著 500元（原初版書《禪門摩尼寶聚》，改版後補充爲五百餘頁新書，總計多達二十四萬字，內容更精彩，並改名爲《宗門正眼》，讀者原購初版《禪門摩尼寶聚》皆可寄回本公司免費換新，免附回郵，亦無截止期限）（2007年起，凡購買公案拈提第一輯至第七輯，每購一輯皆贈送本公司精製公案拈提〈超意境〉CD一片，市售價格280元，多購多贈）。

禪—悟前與悟後：本書能建立學人悟道之信心與正確知見，圓滿具足而有次第地詳述禪悟之功夫與禪悟之內容，指陳參禪中細微淆訛之處，能使學人明自眞心、見自本性。若未能悟入，亦能以正確知見辨別古今中外一切大師究係眞悟？或屬錯悟？便有能力揀擇，捨名師而選明師，後時必有悟道之緣。一旦悟道，遲者七次人天往返，便出三界，速者一生取辦。學人欲求開悟者，不可不讀。　平實導師著。上、下冊共500元，單冊250元。

眞實如來藏：如來藏眞實存在，乃宇宙萬有之本體，並非印順法師、達賴喇嘛等人所說之「唯有名相、無此心體」。如來藏是涅槃之本際，是一切有智之人竭盡心智、不斷探索而不能得之生命實相；是古今中外許多大師自以爲悟而當面錯過之生命實相。如來藏即是阿賴耶識，乃是一切有情本自具足、不生不滅之眞實心。當代中外大師於此書出版之前所未能言者，作者於本書中盡情流露、詳細闡釋。眞悟者讀之，必能增益悟境、智慧增上；錯悟者讀之，必能檢討自己之錯誤，免犯大妄語業；未悟者讀之，能知參禪之理路，亦能以之檢查一切名師是否眞悟。此書是一切哲學家、宗教家、學佛者及欲昇華心智之人必讀之鉅著。　平實導師著　售價400元。

宗門法眼—**公案拈提**第一輯：列舉實例，闡釋土城廣欽老和尚之悟處；並直示這位不識字的老和尚妙智橫生之根由，繼而剖析禪宗歷代大德之開悟公案，解析當代密宗高僧卡盧仁波切之錯悟證據，並例舉當代顯宗高僧、大居士之錯悟證據（凡健在者，爲免影響其名聞利養，皆隱其名）。藉辨正當代名師之邪見，向廣大佛子指陳禪悟之正道，彰顯宗門法眼。悲勇兼出，強捋虎鬚；慈智雙運，巧探驪龍；摩尼寶珠在手，直示宗門入處，禪味十足；若非大悟徹底，不能爲之。禪門精奇人物，允宜人手一冊，供作參究及悟後印證之圭臬。本書於2008年4月改版，增寫為大約500頁篇幅，以利學人研讀參究時更易悟入宗門正法，以前所購初版首刷及初版二刷舊書，皆可免費換取新書。平實導師著500元（2007年起，凡購買公案拈提第一輯至第七輯，每購一輯皆贈送本公司精製公案拈提〈超意境〉CD一片，市售價格280元，多購多贈）。

宗門道眼—**公案拈提**第三輯：繼宗門法眼之後，再以金剛之作略、慈悲之胸懷、犀利之筆觸，舉示寒山、拾得、布袋三大士之悟處，消弭當代錯悟者對於寒山大士……等之誤會及誹謗。亦舉出民初以來與虛雲和尚齊名之蜀郡鹽亭袁煥仙夫子——南懷瑾老師之師，其「悟處」何在？並蒐羅許多眞悟祖師之證悟公案，顯示禪宗歷代祖師之睿智，指陳部分祖師、奧修及當代顯密大師之謬悟，作爲殷鑑，幫助禪子建立及修正參禪之方向及知見。假使讀者閱此書已，一時尚未能悟，亦可一面加功用行，一面以此宗門道眼辨別眞假善知識，避開錯誤之印證及歧路，可免大妄語業之長劫慘痛果報。欲修禪宗之禪者，務請細讀。平實導師著 售價500元（2007年起，凡購買公案拈提第一輯至第七輯，每購一輯皆贈送本公司精製公案拈提〈超意境〉CD一片，市售價格280元，多購多贈）。

楞伽經詳解：本經是禪宗見道者印證所悟眞僞之根本經典，亦是禪宗見道者悟後起修之依據經典；故達摩祖師於印證二祖慧可大師之後，將此經典連同佛鉢祖衣一併交付二祖，令其依此經典佛示金言、進入修道位，修學一切種智。由此可知此經對於眞悟之人修學佛道，是非常重要之一部經典。此經能破外道邪說，亦破佛門中錯悟名師之謬說，亦破禪宗部分祖師之狂禪：不讀經典、一向主張「一悟即成究竟佛」之謬執。並開示愚夫所行禪、觀察義禪、攀緣如禪、如來禪等差別，令行者對於三乘禪法差異有所分辨；亦糾正禪宗祖師古來對於如來禪之誤解，嗣後可免以訛傳訛之弊。此經亦是法相唯識宗之根本經典，禪者悟後欲修一切種智而入初地者，必須詳讀。 平實導師著，全套共十輯，已全部出版完畢，每輯主文約320頁，每冊約352頁，定價250元。

宗門血脈—**公案拈提第四輯**：末法怪象—許多修行人自以爲悟，每將無念靈知認作眞實；崇尚二乘法諸師及其徒眾，則將外於如來藏之緣起性空—無因論之無常空、斷滅空、一切法空—錯認爲 佛所說之般若空性。這兩種現象已於當今海峽兩岸及美加地區顯密大師之中普遍存在；人人自以爲悟，心高氣壯，便敢寫書解釋祖師證悟之公案，大多出於意識思惟所得，言不及義，錯誤百出，因此誤導廣大佛子同陷大妄語之地獄業中而不能自知。彼等書中所說之悟處，其實處處違背第一義經典之聖言量。彼等諸人不論是否身披袈裟，都非佛法宗門血脈，或雖有禪宗法脈之傳承，亦只徒具形式；猶如螟蛉，非眞血脈，未悟得根本眞實故。禪子欲知佛、祖之眞血脈者，請讀此書，便知分曉。平實導師著，主文452頁，全書464頁，定價500元（2007年起，凡購買公案拈提第一輯至第七輯，每購一輯皆贈送本公司精製公案拈提〈超意境〉CD一片，市售價格280元，多購多贈）。

宗通與說通：古今中外，錯誤之人如麻似粟，每以常見外道所說之靈知心，認作眞心；或妄想虛空之勝性能量爲眞如，或錯認物質四大元素藉冥性（靈知心本體）能成就吾人色身及知覺，或認初禪至四禪中之了知心爲不生不滅之涅槃心。此等皆非通宗者之見地。復有錯悟之人一向主張「宗門與教門不相干」，此即尚未通達宗門之人也。其實宗門與教門互通不二，宗門所證者乃是眞如與佛性，教門所說者乃說宗門證悟之眞如佛性，故教門與宗門不二。本書作者以宗教二門互通之見地，細說「宗通與說通」，從初見道至悟後起修之道、細說分明；並將諸宗諸派在整體佛教中之地位與次第，加以明確之教判，學人讀之即可了知佛法之梗概也。欲擇明師學法之前，允宜先讀。平實導師著，主文共381頁，全書392頁，只售成本價300元。

宗門正道—**公案拈提**第五輯：修學大乘佛法有二果須證解脫果及大菩提果。二乘人不證大菩提果，唯證解脫果；此果之智慧，名爲聲聞菩提、緣覺菩提。大乘佛子所證二果之菩提果爲佛菩提，故名大菩提果，其慧名爲一切種智函蓋二乘解脫果。然此大乘二果修證，須經由禪宗之宗門證悟方能相應。而宗門證悟極難，自古已然；其所以難者，咎在古今佛教界普遍存在三種邪見：1.以修定認作佛法，2.以無因論之緣起性空—否定涅槃本際如來藏以後之一切法空作爲佛法，3.以常見外道邪見（離語言妄念之靈知性）作爲佛法。如是邪見，或因自身正見未立所致，或因邪師之邪教導所致，或因無始劫來虛妄熏習所致。若不破除此三種邪見，永劫不悟宗門眞義、不入大乘正道，唯能外門廣修菩薩行。平實導師於此書中，有極爲詳細之說明，有志佛子欲摧邪見、入於內門修菩薩行者，當閱此書。主文共496頁，全書512頁。售價500元（2007年起，凡購買公案拈提第一輯至第七輯，每購一輯皆贈送本公司精製公案拈提〈超意境〉CD一片，市售價格280元，多購多贈）。

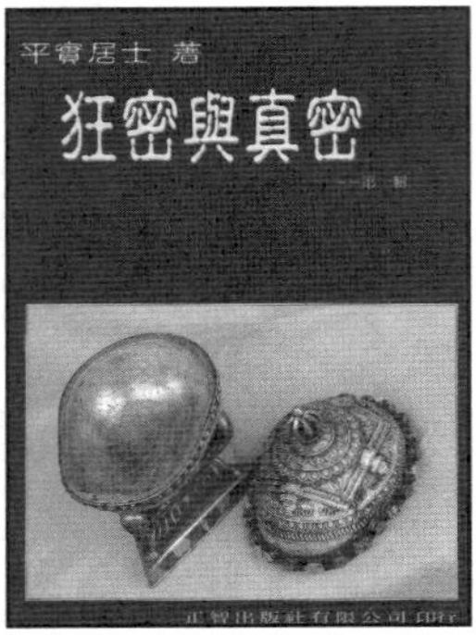

狂密與真密：密教之修學，皆由有相之觀行法門而入，其最終目標仍不離顯教經典所說第一義諦之修證；若離顯教第一義經典、或違背顯教第一義經典，即非佛教。西藏密教之觀行法，如灌頂、觀想、遷識法、寶瓶氣、大聖歡喜雙身修法、喜金剛、無上瑜伽、大樂光明、樂空雙運等，皆是印度教**兩性生生不息思想**之轉化，**自始至終皆以如何能運用交合淫樂之法達到全身受樂**爲其中心思想，純屬欲界五欲的貪愛，不能令人超出欲界輪迴，更不能令人斷除我見；何況大乘之明心與見性，更無論矣！故密宗之法絕非佛法也。而其明光大手印、大圓滿法教，又皆同以常見外道所說**離語言妄念之無念靈知心**錯認爲佛地之眞如，不能直指不生不滅之眞如。西藏密宗所有法王與徒眾，都尚未開頂門眼，不能辨別眞僞，以**依人不依法、依密續不依經典**故，不肯將其上師喇嘛所說對照第一義經典，純依密續之藏密祖師所說爲準，因此而誇大其證德與證量，動輒謂彼祖師上師爲究竟佛、爲地上菩薩；如今台海兩岸亦有自謂其師證量高於 釋迦文佛者，然觀其師所述，猶未見道，仍在觀行即佛階段，尚未到禪宗相似即佛、分證即佛階位，竟敢標榜爲究竟佛及地上法王，誑惑初機學人。凡此怪象皆是狂密，不同於眞密之修行者。近年狂密盛行，密宗行者被誤導者極眾，動輒自謂已證佛地眞如，自視爲究竟佛，陷於大妄語業中而不知自省，反謗顯宗眞修實證者之證量粗淺；或如義雲高與釋性圓…等人，於報紙上公然誹謗眞實證道者爲「騙子、無道人、人妖、癩蛤蟆…」等，造下誹謗大乘勝義僧之大惡業；或以外道法中有爲有作之甘露、魔術……等法，誑騙初機學人，狂言彼外道法爲眞佛法。如是怪象，在西藏密宗及附藏密之外道中，不一而足，舉之不盡，學人宜應愼思明辨，以免上當後又犯毀破菩薩戒之重罪。密宗學人若欲遠離邪知邪見者，請閱此書，即能了知密宗之邪謬，從此遠離邪見與邪修，轉入眞正之佛道。

平實導師著 共四輯 每輯約400頁（主文約340頁）每輯售價300元。

宗門正義—公案拈提第六輯：佛教有六大危機，乃是藏密化、世俗化、膚淺化、學術化、宗門密意失傳、悟後進修諸地之次第混淆；其中尤以宗門密意之失傳，爲當代佛教最大之危機。由宗門密意失傳故，易令世尊本懷普被錯解，易令世尊正法被轉易爲外道法，以及加以淺化、世俗化，是故宗門密意之廣泛弘傳與具緣佛弟子，極爲重要。然而欲令宗門密意之廣泛弘傳予具緣之佛弟子者，必須同時配合錯誤知見之解析、普令佛弟子知之，然後輔以公案解析之直示入處，方能令具緣之佛弟子悟入。而此二者，皆須以公案拈提之方式爲之，方易成其功、竟其業，是故平實導師續作宗門正義一書，以利學人。全書500餘頁，售價500元（2007年起，凡購買公案拈提第一輯至第七輯，每購一輯皆贈送本公司精製公案拈提〈超意境〉CD一片，市售價格280元，多購多贈）。

心經密意—心經與解脫道、佛菩提道、祖師公案之關係與密意。二乘菩提所證之解脫道，實依第八識心之斷除煩惱障現行而立解脫之名；大乘菩提所證之佛菩提道，實依親證第八識如來藏之涅槃性、清淨自性、及其中道性而立般若之名；禪宗祖師公案所證之眞心，即是此第八識如來藏；是故三乘佛法所修所證之三乘菩提，皆依此如來藏心而立名也。此第八識心，即是《心經》所說之心也。證得此如來藏已，即能漸入大乘佛菩提道，亦可因證知此心而了知二乘無學所不能知之無餘涅槃本際，是故《心經》之密意，與三乘佛菩提之關係極爲密切、不可分割，三乘佛法皆依此心而立名故。今者平實導師以其所證解脫道之無生智及佛菩提之般若種智，將《心經》與解脫道、佛菩提道、祖師公案之關係與密意，以演講之方式，用淺顯之語句和盤托出，發前人所未言，呈三乘菩提之眞義，令人藉此《心經密意》一舉而窺三乘菩提之堂奧，迥異諸方言不及義之說；欲求眞實佛智者、不可不讀！主文317頁，連同跋文及序文…等共384頁，售價300元。

宗門密意—公案拈提第七輯：佛教之世俗化，將導致學人以信仰作爲學佛，則將以感應及世間法之庇祐，作爲學佛之主要目標，不能了知學佛之主要目標爲親證三乘菩提。大乘菩提則以般若實相智慧爲主要修習目標，以二乘菩提解脫道爲附帶修習之標的；是故學習大乘法者，應以禪宗之證悟爲要務，能親入大乘菩提之實相般若智慧中故，般若實相智慧非二乘聖人所能知故。此書則以台灣世俗化佛教之三大法師，說法似是而非之實例，配合眞悟祖師之公案解析，提示證悟般若之關節，令學人易得悟入。平實導師著，全書五百餘頁，售價500元（2007年起，凡購買公案拈提第一輯至第七輯，每購一輯皆贈送本公司精製公案拈提〈超意境〉CD一片，市售價格280元，多購多贈）。

淨土聖道—兼評日本本願念佛：佛法甚深極廣，般若玄微，非諸二乘聖僧所能知之，一切凡夫更無論矣！所謂一切證量皆歸淨土是也！是故大乘法中「聖道之淨土、淨土之聖道」，其義甚深，難可了知；乃至眞悟之人，初心亦難知也。今有正德老師眞實證悟後，復能深探淨土與聖道之緊密關係，憐憫眾生之誤會淨土實義，亦欲利益廣大淨土行人同入聖道，同獲淨土中之聖道門要義，乃振奮心神、書以成文，今得刊行天下。主文279頁，連同序文等共301頁，總有十一萬六千餘字，正德老師著，成本價200元。

起信論講記：詳解大乘起信論**心生滅門**與**心眞如門**之眞實意旨，消除以往大師與學人對起信論所說**心生滅門**之誤解，由是而得了知眞心如來藏之非常非斷中道正理；亦因此一講解，令此論以往隱晦而被誤解之眞實義，得以如實顯示，令大乘佛菩提道之正理得以顯揚光大；初機學者亦可藉此正論所顯示之法義，對大乘法理生起正信，從此得以眞發菩提心，眞入大乘法中修學，世世常修菩薩正行。平實導師演述，共六輯，都已出版，每輯三百餘頁，售價各250元。

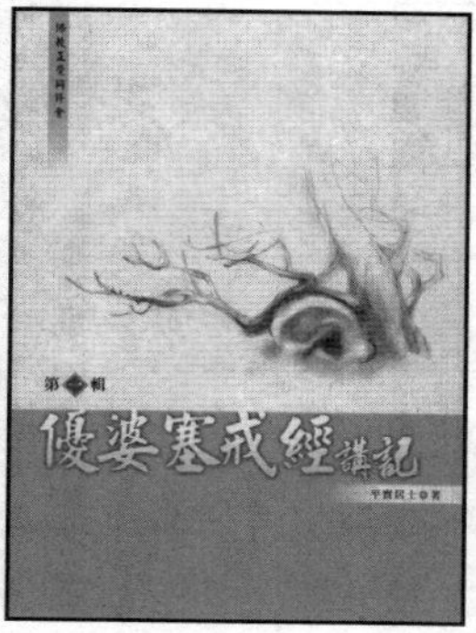

優婆塞戒經講記：本經詳述在家菩薩修學大乘佛法，應如何受持菩薩戒？對人間善行應如何看待？對三寶應如何護持？應如何正確地修集此世後世證法之福德？應如何修集後世「行菩薩道之資糧」？並詳述第一義諦之正義：五蘊非我非異我、自作自受、異作異受、不作不受……等深妙法義，乃是修學大乘佛法、行菩薩行之在家菩薩所應當了知者。出家菩薩今世或未來世登地已，捨報之後多數將如華嚴經中諸大菩薩，以在家菩薩身而修行菩薩行，故亦應以此經所述正理而修之，配合《楞伽經、解深密經、楞嚴經、華嚴經》等道次第正理，方得漸次成就佛道；故此經是一切大乘行者皆應證知之正法。平實導師講述，每輯三百餘頁，售價各250元；共八輯，已全部出版。

真假活佛—略論附佛外道盧勝彥之邪說：人人身中都有眞活佛，永生不滅而有大神用，但眾生都不了知，所以常被身外的西藏密宗假活佛籠罩欺瞞。本來就眞實存在的眞活佛，才是眞正的密宗無上密！諾那活佛因此而說禪宗是大密宗，但藏密的所有活佛都不知道、也不曾實證自身中的眞活佛。本書詳實宣示眞活佛的道理，舉證盧勝彥的「佛法」不是眞佛法，也顯示盧勝彥是假活佛，直接的闡釋第一義佛法見道的眞實正理。眞佛宗的所有上師與學人們，都應該詳細閱讀，包括盧勝彥個人在內。正犀居士著，優惠價140元。

阿含正義—唯識學探源：廣說四大部《阿含經》諸經中隱說之眞正義理，一一舉示佛陀本懷，令阿含時期初轉法輪根本經典之眞義，如實顯現於佛子眼前。並提示末法大師對於阿含眞義誤解之實例，一一比對之，證實唯識增上慧學確於原始佛法之阿含諸經中已隱覆密意而略說之，證實 世尊確於原始佛法中已曾密意而說第八識如來藏之總相；亦證實 世尊在四阿含中已說此藏識是名色十八界之因、之本—證明如來藏是能生萬法之根本心。佛子可據此修正以往受諸大師（譬如西藏密宗應成派中觀師：印順、昭慧、性廣、大願、達賴、宗喀巴、寂天、月稱、……等人）誤導之邪見，建立正見，轉入正道乃至親證初果而無困難；書中並詳說三果所證的**心解脫**，以及四果**慧解脫**的親證，都是如實可行的具體知見與行門。全書共七輯，已出版完畢。平實導師著，每輯三百餘頁，售價300元。

超意境ＣＤ：以平實導師公案拈提書中超越意境之頌詞，加上曲風優美的旋律，錄成令人嚮往的超意境歌曲，其中包括正覺發願文及平實導師親自譜成的黃梅調歌曲一首。詞曲雋永，殊堪翫味，可供學禪者吟詠，有助於見道。內附設計精美的彩色小冊，解說每一首詞的背景本事。每片280元。【每購買公案拈提書籍一冊，即贈送一片。】

鈍鳥與靈龜：鈍鳥及靈龜二物，被宗門證悟者說爲二種人：前者是精修禪定而無智慧者，也是以定爲禪的愚癡禪人；後者是或有禪定、或無禪定的宗門證悟者，凡已證悟者皆是靈龜。但後來被人虛造事實，用以嘲笑大慧宗杲禪師，說他雖是靈龜，卻不免被天童禪師預記「患背」痛苦而亡：「**鈍鳥離巢易，靈龜脱殼難**。」藉以貶低大慧宗杲的證量。同時將天童禪師實證如來藏的證量，曲解爲意識境界的離念靈知。自從大慧禪師入滅以後，錯悟凡夫對他的不實毀謗就一直存在著，不曾止息，並且捏造的假事實也隨著年月的增加而越來越多，終至編成「鈍鳥與靈龜」的假公案、假故事。本書是考證大慧與天童之間的不朽情誼，顯現這件假公案的虛妄不實；更見大慧宗杲面對惡勢力時的正直不阿，亦顯示大慧對天童禪師的至情深義，將使後人對大慧宗杲的誣謗至此而止，不再有人誤犯毀謗賢聖的惡業。書中亦舉證宗門的所悟確以第八識如來藏爲標的，詳讀之後必可改正以前被錯悟大師誤導的參禪知見，日後必定有助於實證禪宗的開悟境界，得階大乘眞見道位中，即是實證般若之賢聖。全書459頁，售價350元。

我的菩提路第一輯：凡夫及二乘聖人不能實證的佛菩提證悟，末法時代的今天仍然有人能得實證，由正覺同修會釋悟圓、釋善藏法師等二十餘位實證如來藏者所寫的見道報告，已爲當代學人見證宗門正法之絲縷不絕，證明大乘義學的法脈仍然存在，爲末法時代求悟般若之學人照耀出光明的坦途。由二十餘位大乘見道者所繕，敘述各種不同的學法、見道因緣與過程，參禪求悟者必讀。全書三百餘頁，售價300元。

我的菩提路第二輯：由郭正益老師等人合著，書中詳述彼等諸人歷經各處道場學法，一一修學而加以檢擇之不同過程以後，因閱讀正覺同修會、正智出版社書籍而發起抉擇分，轉入正覺同修會中修學；乃至學法及見道之過程，都一一詳述之。其中張志成等人係由前現代禪轉進正覺同修會，張志成原爲現代禪副宗長，以前未閱本會書籍時，曾被人藉其名義著文評論 平實導師（詳見《宗通與說通》辨正及《眼見佛性》書末附錄…等）；後因偶然接觸正覺同修會書籍，深覺以前聽人評論平實導師之語不實，於是投入極多時間閱讀本會書籍、深入思辨，詳細探索中觀與唯識之關聯與異同，認爲正覺之法義方是正法，深覺相應；亦解開多年來對佛法的迷雲，確定應依八識論正理修學方是正法。乃不顧面子，毅然前往正覺同修會面見平實導師懺悔，並正式學法求悟。今已與其同修王美伶（亦爲前現代禪傳法老師），同樣證悟如來藏而證得法界實相，生起實相般若眞智。此書中尚有七年來本會第一位眼見佛性者之見性報告一篇，一同供養大乘佛弟子。全書四百頁，售價300元。

維摩詰經講記：本經係 世尊在世時，由等覺菩薩維摩詰居士藉疾病而演說之大乘菩提無上妙義，所說函蓋甚廣，然極簡略，是故今時諸方大師與學人讀之悉皆錯解，何況能知其中隱含之深妙正義，是故普遍無法爲人解說；若強爲人說，則成依文解義而有諸多過失。今由平實導師公開宣講之後，詳實解釋其中密意，令維摩詰菩薩所說大乘不可思議解脫之深妙正法得以正確宣流於人間，利益當代學人及與諸方大師。書中詳實演述大乘佛法深妙不共二乘之智慧境界，顯示諸法之中絕待之實相境界，建立大乘菩薩妙道於永遠不敗不壞之地，以此成就護法偉功，欲冀永利娑婆人天。已經宣講圓滿整理成書流通，以利諸方大師及諸學人。全書共六輯，每輯三百餘頁，售價各250元。

菩薩底憂鬱CD將菩薩情懷及禪宗公案寫成新詞，並製作成超越意境的優美歌曲。1.主題曲〈菩薩底憂鬱〉，描述地後菩薩能離三界生死而迴向繼續生在人間，但因尚未斷盡習氣種子而有極深沈之憂鬱，非三賢位菩薩及二乘聖者所知，此憂鬱在七地滿心位方才斷盡；本曲之詞中所說義理極深，昔來所未曾見；此曲係以優美的情歌風格寫詞及作曲，聞者得以激發嚮往諸地菩薩境界之大心，詞、曲都非常優美，難得一見；其中勝妙義理之解說，已印在附贈之彩色小冊中。2.以各輯公案拈提中直示禪門入處之頌文，作成各種不同曲風之超意境歌曲，值得玩味、參究；聆聽公案拈提之優美歌曲時，請同時閱讀內附之印刷精美說明小冊，可以領會超越三界的證悟境界；未悟者可以因此引發求悟之意向及疑情，眞發菩提心而邁向求悟之途，乃至因此眞實悟入般若，成眞菩薩。3.正覺總持咒新曲，總持佛法大意；總持咒之義理，已加以解說並印在隨附之小冊中。本CD共有十首歌曲，長達63分鐘，附贈二張購書優惠券。每片280元。

勝鬘經講記：如來藏爲三乘菩提之所依，若離如來藏心體及其含藏之一切種子，即無三界有情及一切世間法，亦無二乘菩提緣起性空之出世間法；本經詳說無始無明、一念無明皆依如來藏而有之正理，藉著詳解煩惱障與所知障間之關係，令學人深入了知二乘菩提與佛菩提相異之妙理；聞後即可了知佛菩提之特勝處及三乘修道之方向與原理，邁向攝受正法而速成佛道的境界中。平實導師講述，共六輯，每輯三百餘頁，售價各250元。

楞嚴經講記：楞嚴經係密教部之重要經典，亦是顯教中普受重視之經典；經中宣說明心與見性之內涵極爲詳細，將一切法都會歸如來藏及佛性—妙眞如性；亦闡釋佛菩提道修學過程中之種種魔境，以及外道誤會涅槃之狀況，旁及三界世間之起源。然因言句深澀難解，法義亦復深妙寬廣，學人讀之普難通達，是故讀者大多誤會，不能如實理解佛所說之明心與見性內涵，亦因是故多有悟錯之人引爲開悟之證言，成就大妄語罪。今由平實導師詳細講解之後，整理成文，以易讀易懂之語體文刊行天下，以利學人。全書十五輯，全部出版完畢。每輯三百餘頁，售價每輯300元。

明心與眼見佛性：本書細述明心與眼見佛性之異同，同時顯示了中國禪宗破初參明心與重關眼見佛性二關之間的關聯；書中又藉法義辨正而旁述其他許多勝妙法義，讀後必能遠離佛門長久以來積非成是的錯誤知見，令讀者在佛法的實證上有極大助益。也藉慧廣法師的謬論來教導佛門學人回歸正知正見，遠離古今禪門錯悟者所墮的意識境界，非唯有助於斷我見，也對未來的開悟明心實證第八識如來藏有所助益，是故學禪者都應細讀之。游正光老師著　共448頁　售價300元。

見性與看話頭：黃正倖老師的《見性與看話頭》於《正覺電子報》連載完畢，今結集出版。書中詳說禪宗看話頭的詳細方法，並細說看話頭與眼見佛性的關係，以及眼見佛性者求見佛性前必須具備的條件。本書是禪宗實修者追求明心開悟時參禪的方法書，也是求見佛性者作功夫時必讀的方法書，內容兼顧眼見佛性的理論與實修之方法，是依實修之體驗配合理論而詳述，條理分明而且極爲詳實、周全、深入。本書內文375頁，全書416頁，售價300元。

禪意無限CD平實導師以公案拈提書中偈頌寫成不同風格曲子，與他人所寫不同風格曲子共同錄製出版，幫助參禪人進入禪門超越意識之境界。盒中附贈彩色印製的精美解說小冊，以供聆聽時閱讀，令參禪人得以發起參禪之疑情，即有機會證悟本來面目，實證大乘菩提般若。本CD共有十首歌曲，長達69分鐘，每盒各附贈二張購書優惠券。每片280元。

金剛經宗通：三界唯心，萬法唯識，是成佛之修證內容，是諸地菩薩之所修；般若則是成佛之道（實證三界唯心、萬法唯識）的入門，若未證悟實相般若，即無成佛之可能，必將永在外門廣行菩薩六度，永在凡夫位中。然而實相般若的發起，全賴實證萬法的實相；若欲證知萬法的眞相，則必須探究萬法之所從來，則須實證自心如來—金剛心如來藏，然後現觀這個金剛心的金剛性、眞實性、如如性、清淨性、涅槃性、能生萬法的自性性、本住性，名爲證眞如；進而現觀三界六道唯是此金剛心所成，人間萬法須藉八識心王和合運作方能現起。如是實證《華嚴經》的「三界唯心、萬法唯識」以後，由此等現觀而發起實相般若智慧，繼續進修第十住位的如幻觀、第十行位的陽焰觀、第十迴向位的如夢觀，再生起增上意樂而勇發十無盡願，方能滿足三賢位的實證，轉入初地；自知成佛之道而無偏倚，從此按部就班、次第進修乃至成佛。第八識自心如來是般若智慧之所依，般若智慧的修證則要從實證金剛心自心如來開始；《金剛經》則是解說自心如來之經典，是一切三賢位菩薩所應進修之實相般若經典。這一套書，是將平實導師宣講的《金剛經宗通》內容，整理成文字而流通之；書中所說義理，迴異古今諸家依文解義之說，指出大乘見道方向與理路，有益於禪宗學人求開悟見道，及轉入內門廣修六度萬行。講述完畢後結集出版，總共9輯，每輯約三百餘頁，售價各250元。

真假外道：本書具體舉證佛門中的常見外道知見實例，並加以教證及理證上的辨正，幫助讀者輕鬆而快速的了知常見外道的錯誤知見，進而遠離佛門內外的常見外道知見，因此即能改正修學方向而快速實證佛法。游正光老師著。成本價200元。

空行母—性別、身分定位，以及藏傳佛教：本書作者爲蘇格蘭哲學家，因爲嚮往佛教深妙的哲學內涵，於是進入當年盛行於歐美的假藏傳佛教密宗，擔任卡盧仁波切的翻譯工作多年以後，被邀請成爲卡盧的空行母（又名佛母、明妃），開始了她在密宗裡的實修過程；後來發覺在密宗雙身法中的修行，其實無法使自己成佛，也發覺密宗對女性岐視而處處貶抑，並剝奪女性在雙身法中擔任一半角色時應有的身分定位。當她發覺自己只是雙身法中被喇嘛利用的工具，沒有獲得絲毫應有的尊重與基本定位時，發現了密宗的父權社會控制女性的本質；於是作者傷心地離開了卡盧仁波切與密宗，但是卻被恐嚇不許講出她在密宗裡的經歷，也不許她說出自己對密宗的教義與教制下對女性剝削的本質，否則將被咒殺死亡。後來她去加拿大定居，十餘年後方才擺脫這個恐嚇陰影，下定決心將親身經歷的實情及觀察到的事實寫下來並且出版，公諸於世。出版之後，她被流亡的達賴集團人士大力攻訐，誣指她爲精神狀態失常、說謊……等。但有智之士並未被達賴集團的政治操作及各國政府政治運作吹捧達賴的表相所欺，使她的書銷售無阻而又再版。正智出版社鑑於作者此書是親身經歷的事實，所說具有針對「藏傳佛教」而作學術研究的價值，也有使人認清假藏傳佛教剝削佛母、明妃的男性本位實質，因此洽請作者同意中譯而出版於華人地區。珍妮．坎貝爾女士著，呂艾倫 中譯，每冊250元。

霧峰無霧—給哥哥的信：本書作者藉兄弟之間信件往來論義，略述佛法大義；並以多篇短文辨義，舉出釋印順對佛法的無量誤解證據，並一一給予簡單而清晰的辨正，令人一讀即知。久讀、多讀之後即能認清楚釋印順的六識論見解，與眞實佛法之牴觸是多麼嚴重；於是在久讀、多讀之後，於不知不覺之間提升了對佛法的極深入理解，正知正見就在不知不覺間建立起來了。當三乘佛法的正知見建立起來之後，對於三乘菩提的見道條件便將隨之具足，於是聲聞解脫道的見道也就水到渠成；接著大乘見道的因緣也將次第成熟，未來自然也會有親見大乘菩提之道的因緣，悟入大乘實相般若也將自然成功，自能通達般若系列諸經而成實義菩薩。作者居住於南投縣霧峰鄉，自喻見道之後不復再見霧峰之霧，故鄉原野美景一一明見，於是立此書名爲《霧峰無霧》；讀者若欲撥霧見月，可以此書爲緣。游宗明　老師著　售價250元。

假藏傳佛教的神話—性、謊言、喇嘛教：本書編著者是由一首名叫「阿姊鼓」的歌曲爲緣起，展開了序幕，揭開假藏傳佛教—喇嘛教—的神秘面紗。其重點是蒐集、摘錄網路上質疑「喇嘛教」的帖子，以揭穿「假藏傳佛教的神話」爲主題，串聯成書，並附加彩色插圖以及說明，讓讀者們瞭解西藏密宗及相關人事如何被操作爲「神話」的過程，以及神話背後的眞相。作者：張正玄教授。售價200元。

達賴真面目—玩盡天下女人：假使您不想戴綠帽子，請記得詳細閱讀此書；假使您不想讓好朋友戴綠帽子，請您將此書介紹給您的好朋友。假使您想保護家中的女性，也想要保護好朋友的女眷，請記得將此書送給家中的女性和好友的女眷都來閱讀。本書爲印刷精美的大本彩色中英對照精裝本，爲您揭開達賴喇嘛的眞面目，內容精彩不容錯過，爲利益社會大眾，特別以優惠價格嘉惠所有讀者。編著者：白志偉等。大開版雪銅紙彩色精裝本。售價800元。

喇嘛性世界—揭開假藏傳佛教譚崔瑜伽的面紗：這個世界中的喇嘛，號稱來自世外桃源的香格里拉，穿著或紅或黃的喇嘛長袍，散布於我們的身邊傳教灌頂，吸引了無數的人嚮往學習；這些喇嘛虔誠地爲大眾祈福，手中拿著寶杵（金剛）與寶鈴（蓮花），口中唸著咒語：「唵．嘛呢．叭咪．吽……」，咒語的意思是說：「我至誠歸命金剛杵上的寶珠伸向蓮花寶穴之中」！「喇嘛性世界」是什麼樣的「世界」呢？本書將爲您呈現喇嘛世界的面貌。當您發現眞相以後，您將會唸：「噢！喇嘛．性．世界，譚崔性交嘛！」作者：張善思、呂艾倫。售價200元。

末代達賴——性交教主的悲歌：簡介從藏傳僞佛教（喇嘛教）的修行核心——性力派男女雙修，探討達賴喇嘛及藏傳僞佛教的修行內涵。書中引用外國知名學者著作、世界各地新聞報導，包含：歷代達賴喇嘛的祕史、達賴六世修雙身法的事蹟，以及《時輪續》中的性交灌頂儀式……等；達賴喇嘛書中開示的雙修法、達賴喇嘛的黑暗政治手段；達賴喇嘛所領導的寺院爆發喇嘛性侵兒童；新聞報導《西藏生死書》作者索甲仁波切性侵女信徒、澳洲喇嘛秋達公開道歉、美國最大假藏傳佛教組織領導人邱陽創巴仁波切的性氾濫，等等事件背後眞相的揭露。作者：張善思、呂艾倫、辛燕。售價250元。

第七意識與第八意識？——穿越時空「超意識」　「三界唯心，萬法唯識」是佛教中應該實證的聖教，也是《華嚴經》中明載而可以實證的法界實相。唯心者，三界一切境界、一切諸法唯是一心所成就，即是每一個有情的第八識如來藏，不是意識心。唯識者，即是人類各各都具足的八識心王——眼識、耳鼻舌身意識、意根、阿賴耶識，第八阿賴耶識又名如來藏，人類五陰相應的萬法，莫不由八識心王共同運作而成就，故說萬法唯識。依聖教量及現量、比量，都可以證明意識是二法因緣生，是由第八識藉意根與法塵二法爲因緣而出生，又是夜夜斷滅不存之生滅心，即無可能反過來出生第七識意根、第八識如來藏，當知不可能從生滅性的意識心中，細分出恆審思量的第七識意根，更無可能細分出恆而不審的第八識如來藏。本書是將演講內容整理成文字，細說如是內容，並已在〈正覺電子報〉連載完畢，今彙集成書以廣流通，欲幫助佛門有緣人斷除意識我見，跳脫於識陰之外而取證聲聞初果；嗣後修學禪宗時即得不墮外道神我之中，得以求證第八識金剛心而發起般若實智。平實導師 述，每冊300元。

黯淡的達賴—失去光彩的諾貝爾和平獎：本書舉出很多證據與論述，詳述達賴喇嘛不爲世人所知的一面，顯示達賴喇嘛並不是眞正的和平使者，而是假借諾貝爾和平獎的光環來欺騙世人；透過本書的說明與舉證，讀者可以更清楚的瞭解，達賴喇嘛是結合暴力、黑暗、淫欲於喇嘛教裡的集團首領，其政治行爲與宗教主張，早已讓諾貝爾和平獎的光環染污了。本書由財團法人正覺教育基金會寫作、編輯，由正覺出版社印行，每冊250元。

人間佛教—實證者必定不悖三乘菩提　「大乘非佛說」的講法似乎流傳已久，卻只是日本人企圖擺脫中國正統佛教的影響，而在明治維新時期才開始提出來的說法；台灣佛教、大陸佛教的淺學無智之人，由於未曾實證佛法而迷信日本人錯誤的學術考證，錯認爲這些別有用心的日本佛學考證的講法爲天竺佛教的眞實歷史；甚至還有更激進的反對佛教者提出「釋迦牟尼佛並非眞實存在，只是後人捏造的假歷史人物」，竟然也有少數人願意跟著「學術」的假光環而信受不疑，於是開始有一些佛教界人士造作了反對中國佛教而推崇南洋小乘佛教的行爲，使佛教的信仰者難以檢擇，導致一般大陸人士開始轉入基督教的盲目迷信中。在這些佛教及外教人士之中，也就有一分人根據此邪說而大聲主張「大乘非佛說」的謬論，這些人以「人間佛教」的名義來抵制中國正統佛教，公然宣稱中國的大乘佛教是由聲聞部派佛教的凡夫僧所創造出來的。這樣的說法流傳於台灣及大陸佛教界凡夫僧之中已久，卻非眞正的佛教歷史中曾經發生過的事，只是繼承六識論的聲聞法中凡夫僧依自己的意識境界立場，純憑臆想而編造出來的妄想說法，卻已經影響許多無智之凡夫僧俗信受不移。本書則是從佛教的經藏法義實質及實證的現量內涵本質立論，證明大乘佛法本是佛說，是從《阿含正義》尙未說過的不同面向來討論「人間佛教」的議題，證明「大乘眞佛說」。閱讀本書可以斷除六識論邪見，迴入三乘菩提正道發起實證的因緣；也能斷除禪宗學人學禪時普遍存在之錯誤知見，對於建立參禪時的正知見有很深的著墨。平實導師 述，內文488頁，全書528頁，定價400元。

童女迦葉考——論呂凱文〈佛教輪迴思想的論述分析〉之謬　童女迦葉是佛世率領五百大比丘遊行於人間的歷史事實，是以童貞行而依止菩薩戒弘化於人間的大菩薩，不依別解脫戒（聲聞戒）來弘化於人間。這是大乘佛教與聲聞佛教同時存在於佛世的歷史明證，證明大乘佛教不是從聲聞法中分裂出來的部派佛教的產物，卻是聲聞佛教分裂出來的部派佛教聲聞凡夫僧所不樂見的史實；於是古今聲聞法中的凡夫都欲加以扭曲而作詭說，更是末法時代高聲大呼「大乘非佛說」的六識論聲聞凡夫極力想要扭曲的佛教史實之一，於是想方設法扭曲迦葉菩薩爲聲聞僧，以及扭曲迦葉童女爲比丘僧等荒謬不實之論著便陸續出現，古時聲聞僧寫作的《分別功德論》是最具體之事例，現代之代表作則是呂凱文先生的〈佛教輪迴思想的論述分析〉論文。鑑於如是假藉學術考證以籠罩大眾之不實謬論，未來仍將繼續造作及流竄於佛教界，繼續扼殺大乘佛教學人法身慧命，必須舉證辨正之，遂成此書。平實導師　著，每冊180元。

中觀金鑑——詳述應成派中觀的起源與其破法本質　學佛人往往迷於中觀學派之不同學說，被應成派與自續派所迷惑；修學般若中觀二十年後自以爲實證般若中觀了，卻仍不曾入門，甫聞實證般若中觀者之所說，則茫無所知，迷惑不解；隨後信心盡失，不知如何實證佛法；凡此，皆因惑於這二派中觀學說所致。自續派中觀所說同於常見，以意識境界立爲第八識如來藏之境界，應成派所說則同於斷見，但又同立意識爲常住法，故亦具足斷常二見。今者孫正德老師有鑑於此，乃將起源於密宗的應成派中觀學說，追本溯源，詳考其來源之外，亦一一舉證其立論內容，詳加辨正，令密宗雙身法祖師以識陰境界而造之應成派中觀學說本質，詳細呈現於學人眼前，令其維護雙身法之目的無所遁形。若欲遠離密宗此二大派中觀謬說，欲於三乘菩提有所進道者，允宜具足閱讀並細加思惟，反覆讀之以後將可捨棄邪道返歸正道，則於般若之實證即有可能，證後自能現觀如來藏之中道境界而成就中觀。本書分上、中、下三冊，每冊250元，已全部出版完畢。

實相經宗通：學佛之目的在於實證一切法界背後之實相，禪宗稱之為本來面目或本地風光，佛菩提道中稱之為實相法界；此實相法界即是金剛藏，又名佛法之祕密藏，即是能生有情五陰、十八界及宇宙萬有（山河大地、諸天、三惡道世間）的第八識如來藏，又名阿賴耶識心，即是禪宗祖師所說的眞如心，此心即是三界萬有背後的實相。證得此第八識心時，自能瞭解般若諸經中隱說的種種密意，即得發起實相般若——實相智慧。每見學佛人修學佛法二十年後仍對實相般若茫然無知，亦不知如何入門，茫無所趣；更因不知三乘菩提的互異互同，是故越是久學者對佛法越覺茫然，都肇因於尚未瞭解佛法的全貌，亦未瞭解佛法的修證內容即是第八識心所致。本書對於修學佛法者所應實證的實相境界提出明確解析，並提示趣入佛菩提道的入手處，有心親證實相般若的佛法實修者，宜詳讀之，於佛菩提道之實證即有下手處。平實導師述著，共八輯，全部出版完畢，每輯成本價250元。

真心告訴您（一）——達賴喇嘛在幹什麼？ 這是一本報導篇章的選集，更是「破邪顯正」的暮鼓晨鐘。「破邪」是戳破假象，說明達賴喇嘛及其所率領的密宗四大派法王、喇嘛們，弘傳的佛法是仿冒的佛法；他們是假藏傳佛教，是坦特羅（譚崔性交）外道法和藏地崇奉鬼神的苯教混合成的「喇嘛教」，推廣的是以所謂「無上瑜伽」的男女雙身法冒充佛法的假佛教，詐財騙色誤導眾生，常常造成信徒家庭破碎、家中兒少失怙的嚴重後果。「顯正」是揭櫫眞相，指出眞正的藏傳佛教只有一個，就是覺囊巴，傳的是　釋迦牟尼佛演繹的第八識如來藏妙法，稱為他空見大中觀。正覺教育基金會即以此古今輝映的如來藏正法正知見，在眞心新聞網中逐次報導出來，將箇中原委「眞心告訴您」，如今結集成書，與想要知道密宗眞相的您分享。售價250元。

真心告訴您（二）——達賴喇嘛是佛教僧侶嗎？補祝達賴喇嘛八十大壽：這是一本針對當今達賴喇嘛所領導的喇嘛教，冒用佛教名相、於師徒間或師兄姊間，實修男女邪淫，而從佛法三乘菩提的現量與聖教量，揭發其謊言與邪術，證明達賴及其喇嘛教是仿冒佛教的外道，是「假藏傳佛教」。藏密四大派教義雖有「八識論」與「六識論」的表面差異，然其實修之內容，皆共許「無上瑜伽」四部灌頂爲究竟「成佛」之法門，也就是共以男女雙修之邪淫法爲「即身成佛」之密要，雖美其名曰「欲貪爲道」之「金剛乘」，並誇稱其成就超越於（應身佛）釋迦牟尼佛所傳之顯教般若乘之上；然詳考其理論，則或以意識離念時之粗細心爲第八識如來藏，或以中脈裡的明點爲第八識如來藏，或如宗喀巴與達賴堅決主張第六意識爲常恆不變之眞心者，分別墮於外道之常見與斷見中；全然違背　佛說能生五蘊之如來藏的實質。售價300元。

西藏「活佛轉世」制度——附佛、造神、世俗法：歷來關於喇嘛教活佛轉世的研究，多針對歷史及文化兩部分，於其所以成立的理論基礎，較少系統化的探討。尤其是此制度是否依據「佛法」而施設？是否合乎佛法眞實義？現有的文獻大多含糊其詞，或人云亦云，不曾有明確的闡釋與如實的見解。因此本文先從活佛轉世的由來，探索此制度的起源、背景與功能，並進而從活佛的尋訪與認證之過程，發掘活佛轉世的特徵，以確認「活佛轉世」在佛法中應具足何種果德。定價150元。

法華經講義：此書爲平實導師始從2009/7/21演述至2014/1/14之講經錄音整理所成。世尊一代時教，總分五時三教，即是華嚴時、聲聞緣覺教、般若教、種智唯識教、法華時；依此五時三教區分爲藏、通、別、圓四教。本經是最後一時的圓教經典，圓滿收攝一切法教於本經中，是故最後的圓教聖訓中，特地指出無有三乘菩提，其實唯有一佛乘；皆因眾生愚迷故，方便區分爲三乘菩提以助眾生證道。世尊於此經中特地說明如來示現於人間的唯一大事因緣，便是爲有緣眾生「開、示、悟、入」諸佛的所知所見——第八識如來藏妙眞如心，並於諸品中隱說「妙法蓮花」如來藏心的密意。然因此經所說甚深難解，眞義隱晦，古來難得有人能窺堂奧；平實導師以知如是密意故，特爲末法佛門四眾演述《妙法蓮華經》中各品蘊含之密意，使古來未曾被古德註解出來的「此經」密意，如實顯示於當代學人眼前。乃至〈藥王菩薩本事品〉、〈妙音菩薩品〉、〈觀世音菩薩普門品〉、〈普賢菩薩勸發品〉中的微細密意，亦皆一併詳述之，開前人所未曾言之密意，示前人所未見之妙法。最後乃至以〈法華大意〉而總其成，全經妙旨貫通始終，而依佛旨圓攝於一心如來藏妙心，厥爲曠古未有之大說也。平實導師述　已於2015/05/31起開始出版，每二個月出版一輯，共有25輯。每輯300元。

解深密經講記：本經係 世尊晚年第三轉法輪，宣說地上菩薩所應熏修之唯識正義經典，經中所說義理乃是大乘一切種智增上慧學，以阿陀那識—如來藏—阿賴耶識爲主體。禪宗之證悟者，若欲修證初地無生法忍乃至八地無生法忍者，必須修學《楞伽經、解深密經》所說之八識心王一切種智；此二經所說正法，方是眞正成佛之道；印順法師否定第八識如來藏之後所說萬法緣起性空之法，是以誤會後之二乘解脫道取代大乘眞正成佛之道，尚且不符二乘解脫道正理，亦已墮於斷滅見中，不可謂爲成佛之道也。平實導師曾於本會郭故理事長往生時，於喪宅中從首七開始宣講，於每一七各宣講三小時，至第十七而快速略講圓滿，作爲郭老之往生佛事功德，迴向郭老早證八地、速返娑婆住持正法。茲爲今時後世學人故，將擇期重講《解深密經》，以淺顯之語句講畢後，將會整理成文，用供證悟者進道；亦令諸方未悟者，據此經中佛語正義，修正邪見，依之速能入道。平實導師述著，全書輯數未定，每輯三百餘頁，將於未來重講完畢後逐輯出版。

佛法入門：學佛人往往修學二十年後仍不知如何入門，茫無所入漫無方向，不知如何實證佛法；更因不知三乘菩提的互異互同之處，導致越是久學者越覺茫然，都是肇因於尚未瞭解佛法的全貌所致。本書對於佛法的全貌提出明確的輪廓，並說明三乘菩提的異同處，讀後即可輕易瞭解佛法全貌，數日內即可明瞭三乘菩提入門方向與下手處。○○菩薩著 出版日期未定。

阿含經講記—小乘解脫道之修證：數百年來，南傳佛法所說證果之不實，所說解脫道之虛妄，所弘解脫道法義之世俗化，皆已少人知之；從南洋傳入台灣與大陸之後，所說法義虛謬之事，亦復少人知之；今時台灣全島印順系統之法師居士，多不知南傳佛法數百年來所說解脫道之義理已然偏斜、已然世俗化、已非眞正之二乘解脫正道，猶極力推崇與弘揚。彼等南傳佛法近代所謂之證果者多非眞實證果者，譬如阿迦曼、葛印卡、帕奧禪師、一行禪師……等人，悉皆未斷我見故。近年更有台灣南部大願法師，高抬南傳佛法之二乘修證行門爲「捷徑究竟解脫之道」者，然而南傳佛法縱使眞修實證，得成阿羅漢，至高唯是二乘菩提解脫之道，絕非究竟解脫，無餘涅槃中之實際尚未得證故，法界之實相尚未了知故，習氣種子待除故，一切種智未實證故，焉得謂爲「究竟解脫」？即使南傳佛法近代眞有實證之阿羅漢，尚且不及三賢位中之七住明心菩薩本來自性清淨涅槃智慧境界，則不能知此賢位菩薩所證之無餘涅槃實際，仍非大乘佛法中之見道者，何況普未實證聲聞果乃至未斷我見之人？謬充證果已屬逾越，更何況是誤會二乘菩提之後，以未斷我見之凡夫知見所說之二乘菩提解脫偏斜法道，焉可高抬爲「究竟解脫」？而且自稱「捷徑之道」？又妄言解脫之道即是成佛之道，完全否定般若實智、否定三乘菩提所依之如來藏心體，此理大大不通也！平實導師爲令修學二乘菩提欲證解脫果者，普得迴入二乘菩提正見、正道中，是故選錄四阿含諸經中，對於二乘解脫道法義有具足圓滿說明之經典，預定未來十年內將會加以詳細講解，令學佛人得以了知二乘解脫道之修證理路與行門，庶免被人誤導之後，未證言證，干犯道禁，成大妄語，欲升反墮。本書首重斷除我見，以助行者斷除我見而實證初果爲著眼之目標，若能根據此書內容，配合平實導師所著《識蘊眞義》《阿含正義》內涵而作實地觀行，實證初果非爲難事，行者可以藉此三書自行確認聲聞初果爲實際可得現觀成就之事。此書中除依二乘經典所說加以宣示外，亦依斷除我見等之證量，及大乘法中道種智之證量，對於意識心之體性加以細述，令諸二乘學人必定得斷我見、常見，免除三縛結之繫縛。次則宣示斷除我執之理，欲令升進而得薄貪瞋痴，乃至斷五下分結…等。平實導師述，共二冊，每冊三百餘頁。每輯300元。

修習止觀坐禪法要講記：修學四禪八定之人，往往錯會禪定之修學知見，欲以無止盡之坐禪而證禪定境界，卻不知修除性障之行門才是修證四禪八定不可或缺之要素，故智者大師云「性障初禪」；性障不除，初禪永不現前，云何修證二禪等？又：行者學定，若唯知數息，而不解六妙門之方便善巧者，欲求一心入定，未到地定極難可得，智者大師名之爲「事障未來」：障礙未到地定之修證。又禪定之修證，不可違背二乘菩提及第一義法，否則縱使具足四禪八定，亦不能實證涅槃而出三界。此諸知見，智者大師於《修習止觀坐禪法要》中皆有闡釋。作者平實導師以其第一義之見地及禪定之實證證量，曾加以詳細解析。將俟正覺寺竣工啓用後重講，不限制聽講者資格；講後將以語體文整理出版。欲修習世間定及增上定之學者，宜細讀之。平實導師述著。

★聲明★

本社於2015/01/01開始調整本目錄中部分書籍之售價，以因應各項成本的持續增加。

＊喇嘛教修外道雙身法，墮識陰境界，非佛教＊

＊弘揚如來藏他空見的覺囊派才是真正藏傳佛教＊

總經銷： 飛鴻 國際行銷股份有限公司

231 新北市新店區中正路 501 之 9 號 2 樓

Tel.02－82186688（五線代表號） Fax.02-82186458、82186459

零售：1.**全台連鎖經銷書局：**

三民書局、誠品書局、何嘉仁書店

敦煌書店、紀伊國屋、金石堂書局、建宏書局

2.**台北市：**佛化人生 羅斯福路 3 段 325 號 6 樓之 4 台電大樓對面

3.**新北市：**春大地書店 **蘆洲**中正路 117 號

4.**桃園市縣：**誠品書局 **桃園市**中正路 20 號遠東百貨地下室一樓

金石堂 **桃園市**大同路 24 號 金石堂 **桃園**八德市介壽路 1 段 987 號

諾貝爾圖書城 **桃園市**中正路 56 號地下室 御書堂 **龍潭**中正路 123 號

墊腳石文化書店 **中壢市**中正路 89 號

5.**新竹市縣：**大學書局 **新竹**建功路 10 號 誠品書局 **新竹**東區信義街 68 號

誠品書局 **新竹**東區中央路 229 號 5 樓 誠品書局 **新竹**東區力行二路 3 號

墊腳石文化書店 **新竹**中正路 38 號

6.**台中市：** **瑞成**書局、各大連鎖書店。

詠春書局 **台中市**永春東路 884 號 文春書局 **霧峰**中正路 1087 號

7.**彰化市縣：**心泉佛教流通處 **彰化市**南瑤路 286 號

員林鎮：墊腳石圖書文化廣場 中山路 2 段 49 號（04-8338485）

8.**台南市：**博大書局 **新營**三民路 128 號

藝美書局 **善化**中山路 436 號 宏欣書局 **佳里**光復路 214 號

9.**高雄市：**各大連鎖書店、**瑞成**書局

政大書城 **三民區**明仁路 161 號 政大書城 **苓雅區**光華路 148-83 號

明儀書局 **三民區**明福街 2 號 明儀書局 三多四路 63 號

青年書局 青年一路 141 號

10.**宜蘭縣市：**金隆書局 宜蘭市中山路 3 段 43 號

宋太太梅鋪 羅東鎮中正北路 101 號（039-534909）

11.**台東市：**東普佛教文物流通處 台東市博愛路 282 號

12.**其餘鄉鎮市經銷書局：**請電詢總經銷**飛鴻**公司。

13.**大陸地區請洽：**

香港：樂文書店

旺角店 :香港九龍旺角西洋菜街 62 號 3 樓

電話 :(852) 2390 3723 email: luckwinbooks@gmail.com

銅鑼灣店 :香港銅鑼灣駱克道 506 號 2 樓

電話 :(852) 2881 1150 email: luckwinbs@gmail.com

廈門：廈門外圖臺灣書店有限公司

地址：廈門市思明區湖濱南路809號 廈門外圖書城3樓 郵編：361004

電話：0592-5061658（臺灣地區請撥打 86-592-5061658）

E-mail：JKB118@188.COM

14.**美國：世界日報圖書部**：紐約圖書部　電話 7187468889#6262

洛杉磯圖書部　電話 3232616972#202

15.**國內外地區網路購書**：

正智出版社 書香園地　http://books.enlighten.org.tw/

（書籍簡介、直接聯結下列網路書局購書）

三民 網路書局　http://www.Sanmin.com.tw

誠品 網路書局　http://www.eslitebooks.com

博客來 網路書局　http://www.books.com.tw

金石堂 網路書局　http://www.kingstone.com.tw

飛鴻 網路書局　http://fh6688.com.tw

附註：**1**.請儘量向各經銷書局購買：郵政劃撥需要十天才能寄到（本公司在您劃撥後第四天才能接到劃撥單，次日寄出後第四天您才能收到書籍，此八天中一定會遇到週休二日，是故共需十天才能收到書籍）若想要早日收到書籍者，請劃撥完畢後，將劃撥收據貼在紙上，旁邊寫上您的姓名、住址、郵區、電話、買書詳細內容，直接傳眞到本公司 02-28344822，並來電 02-28316727、28327495 確認是否已收到您的傳眞，即可提前收到書籍。 **2**.因台灣每月皆有五十餘種宗教類書籍上架，書局書架空間有限，故唯有新書方有機會上架，通常每次只能有一本新書上架；本公司出版新書，大多上架不久便已售出，若書局未再叫貨補充者，書架上即無新書陳列，則請直接向書局櫃台訂購。 **3**.若書局不便代購時，可於晚上共修時間向正覺同修會各共修處請購（共修時間及地點，詳閱**共修現況表**。每年例行年假期間請勿前往請書，年假期間請見共修現況表）。 **4**.郵購：郵政劃撥帳號 19068241。 **5**.正覺同修會會員購書都以八折計價（戶籍台北市者爲一般會員，外縣市爲護持會員）都可獲得優待，欲一次購買全部書籍者，可以考慮入會，節省書費。入會費一千元（第一年初加入時才需要繳），年費二千元。**6.尚未出版之書籍，請勿預先郵寄書款與本公司，謝謝您！** **7**.若欲一次購齊本公司書籍，或同時取得正覺同修會贈閱之全部書籍者，請於正覺同修會共修時間，親到各共修處請購及索取；**台北市讀者**請洽：103 台北市承德路三段 267 號 10 樓（捷運淡水線 圓山站旁）請書時間：週一至週五爲 18.00~21.00，第一、三、五週週六爲 10.00~21.00，雙週之週六爲 10.00~18.00 請購處專線電話：25957295-分機 14（於請書時間方有人接聽）。

敬告大陸讀者：

大陸讀者購書、索書捷徑（尚未在大陸出版的書籍，以下二個途徑都可以購得，電子書另包括結緣書籍）：

1.**廈門外國圖書公司**：廈門市思明區湖濱南路 809 號 廈門外圖書城 3F
郵編：361004 電話：0592-5061658 網址：JKB118@188.COM

2.**電子書**：正智出版社有限公司及正覺同修會在台灣印行的各種局版書、結緣書，已有『**正覺電子書**』陸續上線中，提供讀者於手機、平板電腦上購書、下載、閱讀正智出版社、正覺同修會及正覺教育基金會所出版之電子書，詳細訊息敬請參閱『正覺電子書』專頁：
http://books.enlighten.org.tw/ebook

關於平實導師的書訊，請上網查閱：
成佛之道 http://www.a202.idv.tw
正智出版社 書香園地 http://books.enlighten.org.tw/

中國網採訪佛教正覺同修會、正覺教育基金會訊息：

http://big5.china.com.cn/gate/big5/fangtan.china.com.cn/2014-06/19/content_32714638.htm

http://pinpai.china.com.cn/

★ 正智出版社有限公司售書之稅後盈餘，全部捐助財團法人正覺寺籌備處、佛教正覺同修會、正覺教育基金會，供作弘法及購建道場之用；懇請諸方大德支持，功德無量。

★ 聲 明 ★

本社於 2015/01/01 開始調整本目錄中部分書籍之售價，以因應各項成本的持續增加。

＊ 喇嘛教修外道雙身法、墮識陰境界，非佛教 ＊

＊ 弘揚如來藏他空見的覺囊派才是真正藏傳佛教 ＊

售後服務—換書啓事（免附回郵） 2012/09/24

《楞嚴經講記》第 14 輯初版首刷本免費調換新書啓事：本講記第 14 輯出版前因 平實導師諸事繁忙，未將之重新閱讀而只改正校對時發現的錯別字，故未能發覺十年前所說法義有部分錯誤，於第 15 輯付印前重閱時才發覺第 14 輯中有部分錯誤尚未改正。今已重新審閱修改並已重印完成，煩請所有讀者將以前所購第 14 輯初版首刷本，寄回本社免費換新（初版二刷本無錯誤），本社將於寄回新書時同時附上您寄書回來換新時所付的郵資，並在此向所有讀者致上最誠懇的歉意。

《心經密意》初版書免費調換二版新書啓事：本書係演講錄音整理成書，講時因時間所限，省略部分段落未講。後於再版時補寫增加 13 頁，維持原價流通之。茲爲顧及初版讀者權益，自 2003/9/30 開始免費調換新書，原有初版一刷、二刷書籍，皆可寄來本來公司換書。

《宗門法眼》已經增寫改版爲 464 頁新書，2008 年 6 月中旬出版。讀者原有初版之第一刷、第二刷書本，都可以寄回本社免費調換改版新書。改版後之公案及錯悟事例維持不變，但將內容加以增說，較改版前更具有廣度與深度，將更能助益讀者參究實相。

換書者**免附回郵**，亦無截止期限；舊書請寄：111 台北郵政 73-151 號信箱 或 103 台北市承德路三段 267 號 10 樓 正智出版社有限公司。舊書若有塗鴨、殘缺、破損者，仍可換取新書；但缺頁之舊書至少應仍有五分之三頁數，方可換書。所有讀者不必顧念本公司是否有盈餘之問題，都請踴躍寄來換書；本公司成立之目的不是營利，只要能眞實利益學人，即已達到成立及運作之目的。若以郵寄方式換書者，免附回郵；並於寄回新書時，由本社附上您寄來書籍時耗用的郵資。造成您不便之處，再次致上萬分的歉意。

正智出版社有限公司 啓

國家圖書館出版品預行編目資料

優婆塞戒經講記／平實導師講述. —初版—
臺北市：正智，2007.09— 〔民96— 〕
冊； 公分

ISBN 978-986-81358-2-6 （第1輯：平裝）
ISBN 978-986-81358-3-3 （第2輯：平裝）
ISBN 978-986-81358-5-7 （第3輯：平裝）
ISBN 978-986-81358-7-1 （第4輯：平裝）
ISBN 978-986-82992-0-7 （第5輯：平裝）
ISBN 978-986-82992-3-8 （第6輯：平裝）
ISBN 978-986-82992-6-9 （第7輯：平裝）
ISBN 978-986-82992-8-3 （第8輯：平裝）

1.律藏

223.1 96017895

優婆塞戒經講記

——第八輯

著述者：平實導師
音文轉換：正覺同修會編譯組
校 對：章乃鈞 陳介源 白志偉 李嘉因
出版者：正智出版社有限公司
電話：○二 28327495 28316727（白天）
傳眞：○二 28344822
111台北郵政73-151號信箱
郵政劃撥帳號：一九○六八二四一
正覺講堂：總機○二 25957295（夜間）
總 經 銷：飛鴻國際行銷股份有限公司
231新北市新店區中正路501-9號2樓
電話：○二 82186688（五線代表號）
傳眞：○二 82186458 82186459
初版首刷：公元二○○七年九月 二千冊
初版五刷：公元二○一六年十一月 二千冊
定 價：二五○元